APULIEN

Von Ludwig Tavernier

W0191645

Artemis Verlag München und Zürich

Mit 69 Abbildungen, 71 Plänen und Zeichnungen.
Die Pläne auf dem vorderen und hinteren Vorsatz wurden von Achim
Norweg, München, gezeichnet.

CIP-Kurztitelaufnahme der Deutschen Bibliothek

Tavernier, Ludwig:
Apulien / von Ludwig Tavernier.
Zürich ; München : Artemis-Verlag, 1987
  (Artemis Cicerone)
  ISBN 3-7608-0792-5

Gesamtherstellung: Pustet, Regensburg
Printed in Germany

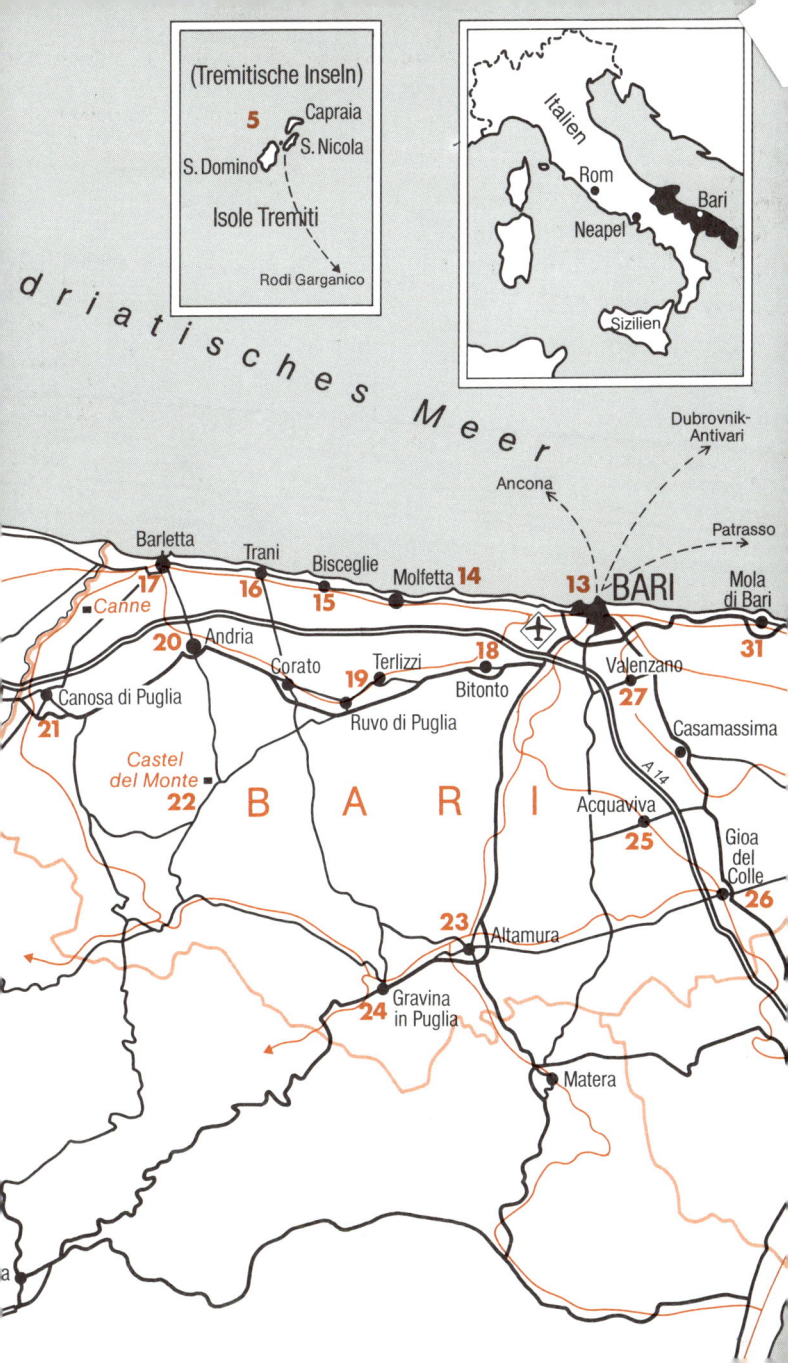

(Tremitische Inseln)

5

Capraia

S. Nicola

S. Domino

Isole Tremiti

Rodi Garganico

Italien

Rom

Neapel

Bari

Sizilien

adriatisches Meer

Dubrovnik-
Antivari

Ancona

Patrasso

Barletta

Trani

Bisceglie

Molfetta **14**

13 **BARI**

Mola
di Bari

17

Canne

16

15

31

20 Andria

Corato

Terlizzi

18

Valenzano

27

Canosa di Puglia

19

Bitonto

Ruvo di Puglia

Casamassima

21

*Castel
del Monte*

22

B   A   R   I

Acquaviva

25

A 14

Gioa
del
Colle

26

23 Altamura

24 Gravina
in Puglia

Matera

Artemis-Cicerone · Kunst- und Reiseführer

Artemis Verlag Zürich und München

INHALTSVERZEICHNIS

Kathedrale in Troia: Rosette der Hauptfassade

A. HISTORISCHER ÜBERBLICK

Vor- und Frühgeschichte

Die früheste Besiedlung Apuliens läßt sich bis in die Zeit des Paläolithikums zurückverfolgen. Aus der Grotta di Santa Croce bei Bisceglie (Nr. 15) sind in den Museen von Bari (Nr. 13.6) und Tarent (Nr. 50.5) Funde aus der Zeit um 40 000 v. Chr. erhalten; Reste aus der Grotta Paglicci bei Rignano Garganico datieren aus der Zeit um 24 000 v. Chr., während die Funde aus der Grotta Romanelli und der Grotta Zinzulusa im Süden Apuliens aus der Zeit um 12 000 v. Chr. stammen. Aus mesolithischer Zeit wurden in der Nähe von Manfredonia und Molfetta Reste einer Besiedlung aus dem 6.–5. Jtsd. gefunden. Entdeckungen des 5.–3. Jtsd., die in den Museen von Foggia (Nr. 1), Bari (Nr. 13.6), Brindisi (Nr. 34.7) und Tarent (Nr. 50.5) aufbewahrt werden, dokumentieren die neolithische Zeit Apuliens. Da keine markanten Einschnitte für den Beginn der Bronzezeit Apuliens existieren, läßt sich das Ende des Neolithikums nicht genau bestimmen. Sicher ist jedoch, daß mit der Zuwanderung aus Anatolien, der Ägäis und, wenngleich weniger bedeutend, von der Iberischen Halbinsel, eine neue ethnische und damit verbunden auch kulturelle Entwicklung einsetzt.

Apulien fungierte während dieser Zeit des Aeneolithikums (Kupfersteinzeit) durch seine geographische Lage als eine wichtige Verbindungsstelle zwischen dem östlichen Mittelmeerraum und der übrigen Apenninhalbinsel, so daß sich seit dem 3. Jtsd. aus dem Strom dieser illyrischen Zuwanderer langsam die drei Volksstämme Apuliens bildeten: die *Daunier* im Norden Apuliens, was geographisch etwa der heutigen Provinz Foggia entspricht, die *Peuketier* in der Umgebung des heutigen Bari und die *Messapier* oder *Salentiner* im Süden Apuliens. Die Griechen nannten diese Bevölkerungsgruppen, über die auch erstmals schriftliche Quellen erhalten sind, die *Iápigi*, was mit dem Namen *Iápaudi* verwandt ist und sicherlich der späteren lateinischen Übersetzung *Apuli* vorausgeht.

Griechen und Römer

Am Ende des 8. Jh. v. Chr. erreichte Apulien mit der griechischen Gründung von Tarent eine neue Welle politischer und kultureller Beeinflussung. Anders als in Sizilien, dem westlichen Teil der Magna Graeca, trafen die griechischen Kolonisatoren in Apulien auf Volksgruppen, die eigene organisatorische Formen des Zusammenlebens besaßen. Die Daunier, Peuketier und Messapier hatten längst eigene Kulturformen entwickelt. Dies mag vielleicht auch erklären, warum den Griechen im Gegensatz zu Sizilien in Apulien mit Tarent (Nr. 50) nur eine einzige große Stadtgründung gelang.

Nachdem die Römer 326 v. Chr. das griechische Neapel annektiert hatten und damit der Weg nach Süden offenstand, drangen sie im Jahre 304 v. Chr. in das Gebiet Apuliens ein, wo sie in Dauniern und Peuketiern Verbündete fanden. Die Städte Lucera (315 v. Chr.) und Venosa (391 v. Chr.) wurden zu römischen Stützpunkten. Und als 275 v. Chr., nach dem Sieg über den Griechen Pyrrhus, auch das griechische Tarent von den Römern besetzt worden war, folgte nach und nach die Unterwerfung der übrigen messapischen Siedlungen der salentinischen Halbinsel (267/266 v. Chr.), bis schließlich 244 v. Chr. auch Brindisi eine römische Stadt war. Trotz der Unterbrechung durch den 2. *Punischen Krieg* (218–201 v. Chr.) mit der römischen Niederlage von Cannae (216 v. Chr.), dem *Bundesgenossenkrieg* (90–88 v. Chr.), der durch den Aufstand der von Rom unterworfenen und durch Mißwirtschaft der römischen Steuerpächter erbitterten Volksgruppen hervorgerufen wurde, gelang den Römern im Laufe der Zeit, was die Griechen erfolglos versucht hatten: die politisch-kulturelle Einigung der apulischen Volksgruppen und die wirtschaftliche Nutzung ihrer Städte. Die Hafenstädte Bari und Brindisi wurden so gleichsam zur Synopse im römischen Handelssystem: Sie verbanden Rom, das mit der *Via Appia* (Brindisi) oder mit der *Via Traiana* (Bari) auf dem Landweg bis an die adriatische Küste reichen konnte, über den Seeweg mit den Anrainerstaaten des südlichen und östlichen Mittelmeeres.

Langobarden, Araber und Byzantiner

Nach dem Untergang des Weströmischen Reichens (476) und dem Beginn der europäischen Völkerwanderung wurde das Gebiet Italiens und damit auch Apulien zum Austragungsort unterschiedlichster Macht- und Herrschaftsansprüche. In Apulien setzte dieser politische und kulturelle Wechsel im Anschluß an den byzantinisch-gotischen Krieg (535–553) ein. Justinian hatte der apulischen Bevölkerung nach seinem Sieg bei Tarent (552) mit dem Anschluß an das Oströmische Reich auch den Anschluß an die römische Tradition in Aussicht gestellt, tatsächlich aber damit begonnen, das Land seinen Interessen dienlich zu machen. Der Frieden war deshalb nicht von langer Dauer, zumal er auch immer wieder durch Vorstöße der Langobarden unterbrochen wurde, die seit 568 in Italien vordrangen und neben Spoleto auch Benevent zu einem ihrer Herzogtümer erhoben hatten. 590 besetzten die Langobarden die ihrem Herzogtum Benevent benachbarte *Daunia*, was etwa dem Gebiet der heutigen Provinz Foggia entspricht, und machten den Monte Sant'Angelo

(Nr. 7) auf der Gargano-Halbinsel zu ihrem Nationalheiligtum. Im Laufe des 7. Jh. breiteten sie sich entlang der Küste Apuliens aus und konnten schon bald Brindisi, Tarent und Bari ihrem Herrschaftsbereich eingliedern; nur Gallipoli und Otranto, im äußersten Süden des Landes, blieben noch byzantinisch.

Nachdem die Araber 827 Sizilien unterworfen hatten und nun von Westen aus auch nach Apulien eindrangen, verschoben sich im Laufe des 9. Jh. diese Machtverhältnisse, so daß im Jahre 840 Tarent und 847 Bari bereits arabische Städte waren. Die Versuche Kaiser Ludwigs II. (822–875) und Papst Johanns VIII. (872–882), die arabisch beherrschten Gebiete Süditaliens für die Christenheit zurückzuerobern (871), blieben erfolglos; so suchten bereits ein Jahr nach dem Tod des Kaisers (875) die Städte Bari (876) und wenige Jahre später auch Tarent (880) den Anschluß an Byzanz. Und nachdem auch im 10. Jh. weder Otto I. (912–973) noch Otto II. (955–983) die Ausdehnung ihrer Macht auf Unteritalien gelungen war, wurde Bari 975 die Hauptstadt dieser neuen byzantinischen Provinz. Die nun in Apulien einsetzende zweite Herrschaftsperiode der Byzantiner sollte bis zur Machtübernahme der Normannen nicht nur Verwaltung und Wirtschaft einzelner Städte, sondern die gesamte Region verändern. Apulien wurde zum *Schmelzpunkt romanisch-abendländischer und orientalisch-byzantinischer Einflüsse*, die sich in vielfacher Weise in der kulturellen und künstlerischen Entwicklung dieses Landes niederschlugen.

Die Normannen (1059–1194)

Seit dem 11. Jh. nahm der Widerstand der apulischen Bevölkerung gegen die byzantinischen Machthaber ständig zu. Insbesondere die Hafenstädte versuchten, ihre Selbständigkeit gegenüber den östlichen Machthabern wiederzuerlangen und ihre wirtschaftliche Unabhängigkeit durchzusetzen. 1009 kam es zu ersten Aufständen in Trani, Biteto, Bitonto und Bari, in deren Folge unter der Führung des Freiheitskämpfers *Melus* im Jahre 1012 Bari von den Byzantinern zurückerobert werden konnte. Derselbe Melus soll es dann auch gewesen sein, der auf dem Monte Sant'Angelo eine Reihe normannischer Söldner dazu überreden konnte, ihn, den reichen Bareser Kaufmann langobardischen Adels aus Benevent, in seinem Kampf gegen Byzanz zu unterstützen.

Nun waren die Normannen damals aber noch alles andere als eine einheitliche Volksgemeinschaft. Sie bildeten vielmehr eine Gruppe kampferprobter Männer, die ihre neue französische Heimat, die sie seit dem 10. Jh. von Skandinavien aus erobert hatten, verließen, in einzelnen Gruppen nach Süden zogen und hinsichtlich neuer Landnahme gerne bereit waren, sich jedem Dienstherrn, von dem sie sich Nutzen versprechen konnten, als Söldner zu verdingen. Nach den Niederlagen der rebellierenden apulischen Städte bei Canne und Melfi (1018) zog Melus zusammen mit Papst Benedikt VIII. nach Deutschland, um in Bamberg Heinrich II. um Unterstützung im Kampf gegen Byzanz zu bitten. Nachdem aber Melus am 23. April 1020 in Bamberg gestorben und auch die erbetene Hilfe des Kaisers nicht in Aussicht war, verkauften sich die führerlosen Normannen an den Katapan Bioiannes, den Sieger von Canne und Melfi, und wurden von ihm in der byzantinischen Grenzfestung Troia angesiedelt (Nr. 8). Innerhalb kurzer Zeit gelang es den Normannen, ihre machtpolitische Position auszubauen und so zu festigen, daß, nachdem Kaiser Konrad II. 1038 auf dem Reichstag zu Capua in den süditalienischen Machtkampf eingegriffen hatte, die politische Bedeutung der Normannen nicht mehr zu übersehen war. 1053 schloß Papst Leo IX. ein Bündnis mit Byzanz, um sich gegen die Normannen zu wehren, deren Herrschaftsansprüche immer größere Ausmaße annahmen. Bevor es jedoch zu einer Vereinigung mit dem byzantinischen Heer kommen konnte, die mit dem Einverständnis Kaiser Heinrichs III., dem Vetter Leos IX., erwirkt worden war, erlitt der Papst bei Civitate am Monte Gargano am 18. Juni 1053 eine vernichtende Niederlage. Demzufolge bestätigte 1059 nicht der Kaiser, sondern Papst Nikolaus II. (1058–1061) den Normannen *Robert Guiscard*, der bereits seit 1057 gegen die byzantinische und auch langobardische Herrschaft kämpfte, als Herzog von Apulien und Kalabrien. Trotz anfänglicher Widerstände konnte Robert Guiscard seine Macht immer weiter ausdehnen, so daß Apulien 1071 mit dem Sieg über das byzantinische Bari endgültig zur normannischen Besitzung geworden war.

Im Laufe der Zeit waren so unter Robert Guiscard in Apulien (1057–1085) und seinem Bruder Roger I. in Sizilien (1061–1091) zwei Normannenstaaten entstanden, die Roger II., seit 1130 König von Sizilien, zu einem einzigen unteritalienischen Normannenstaat vereinigte und 1139 von Papst Innozenz II. im Frieden von Mignano anerkennen ließ. Obwohl Roger II. Palermo (Sizilien) zu seiner Residenz erhob, erfuhr Apulien nicht nur einen wirtschaftlichen, sondern auch einen kulturellen Aufschwung. Dies lag nicht zuletzt in der handelspolitischen Bedeutung seiner Häfen begründet, die einerseits die normannische Vormacht im östlichen Mittelmeerraum unterstützen sollten und andererseits bereits seit 1096 Apulien zum Ausgangspunkt der abendländischen Kreuzzüge gemacht hatten.

Die Staufer (1194–1266)

Nach dem Tod Wilhelms II. (1189), der in seiner Ehe kinderlos geblieben war, wurde *Tankred*, Graf von Lecce, zum König beider Sizilien gewählt. Obwohl der Staufer Heinrich VI. seit 1186 mit der normannisch-sizilischen Thronerbin Konstanze, der Tochter Rogers II., verheiratet war und seine Ansprüche geltend zu machen suchte, konnten die Normannen mit dieser Wahl – übrigens auch im Interesse des Kirchenstaates – die staufische Machtausweitung zunächst unterbinden. Als Tankred und auch sein Sohn Roger III. dann jedoch 1194 gestorben waren, wurde Heinrich VI., der Sohn Friedrich Barbarossas, in Palermo gekrönt. Apulien gehörte jetzt den Staufern.

Unter *Friedrich II.* (1194–1250), dem Sohn Heinrichs VI. und Konstanzes von Sizilien, sollte Süditalien seine glanzvollste Zeit erleben. 1220 zum Kaiser gekrönt, erhob Friedrich 1223 Foggia zu seiner Residenz, um von hier aus seine weitreichende Politik zu betreiben.

Manfred von Hohenstaufen (1231–1266), der uneheliche Sohn Friedrichs II., erbte 1250 nach dem Tod seines Vaters die apulischen Besitzungen. Nachdem Manfred jedoch 1254 Papst Innozenz IV. (1243–1254) besiegt hatte, 1258 in Palermo gekrönt wurde und 1260 durch den Sieg bei Montaperto die Schutzherrschaft über Florenz und Teile der Toscana beanspruchte, rief Papst Urban IV. (1261–1264) Karl I. von Anjou (1226–1285) zu Hilfe. Als Manfred in der darauffolgenden Schlacht von Benevent 1266 fiel, endete die staufische Herrschaft in Apulien.

Das Haus Anjou (1266–1342)

Nachdem *Karl I. von Anjou* 1265 Sizilien und Unteritalien von Papst Clemens IV. als Lehen erhalten hatte, Manfred von Hohenstaufen 1266 gefallen und am 28. April 1268 Konradin, der 16jährige Enkel Friedrichs II., in Neapel hingerichtet worden war, herrschte in Süditalien das Haus Anjou. Hauptstadt des angiovinischen Königreiches war Neapel, Sizilien (1265) und Apulien (1266) zwei seiner Provinzen. Da sich die an Stelle der normannisch-staufischen Statthalter von Karl I. eingesetzten Mitglieder des französischen Adels jedoch weniger um die ihnen obliegenden politischen, als vielmehr um die für sie interessanteren wirtschaftlichen Angelegenheiten des Königsreiches kümmerten und die ihnen anvertrauten Gebiete zu ihrem Vorteil nutzten, kam es schon bald zu Aufständen gegen die französische Herrschaft, die am 31. März 1282 in Palermo mit der ›Sizilianischen Vesper‹ blutig endete und Sizilien in den Besitz des Hauses Aragon brachte.

Apulien gehörte zwar weiterhin zum angiovinischen Königreich, wurde aber wirtschaftlich, insbesondere in den Hafenstädten, von den Bank- und Handelshäusern aus Florenz, Genua und Venedig beherrscht, die sich wenig geneigt zeigten, ihr Monopol im Getreide-, Öl- und Wollhandel aufzugeben. Da die aus der Verschiebung der Machtverhältnisse auf Sizilien resultierenden kriegerischen Auseinandersetzungen mit dem Haus Aragon schwer auf dem angiovinischen Staatshaushalt in Neapel lasteten und immer wieder durch Kredite der norditalienischen Handelsstädte gestützt werden mußten, sah Karl I. kaum eine andere Möglichkeit, als diese Handelsmonopole zu bestätigen.

Unter Karl II. (1285–1309) und Robert (1309–1343) hat sich diese Situation kaum verändert, sondern eher zugunsten der norditalienischen Städte verbessert. Unter Johanna I. (1343–1382) hatte sich die Situation sogar soweit zugespitzt, daß Venedig praktisch eine ›Patenschaft‹ für die Küstenstädte Apuliens übernommen hatte. Und unter Karl III. (1382–1386) waren die politischen Verhältnisse schließlich soweit aufgeweicht, daß Apulien nur noch von den Interessen weniger Kauf- und Handelshäuser sowie Reedereien abhängig war. Historiker sprechen bei der Erläuterung dieser politischen Verhältnisse von einer Anarchie. Unter Ladislaus (1386–1414) wurde 1400 zwar eine behutsame Wiederherstellung der Ordnung versucht, doch blieb sie letztlich erfolglos. Johanna II. (1414–1434) nahm den alten Konflikt mit dem Haus Aragon wieder auf und überließ Apulien der Herrschaft weniger einflußreicher Familien in Bari, Bitonto und Tarent, bis König Renato (1435–1442) den Besitz schließlich ganz an das Haus Aragon verlor.

Das Haus Aragon (1442–1501)

Alfons I. von Aragon trat 1442 die neue Herrschaft als König beider Sizilien an. Aber auch seine Befriedungsversuche in Apulien scheiterten an den persönlichen Interessen der Handelsniederlassungen in den Küstenstädten. *Ferdinand I.* (1458–1494) sah sich sogar wiederholten kriegerischen Konflikten mit den ortsansässigen Familien ausgesetzt. Vor allem Giovanni Antonio del Balzo, Fürst von Tarent und Altamura, versuchte mit Hilfe der Venezianer, im Süden Apuliens einen eigenen Herrschaftsbereich aufzubauen, was Ferdinand I. mit Hilfe päpstlicher Unterstützung sowie der des Mailänder Hauses Sforza jedoch verhindern konnte. 1464 übergab er die Grafschaft Bari an einen Sohn des Francesco Sforza und später an Lodovico Sforza il Moro.

Gleichzeitig hatten die apulischen Küstenstädte aber auch unter Überfällen der Türken zu leiden, was 1480 nach einem blutigen Gemetzel zur Niederlage Otrantos führte. Während Alfons, Graf von Kalabrien, der Sohn Ferdinands I., versuchte, die Eindringlinge zurückzuschlagen, verdiente Venedig an den Schutzgebühren der Hafenstädte.

Nachdem Neapel 1494 an Karl VIII. von Frankreich verloren gegangen war, Alfons II. 1495 abgedankt hatte, Ferdinand II. (1495–1496) Trani und einige andere Städte Venedig als Darlehenspfand überlassen mußte, bemühte sich Federico I. (1496–1501), Apulien gegen französische Parteigänger und Rebellen zu verteidigen. Die Versuche mußten letztlich aber vergebens bleiben. Süditalien und damit auch Apulien waren längst zum Interessenbereich internationaler Politik in der Auseinandersetzung zwischen den beiden Supermächten Frankreich und Spanien geworden.

Die spanische Herrschaft (1501–1707)

In der Zwischenzeit nämlich versuchte *Ludwig XII. von Orléans* (1498–1515), die Italienpolitik seines Vorgängers Karl VIII. (1483–1498) in dem Kampf um die Vormacht in Italien fortzusetzen. Er erhob nicht nur Anspruch auf Mailand und stürzte Lodovico Sforza il Moro, sondern mischte sich auch in die neapolitanischen Verhältnisse ein, wobei ihm Ferdinand der Katholische von Spanien mit dem Interesse, eine Nebenlinie des Hauses Aragon aus Neapel zu vertreiben, zunächst behilflich war. Als Gegenleistung hatte Ludwig XII. 1500 in dem Vertrag von Granada mit Ferdinand vereinbart, daß Apulien der spanischen Krone gehören solle. Als Spanien seine Absichten erfüllt sah, wandte sich Ferdinand jedoch gegen seinen französischen Vertragspartner, schlug ihn 1504 in der Schlacht am Garigliano (Campania) und zwang ihn zum Verzicht seiner Ansprüche in ganz Süditalien. Ludwig XII. zog sich nach Oberitalien zurück und versuchte 1508, mit der Liga von Cambrai Venedig zu isolieren. Venedig jedoch verbündete sich daraufhin 1511 mit Papst Julius II. und Ferdinand dem Katholischen von Spanien in der Heiligen Liga zur Befreiung Italiens gegen Frankreich und verzichtete als Gegenleistung auf Ansprüche in den für den Handel mit dem östlichen Mittelmeer so wichtigen apulischen Hafenstädten.

Nachdem Karl V. (1516–1556), der Enkel und Nachfolger von Ferdinand dem Katholischen (1516), im Kampf um die Kaiserkrone (1519) und die Herrschaft in Italien über Franz I. (1515–1547) gesiegt hatte und dies 1529 im Damenfrieden von Cambrai und 1544 im Frieden von Crépy bestätigt worden war, zogen sich die Franzosen zurück und überließen die Herrschaft in Süditalien endgültig den Spaniern. Sie sollte ihnen bis 1707 erhalten bleiben.

Die Habsburger (1707–1738)

Im Zuge des Spanischen Erbfolgekrieges, der Auseinandersetzung zwischen Bourbonen und Habsburgern um das spanische Erbe (1701–1714), wurde Apulien 1707 von den Österreichern besetzt. Nachdem der Bourbone Philipp V. (1701–1746) im Frieden von Rastatt (1714) als König von Spanien bestätigt worden war, wurden Österreich die spanischen Nebenländer Niederlande, Mailand, Sardinien und Neapel, wozu auch Apulien zählte, zuerkannt. Doch sollte diese Herrschaft nicht von langer Dauer sein: 1734 drang in Folge des Polnischen Erbfolgekrieges der Bourbone Karl I. mit Hilfe spanischer Truppen Philipps V. in Neapel ein und vertrieb wenig später in der Schlacht von Bitonto die Österreicher aus Apulien, so daß Süditalien 1738 im Frieden von Wien erneut den Besitzer wechselte und den Bourbonen zuerkannt werden mußte.

Die Bourbonen (1738–1799)

Sowohl *Karl III.* (bis 1759 Karl I.) als auch sein Nachfolger *Ferdinand IV.* versuchten mit Hilfe von Bernardo Tanucci, dem spanischen Minister in Süditalien, seit der Machtübernahme eine Reihe von Maßnahmen zur Reform der in Apulien seit der normannischen Eroberung im 11. Jh. immer noch praktizierten feudalherrschaftlichen und kirchlichen Privilegien. Aber sowohl die Instandsetzung der Häfen und Straßen, rege Bautätigkeit in den Städten, wie auch die Besiedlungspolitik in der Tavoliere, der Gegend um Foggia, konnte wenig dazu beitragen, die überkommenen Gesellschafts- und Wirtschaftsstrukturen im Süden Italiens zu verändern. Die Bourbonen, die in Rom erfolgreich ihren Einfluß auf die päpstliche Politik Clemens XIII. und Clemens XIV. geltend zu machen wußten, sahen in Apulien ihre im Zuge der Aufklärung des 18. Jh. entstandenen Reformideen lediglich bei einer kleinen intellektuellen Elite bestätigt.

Die Herrschaft Napoleons (1799–1814)

Die staatlichen Veränderungen, die sich seit 1796 im Zuge der italienischen Eroberungen Napoleons in Italien ereigneten, prägten bis 1814 auch die Politik Apuliens. Zusammen mit dem Königreich Neapel zählte Apulien 1799 zu der *Parthenopäischen Republik*, die bis zum Frieden von Lunéville (1801) Bestand hatte. Nach seiner Erhebung zum französischen Kaiser ließ sich Napoleon 1805 zum König von Italien krönen, 1806 das Königreich Neapel wiederherstellen, das er zusammen mit Apulien seinem Bruder Joseph Bonaparte übergab und 1808 seinem Schwager Joachim Murat überließ. Sizilien gehörte weiterhin zum spanischen Besitz Ferdinands IV.

Die Rückkehr der Bourbonen und das Risorgimento (1815–1870)

Nach dem Zusammenbruch der französischen Herrschaft (1814) konnte im Wiener Kongreß von 1815, der auf der Grundlage des Aachener Friedens von 1748 die alten Machtverhältnisse wiederherstellte, Süditalien an Ferdinand IV. zurückgegeben und 1816 das *Königreich beider Sizilien* wiedereingerichtet werden.

Durch die Reformmaßnahmen des 18. Jh. (B. Tanucci) und die Vereinheitlichung in Verwaltung, Verfassung und Rechtsprechung in napoleonischer Zeit (Code Napoléon) wuchs im Adel und im Bürgertum mehr und mehr der Wunsch nach nationaler Selbständigkeit. Allein in der Einigung des gesamten Landes, der italienischen Wiedererstehung, dem Risorgimento, wie man es damals nannte, sah man die Hoffnung für die Verbesserung der politischen und sozialen Verhältnisse. Die unter den Bourbonen empfundene Fremdherrschaft wurde in Apulien aber nur in verhältnismäßig wirkungslosen Aktionen des Geheimbunds der Carbonari bekämpft. Zum offenen Widerstand kam es erst 1820 nach der spanischen Revolution, als man von den Bourbonen eine Verfassung für das Königreich beider Sizilien verlangte und auch erreichte. Tatsächlich jedoch führte die Einrichtung eines Parlamentes in Neapel aber weder unter Franz I. (1825–1830) noch unter Ferdinand II. (1831–1859) zu maßgeblichen Veränderungen in Apulien. So wird verständlich, daß sich Foggia, nachdem *Garibaldi* im Sommer 1860 das Königreich beider Sizilien erobert hatte, als erste apulische Stadt der Bewegung zur Einigung Italiens anschloß. Nach der endgültigen Niederlage Franz II. in Gaeta am 13. Februar 1861 wurde Unteritalien in einer Volksabstimmung Piemont angegliedert und noch im selben Jahr Vittorio Emanuele II. aus dem Haus Savoyen-Sardinien als König von Italien bestätigt.

Hauptstadt des neuen Königreiches war zunächst Turin (Piemont), seit 1865 dann Florenz (Toskana). Durch den Tod des piemontesischen Grafen Benso di Cavour (1810–1861), der sich in der Vergangenheit immer wieder als Wortführer eines gemäßigten politischen Nationalgedankens hervorgetan hatte, kam es in der Folgezeit jedoch zu häufigen Regierungswechseln, die der Einigung der neuerworbenen Gebiete und der Regelung der großen Schuldenlast nicht gerade zuträglich war. Ohne Rücksicht auf ihre Tradition und Geschichte wurden die italienischen Landschaften, mit ihnen auch Apulien, nach französischem Vorbild verwaltungstechnisch zentralisiert. Nur Rom wurde zunächst mit Rücksicht auf Napoleon III. von dieser Einigung ausgeschlossen, während sich Papst Pius IX. dem Schutz französischer Truppen unterstellte, die dann auch 1862 Garibaldis Versuch, die Stadt militärisch zu erobern, scheitern ließen. Als dann aber infolge der Niederlagen im deutsch-französischen Krieg

(1870/71) Frankreich seine Truppen aus der ewigen Stadt abziehen mußte, war auch der Weg nach Rom offen.

Das Königreich Italien (1870–1946)

Als im Herbst 1870 italienische Truppen in Rom einmarschierten und die ehemals päpstliche Stadt zur Hauptstadt des neuen Königreiches Italien erhoben wurde, endete für Apulien zwar eine jahrhundertelange Fremdherrschaft, die wirtschaftlichen und sozialen Probleme des Südens waren damit aber noch nicht gelöst. Dies betrifft insbesondere die ländliche Bevölkerung. Als Indiz mögen die Feststellungen genügen, daß der größte Teil der Bevölkerung besitzlose Landarbeiter und 90 % der 1861 knapp 1,4 Millionen zählenden Einwohner Apuliens Analphabeten waren. Als Ende des 19. Jh. die erste große Auswanderungswelle begann, sprach man von der ›fame di terra‹, vom Hunger des Landes. Besserung versprachen nur eine Sozialreform mit Hilfe einer Veränderung der agrarwirtschaftlichen Strukturen, der Ausbau des Straßensystems, die regionale Organisation staatlicher Jurisdiktion und die Wiederherstellung der inneren Sicherheit. Zu Beginn des 20. Jh. waren diese Absichten soweit gediehen, daß Apulien durch Wein-, Obst- und Olivenanbau seine wirtschaftliche Sicherheit und Bedeutung festigen konnte. Cerignola beispielsweise war 1904 Ort der größten Weinkellereien Europas.

Nach dem Ende des 1. Weltkrieges, an dem Italien seit 1915 im Kampf gegen Deutschland und Österreich teilgenommen hatte, gelang in Apulien durch die Erschließung neuer Märkte der Ausbau landwirtschaftlicher Produktion. 1930 fand in Bari erstmals die *Fiera del Levante* statt, die bis heute neben der Mailänder Mustermesse die größte Verkaufsmesse Italiens ist und entsprechend der geographischen und historischen Position Baris in erster Linie den Geschäftskontakten mit dem östlichen Mittelmeerraum dient.

Seit der Machtübernahme der Faschisten (1922) spielten die apulischen Häfen bei der Kontrolle Albaniens und des Adriaausganges eine wichtige Rolle. Im 2. Weltkrieg waren Bari, Brindisi und Tarent die wichtigsten Marine- und Versorgungsstützpunkte für den Krieg in Nordafrika. Bombenangriffe und Gefechte der Alliierten mit den Resten des Italienischen und Deutschen Afrikaheeres in Süditalien hatten seit 1943 Anteil an der Zerstörung der Städte. Seit dem am 3. Sept. 1943 abgeschlossenen Waffenstillstand zwischen Italien und den Alliierten war Brindisi bis zum Februar 1944 Sitz der Regierung König Vittorio Emanueles III.

Taranto: Piazza Garibaldi

Die Republik

Am 18. Juni 1946 wurde nach einer Volksabstimmung und der Abdankung des Königs die *Republik Italien* proklamiert. Umberto II. hatte als letzter italienischer König wenige Tage vorher das Land verlassen. Am 1. Januar 1948 trat die neue Verfassung in Kraft, die Italien zu einer demokratisch-parlamentarischen Republik erklärte. Mit den Provinzen Foggia, Bari, Brindisi, Lecce und Tarent wurde Apulien eine der zwanzig Regionen der Republik, die 1976 auf einer Fläche von 19.347 qkm ca. 3,8 Millionen Einwohner zählte. Hauptproblem blieb aber nach wie vor die seit der Gründung des italienischen Nationalstaates bestehende Südfrage, d. h. die Entwicklung von Landwirtschaft und Industrie im Mezzogiorno. Bis heute umfaßt die forst- und agrarwirtschaftliche Nutzungsfläche ca. 1,8 Millionen Hektar und beansprucht damit etwa 93,2 % der Gesamtfläche der Region; ca. 85 % entfallen auf Wein-, Obst-, Gemüse- und Getreideanbau, ca. 8 % auf die Holzproduktion. Während die land- und forstwirtschaftliche Produktion zum größten Teil privatwirtschaftlich organisiert ist, liegt die industrielle Entwicklung Apuliens in der staatlichen Intervention der vergangenen 30 Jahre begründet. Die Finanz- und Darlehenspolitik der *Cassa per il Mezzogiorno* hat an der wirtschaftlichen Entwicklung der Region großen Anteil. Mit dem Tourismus eröffnete sich für Apulien in den vergangenen Jahren ein weiterer wichtiger Wirtschaftszweig, der ebenfalls dazu beiträgt, die Infrastruktur im Mezzogiorno weiter zu festigen.

B. HERRSCHERTABELLE

Griechen	8.–3. Jh. v. Chr.
Römer	204 v. Chr. – 476 n. Chr.
Langobarden	590 – Ende 7. Jh.
Araber	840/847 – 880
Byzantiner	552 – 1071
Normannen	Robert Guiscard, 1059–1085 – Roger Borsa, 1085–? – Wilhelm? – Roger II., 1130–1154 – Wilhelm I., 1154–1166 – Wilhelm II., 1166–1189 – Tankred, 1189–1194
Staufer	Heinrich VI., 1194–1197 – Friedrich II., 1197–1250 – Manfred, 1250–1266
Anjou	Karl I., 1266–1285 – Karl II., 1285–1309 – Robert, 1309–1343 – Johanna I., 1343–1382 – Karl III., 1382–1386 – Ladislaus, 1386–1414 – Johanna II., 1414–1434 – Renato, 1435–1442
Aragon	Alfons I., 1442–1458 – Ferdinand I., 1458–1494 – Alfons II., 1494–1495 – Ferdinand II., 1495–1496 – Friedrich I. 1496–1501
Spanier	Ferdinand der Katholische, 1501–1516 – Karl V., 1516–1556 – Philipp II., 1556–1598 – Philipp III., 1598–1621 – Philipp IV., 1621–1665 – Karl II., 1665–1701 – Philipp V., 1701–1707
Habsburger	Joseph I., 1707–1711 – Karl VI., 1711–1738
Bourbonen	Karl III., 1738–1759 – Ferdinand IV., 1759–1799
Napoleonische Zeit	Napoleon Bonaparte, 1799–1814, seit 1805 König von Italien – Joseph Bonaparte, 1806–1808, König von Neapel – Joachim Murat, 1808–1814, Königreich Neapel
Bourbonen	Ferdinand IV., 1815–1825 – Franz I., 1825–1830 – Ferdinand II., 1831–1859 – Franz II., 1859–1861
Könige von Italien des Hauses Savoyen	Vittorio Emanuele II., 1861–1878 – Umberto I., 1878–1900 – Vittorio Emanuele III., 1900–1946 – Umberto II., 1946

Seit 1946 Republik Italien

C. KUNSTHISTORISCHER ÜBERBLICK

Die Kunstgeschichte Apuliens ist noch nicht geschrieben. Würde sie geschrieben, könnte wahrscheinlich nicht von *apulischer Kunst* gesprochen werden, sondern nur von *Kunst in Apulien* die Rede sein. Zweifellos ist auch in dieser südlichen Region Italiens eine rege und bedeutende Kunsttätigkeit festzustellen, doch läßt diese gleichzeitig jene Kontinuität vermissen, wie sie in den großen europäischen Kunstzentren zu beobachten ist. Eine der Ursachen ist sicherlich darin zu sehen, daß die Geschichte Apuliens seit der griechischen Kolonisation im 8. Jh. v. Chr. bis zur Einigung Italiens im Jahre 1861 eine Geschichte der politischen Fremdherrschaften ist. Griechen, Römer, Langobarden, Araber, Byzantiner, Normannen, Staufer, die Anjou, Aragonen, Bourbonen, Venezianer, Mailänder, Genuesen, Habsburger, Napoleon – sie alle erhoben mehr oder weniger nachdrücklich Anspruch auf diese Landschaft, um ihre Häfen als operative Basis einer Kriegs- und Handelsmarine oder das Hinterland als agrarwirtschaftliche Produktionsfläche zu nutzen. Verständlicherweise wird so auch die Kunst in Apulien immer wieder durch neue, fremde Einflüsse gespeist, die im Zuge der wechselnden Machthaber zunächst entweder von den Vorgängern übernommen wurde, um dann entsprechend der jeweiligen Verhältnisse und Ansprüchen der Auftraggeber und Adressaten modifiziert zu werden oder aber unmittelbar als Import eingetroffen ist. Die Gestalt der Kunstlandschaft Apulien ist ähnlich wie diejenige Siziliens durch die Verbindung verschiedenster Kunst- und Kulturformen geprägt.

Vor- und frühgeschichtliche Kulturen in Apulien

Die während der Jungsteinzeit auf der Apenninhalbinsel erscheinenden Kulturen werden im allgemeinen dem westeuropäischen Kulturkreis zugeordnet. Doch lehren gerade die Funde aus der späteren Jungsteinzeit, daß sie an vielen Stellen trotz gemeinsamer Grundlagen auch davon abweichen. Der Bereich des heutigen Italien nimmt deshalb eine Position zwischen den Einflüssen aus dem Osten, Westen und Süden des Mittelmeerraumes ein. Mit der Iberischen Halbinsel, Nordafrika und dem Balkan bestanden Verbindungen auf dem Wasserweg; über die Alpen ist der dauernde Kontakt mit den nördlichen Nachbargebieten zu erkennen. Wenn die Richtungen dieser Bewegungen und deren Konsequenzen im einzelnen auch noch nicht genau bekannt sind, steht dennoch fest, daß die auf die Apenninhalbinsel gelangten Einflüsse schnell von der dort heimischen Bevölkerung übernommen, aber auch umgewandelt wurden.

Dolmen bei Bisceglie

In den Grotten an der Küste von Castro (Nr. 43) entdeckte man Kulturschichten aus dem Mittel- und Jungpaläolithikum. Die *Grotta Romanelli* enthielt in den unteren Lagen Reste einer wärmeliebenden Fauna (Flußpferd), in den oberen Lagen die kaltzeitlichen Tierarten (Steinbock, Riesenalk). Vor allem aber fand man an den Höhlenwänden Gravierungen, die in die Zeit um etwa 10 000 v. Chr. datiert werden konnten (C-14 Methode) und als die *ältesten Höhlenmalereien in Italien* bekannt sind. Sie zeigen z. T. große Ähnlichkeit mit vergleichbaren Entdeckungen in Frankreich und Spanien und werden der Aurignac- oder Gravettenzeit zugerechnet.

Während des Aeneolithikums (Kupfersteinzeit) erscheint in Apulien durch den Einfluß östlicher Mittelmeerkulturen eine neue Gräberkultur. Zwar benutzt man weiterhin natürliche Höhlen als Gräber, doch trifft man, wie etwa in der Umgebung von Bisceglie (Nr. 15), auch auf künstlich angelegte Gräber *(Dolmen)*. Die symbolischen Denkmalformen der *Menhire* in der Nähe von Maglie (Nr. 44) dürften ebenfalls aus dieser Zeit stammen. Aus der Tatsache, daß weiterhin noch Steinwerkzeuge benutzt werden, läßt sich trotz einzelner Metallfunde erkennen, daß die Zuwanderer dieser Zeit zwar eine neue Form der Keramik, neue Waffentypen und auch neue Kulte und Riten eingeführt, auf die ansässige Bevölkerung damit jedoch keinen vollständig umwälzenden Einfluß genommen haben. Selbst während der Bronzezeit zeigen sich in dieser Hinsicht nur sehr langsame Veränderungen. Auf geographische Bereiche begrenzte Bildungen großer ethnischer Gemeinschaften sind etwa seit dem 10. Jh. v. Chr. erkennbar: die *Daunier* im Norden, die *Peuketier* in der

Gegend des heutigen Bari und die *Messapier* im Süden Apuliens. Reste einer späten städtischen Siedlungsform der Messapier sind beispielsweise noch mit der Stadtmauer von Mandúria (Nr. 51) erhalten.

Griechische, Römische und Byzantinische Kunst in Apulien

Im 8. Jh. v. Chr. sind im Golf von Tarent die ersten Griechen gelandet. Die darauf folgende, vor allem im Laufe des 4./3. Jh. v. Chr. stattfindende Hellenisierung Südapuliens kommt in der *Tempelarchitektur* sowie in *Keramikwaren* in Tarent (Nr. 50) und Metapont (Nr. 57) zum Ausdruck. Die Vasensammlung des Museo Jatta in Ruvo (Nr. 19) vermittelt einen Überblick von der im Kontakt mit der griechischen Kunst entstandenen apulischen Keramikproduktion des 6.–3. Jh. v. Chr. Andere Sammlungen griechischer oder apulischer Kunst dieser Zeit finden sich in den Museen von Bari (Nr. 13.6), Brindisi (Nr. 34.7) und Lecce (Nr. 41.10).

Von der römischen Kunst sind nur noch wenige Reste erhalten. Mit den Endsäulen der Via Appia in Brindisi und Lecce (Nr. 41), dem Aquädukt in Bovino (Nr. 12), den Ruinen von Arpi (Nr. 1) und Egnazia (Nr. 35) oder den Theatern in Lecce (Nr. 41.2) und Lucera (Nr. 9) sind jedoch wichtige Beispiele zu nennen.

Das *frühe Christentum* hat bekanntlich keinen unmittelbaren Bruch mit der Tradition spätantiker Kunst bewirkt. Obwohl in Apulien auch aus dieser Zeit nur wenige Reste und Spuren erhalten sind, ist sicher, daß römische Städte wie etwa Siponto (Nr. 8), Canosa (Nr. 21), Trani (Nr. 16), Tarent (Nr. 50), Brindisi (Nr. 34), Lecce (Nr. 41) oder auch Bari (Nr. 13) zum Sitz der ersten Bischöfe wurden, gleichzeitig aber auch Verbindungen zu oströmischer Kunst erkennen lassen. Die im 4. Jh. entstandene *Marmorplatte mit der Darstellung Christi und der Apostel* im Museum von Barletta (Nr. 17) ist in diesem Zusammenhang zu sehen. Das Heiligtum auf dem Monte Sant'Angelo muß nach schriftlichen Überlieferungen mit einem mosaizierten Baptisterium im 5. Jh. einen ähnlichen Eindruck hinterlassen haben, wie er heute noch in den Kirchen Ravennas zu gewinnen ist. Mit den Fußboden- oder Wandmosaiken der Ruinen in Egnazia (Nr. 35) oder dem Baptisterium San Giovanni und der Basilika San Leucio in Canosa di Puglia (Nr. 21) sind noch Reste der Kunst des 5./6. Jh. erhalten.

Von der Kunst des 7.–10. Jh. sind in Apulien ebenfalls nur wenige Reste erhalten. Dies liegt daran, daß Apulien im 7./8. Jh. zum Spielball zwischen Byzantinern und Langobarden wurde, während gleichzeitige arabische Überfälle die vorübergehende Besetzung kleinerer Landesteile zur Folge hatten, und deshalb weder Interesse noch Mittel dafür vorhanden waren, architektonische oder bildne-

Bemalte Vase und Krater (Museo Nazionale, Taranto)

rische Absichten zu realisieren. Mit anderen Worten: Die künstlerische Entwicklung stagnierte. Für die Kunst des 9./10. Jh. weiß die
kunsthistorische Forschung lediglich an ganz wenigen Punkten noch
Spuren einer städtebaulichen, architektonischen oder bildnerischen
Entwicklung zu erkennen. Im Zuge der normannischen Eroberung
und gleichzeitigen Vertreibung der Byzantiner sind deren Bauten
seit dem Ende des 11. Jh. anderen Bauten in einer Weise inkorporiert
worden, daß nur noch mit Mühe auf ihre ursprüngliche Gestalt zu
schließen ist. Untersuchungen wie beispielsweise an den Domen
in Troia (Nr. 11), Bari (Nr. 13) und der ehemaligen Kathedrale von
Siponto (Nr. 8) haben ergeben, daß es sich bei den Vorgängerbauten
um byzantinische Zentralbauten handelte. Bei der auf dem Gelände
des Kastells von Oria (Nr. 40) erhaltenen Kirche SS. Crisante e Daria
ist zu erkennen, daß es sich im Kern um einen ursprünglichen
Kirchenbau des 9. Jh. handelt. Die im 10. oder 11. Jh. erbaute Kirche
San Pietro in Otranto (Nr. 43) stellt das einzige erhaltene Beispiel
einer byzantinischen Kreuzkuppelkirche dar.
Eine ganz andere Art von Kirchenbauten sind mit den Krypten und
Grottenkirchen der Basilianermönche in Gravina di Puglia (Nr. 24),
San Vito dei Normanni (Nr. 36), Massafra (Nr. 54) oder Mottola (Nr.
55) erhalten. Obwohl über die Entstehung dieser Kirchen im einzel-
nen nicht viel bekannt ist, bleibt anzunehmen, daß die den Klosterre-
geln Basilius' d. Gr. (ca. 328–379) nachfolgenden griechischen
Mönche ein bedeutsamer Faktor im sozialen und wirtschaftlichen

Leben des Landes waren, dessen Wirkung auch nach der normannischen Eroberung am Ende des 11. Jh. nicht an Einfluß verloren hat. Die Landbevölkerung wollte offensichtlich an überkommenen religiösen Vorstellungen und Traditionen Ostroms festhalten. Anders ist nicht zu erklären, daß auch im 12.–14. Jh. die Ausstattung dieser Basilianerkirchen noch von einer Ikonographie byzantinischen Kanons bestimmt werden.

Romanische Kunst in Apulien

Unter der Bezeichnung Romanik faßt man im allgemeinen die künstlerischen Ausdrucksformen des 10–12. Jh. zusammen. Auch wenn sich die zeitlichen Grenzen aus verschiedenen Gründen nicht eindeutig festlegen lassen, von Land zu Land zeitlich versetzte territoriale Entwicklungen auftreten, ist in dieser Kunst ein erster, nahezu über ganz Europa verbreiteter Stil zu sehen. Während die vorromanische Kunst vom Hof Karls d. Gr. und einer kleinen intellektuellen Elite getragen wurde, die frühromanische Kunst von den ottonischen Kaisern, fürstlichen Bischöfen und der Aristokratie abhing, hatte die romanische Kunst in Papst, Klöstern, Geistlichkeit, Königen, Feudalherren und Stiftern einen viel weiteren Kreis von Auftraggebern und diente im großen und ganzen religiösen Aufgaben (Zarnecki). In Apulien ist der Beginn dieser Entwicklung seit dem späten 11. Jh. mit dem Ende der byzantinischen Herrschaft und dem Eintreffen der Normannen markiert und führt im Laufe des 12. Jh. zu einer Auseinandersetzung, Aneigung und Verbindung der Traditionen byzantinischer, islamischer und abendländischer Kunst. Im Bereich der *Architektur* treffen Einflüsse aufeinander, die sowohl von dem Desideriusbau der Abteikirche in Montecassino, vom Typus normannischer Emporenkirchen, vielleicht auch vom Pisaner Dom, als auch von byzantinischer Architektur ausgehen. Mit *San Nicola in Bari* (Nr. 13.1) entsteht zum Ende des 11. Jh. *eine der wichtigsten Kirchenbauten*, die mit den Merkmalen des ummantelten Ostchores, den Arkaden der Seitenfronten und den Seitenschiffemporen in den Bauten von San Sabino in Bari, Molfetta (Nr. 14), Bisceglie (Nr. 15), Trani (Nr. 16), Barletta (Nr. 17), Bitonto (Nr. 18), Ruvo (Nr. 19), Altamura (Nr. 23), Acquaviva (Nr. 25) und Brindisi (Nr. 34) Nachfolge fand. Für die Entwicklung der Kunst in Apulien ist dabei bemerkenswert, daß der Bau von San Nicola ursprünglich nach dem Vorbild des Desideriusbaus in Montecassino (1066–1071) errichtet werden sollte, dann aber durch die Einbeziehung der Bauteile des ehemaligen byzantinischen Statthalterpalastes seine eigentümliche, aber vorbildliche Baugestalt erfuhr. Die Tatsache, daß trotz mancher mehr oder weniger offenkundiger Abweichungen so

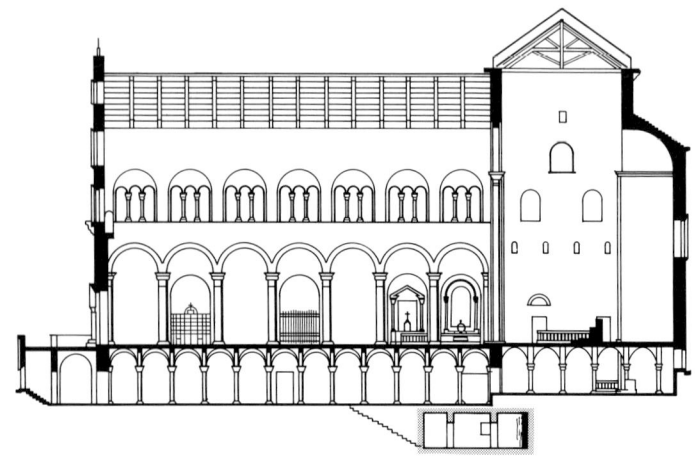

Trani: San Nicola il Pellegrino. Aufriß

viele Bauten dem Vorbild von San Nicola folgten, ist gleichzeitig auch ein Indiz für die Bedeutung, die sowohl der hl. Nikolaus von Myra als auch der Kirchenbau, der ihm zu Ehren in Bari errichtet wurde, für die Gläubigen dieser Zeit besessen haben muß. »Um seines Segens teilhaftig zu werden, wurde das ›Gehäuse‹ des Heiligen allerorts nachgeahmt« (Jacobs).

Ein anderer maßgeblicher Kirchenbau ist ebenfalls Ende des 11. Jh. in Troia (Nr. 11) entstanden. An ihm sind keine der für San Nicola in Bari bestimmenden Merkmale zu finden. Ihn zeichnen vielmehr hohe Blendarkaden an den Seitenschiffen und der Westfassade, in den Bogenöffnungen eingelassene Schmuckscheiben, ornamentierte Quadrate, ein weit vorkragendes, skulptiertes Konsolgesims und die Verwendung verschiedenfarbigen Steins aus. Inwieweit hier der Dom von Pisa (1063 beg.) als vorbildlich anzusehen ist, oder ob es sich um eine lokale Entwicklung handelt, bleibt umstritten. Nachweisbar ist jedoch, daß auch dieser Kirchenbau in den Kathedralen von Foggia (Nr. 1), Termoli (Molise) sowie den Kirchen Santa Maria Maggiore in Monte Sant'Angelo (Nr. 7.4) und Siponto (Nr. 8) Nachfolge fand.

Eine dritte Form des Kirchenbaus dieser Zeit ist in der Abteikirche von Valenzano (Nr. 27) zu sehen. Sie zeichnet sich durch ein schlichtes Äußeres mit einer Folge von Kuppeln über dem Mittelschiff und halbtonnengewölbten Seitenschiffen aus. Für den ursprünglichen Bau der Abteikirche von Conversano (Nr. 28) ist dieselbe orientalisch

22

Bari: Westfassade von San Sabino

beeinflußte Form zu rekonstruieren. Auffallend ist in diesem Zusammenhang der Bau des Alten Domes von Molfetta (Nr. 14), da er eine Verbindung des Kathedralbautyps von San Nicola in Bari und der Dreikuppelkirchen in Valenzano und Conversano darstellt. Der Bau der Fünfkuppelkirche San Sabino in Canosa di Puglia (Nr. 21) hingegen steht möglicherweise mit der Errichtung von San Marco in Venedig in Verbindung. Ähnlich singulär bleibt auch die Kathedrale von Otranto (Nr. 43). Gemessen an den anderen Kirchenbauten dieser Zeit kann sie noch am ehesten mit dem Vorbild des Desideriusbaues in Montecassino verglichen werden.

Im Vergleich zur Architektur ging die Entwicklung der *romanischen Skulptur* und *Plastik* zwar eher zögernd, gleichzeitig aber doch vielfältig vor sich. Vor allem in Süditalien eignete man sich in freier Rezeption zunächst das an, was andere Länder hervorgebracht hatten, verfügte dann aber schon bald über fruchtbare und eigenständige Zentren. Bemerkenswert ist dabei, daß es im Gegensatz zu anderen europäischen Kunstlandschaften in Apulien keine Monumentalskulptur gibt. Lebensgroße, freistehende und im Architekturverband angebrachte Figuren sind nicht bekannt.

Eine der Arten skulpturalen Gestaltens ist in Apulien mit den *Reliefs* der Tympana, Architrave, Türpfosten oder Apsidenfenster realisiert. Dabei läßt die Fülle des ornamentalen Schmucks mit vegetabilen oder zoomorphen Mustern auf Türpfosten, Architraven, Fensterrahmungen und Rosetten den Einfluß byzantinischer Kunst erkennen

23

Altamura: Detail vom Hauptportal der Kathedrale

und zeigt, wie ernsthaft die Steinmetzwerkstätten Apuliens trotz einer Fülle anderer stilistischer Einflüsse an der byzantinischen Tradition festhalten. Ähnliches gilt für die *Kapitelle*. Sie können wie beispielsweise in der Kathedrale von Troia (Nr. 11) oder in San Giovanni al Sepolcro in Brindisi (Nr. 34.8) zunächst wie Spolien anmuten, erweisen sich dann aber als Kopien, während andere Beispiele die Aneignung und Verbindung lokaler Vorstellungen mit neuen stilistischen Einflüssen zeigen. Die figürlichen *Skulpturen* an den Kathedralen von Bari (Nr. 13), Trani (Nr. 16) oder die *Konsolmasken* an der Kathedrale von Ruvo (Nr. 19) verweisen hingegen einerseits auf den Einfluß der Bildhauerwerkstatt des Domes zu Modena, andererseits auf antike Vorbilder.

Eine andere Art skulpturalen Gestaltens ist an den *Bischofsthronen* zu sehen, von denen in Canosa (Nr. 21), Bari (Nr. 13.1) und in dem Heiligtum auf dem Monte Sant'Angelo (Nr. 7.1) noch drei vollständig, von vier anderen in Santa Maria in Siponto (Nr. 8) und den Kathedralen von Bari (Nr. 13.2), Trani (Nr. 16.1) und Tarent (Nr. 50.3) nur Fragmente erhalten sind. Obwohl nur diese wenigen Beispiele bekannt sind, ist anzunehmen, daß es davon wesentlich mehr gab, da in Apulien infolge der kirchenpolitischen Auseinandersetzungen zwischen Rom und Konstantinopel eine Reihe von Bischofskirchen, die zur Aufstellung solcher Throne berechtigten, erbaut worden waren. Die Aufstellung solcher Bischofsthrone reicht bis ins 4. Jh. zurück, nachdem Kaiser Konstantin 313 das Christentum als gleichberechtigte Religion anerkannt hatte und den Vertretern der hohen Geistlichkeit dieselbe Würde zukam wie weltlichen Herrschern. In Anlehnung an das antike Kaiserzeremoniell, wo der Herrscher in einer ausgezeichneten Nische thronte, erhielten auch die geistlichen Würdenträger auf Bischofsthronen in der Apsis der Kathedralen ihren Platz. Formale Vorbilder dieser Throne sind im profanen Bereich zu suchen. Die Übernahme solcher Vorbilder in den sakralen Bereich wird am besten durch den um die Mitte des 6. Jh. entstandenen Thron des Bischofs Maximian von Ravenna dokumentiert. Vorbild war der Typus der antiken *Cathedra*, ein hölzerner Stuhl mit hoher, gebogener Rückenlehne; seine Verwendung gab der Bischofskirche dann auch ihren Namen: Kathedrale. Die Grundform der apulischen Throne folgt jedoch eher dem antiken *Solium* nach, einem kastenförmigen, hohen Sitz mit geraden Armstützen und Fußbank. Auch die Sockelzonen der apulischen Throne in Canosa und auf dem Monte Sant'Angelo scheinen weniger von der römischen, als vielmehr von einer orientalischen Tradition beeinflußt. Das Motiv, Tiere, wie Elefanten und Löwen, als Thronträger darzustellen, ist von Throndarstellungen auf sassanidischen Münzen und Silbertellern bekannt. Auch kann das Motiv des Löwen im Zusammenhang mit der alttesta-

Canosa di Puglia: Bischofsstuhl (l), Trani: Westportal der Kathedrale (r)

mentarischen Beschreibung des von Löwen umgebenen Thrones Salomons gesehen werden. Der Thron in San Nicola zu Bari hingegen scheint eher einer römischen Tradition zu folgen, wenn dort nahezu vollplastisch gearbeitete, angestrengte und unter ihrer Last gebückte menschliche Figuren zu Trägern des Thrones werden. Der Unterschied läßt sich vielleicht dadurch erklären, daß die Throne in Canosa und dem Heiligtum auf dem Monte Sant'Angelo Ende des 11. Jh., der in Bari wohl erst Ende des 12. Jh. entstanden sind.

Romanische Plastik wird in Apulien vor allem durch die *Bronzetüren* repräsentiert, wie sie im Heiligtum auf dem Monte Sant'Angelo (Nr. 7.1), in Canosa (Nr. 21), Troia (Nr. 11) und Trani (Nr. 16.1) erhalten sind. Die *Bronzetür am Heiligtum auf dem Monte Sant'Angelo* (Nr. 7) gehört ebenso wie diejenigen in Amalfi, Montecassino, Rom, Ravello, Salerno oder Venedig zu den sog. byzantinischen Importtüren aus Konstantinopel. Inschriften, Daten, Stifter- und Meisternamen verweisen auf die geistigen, wirtschaftlichen und politischen Verbindungen mit Byzanz. Die Stifter waren meist Mitglieder oder Inhaber bedeutender Handelsunternehmen mit Niederlassungen in Byzanz; die Auftraggeber jedoch, die oft auch das Bildprogramm entwarfen, gehörten der Geistlichkeit an. »Obwohl unterschiedlich in Einzelheiten des Bildschmucks wie der handwerklichen Ausführung bilden diese Türen eine geschlossene Gruppe, einen Typus, der sich wesentlich von westeuropäischen Bronzetüren des Mittelalters abhebt. Es sind Bildwände ohne plastischen Schmuck, wenn man von gelegentlich vorhandenen Löwenkopf-Türziehern absieht. Die flachen Platten der Türfüllungen und die Rahmenleisten sind auf Holzträgern montiert, das Metall ist eine Kupfer-Zink-Legierung, also eigentlich Messing. Den Türflügeln sind entweder völlig flächige Kreuze aufgenagelt oder sie tragen tauschierte Darstellungen und Inschriften.« (Mende).

Demgegenüber ist die Tür des *Boemund-Mausoleums in Canosa* (Nr. 21) die *älteste erhaltene italienische Bronzetür des Mittelalters*. Sie ist eines der wichtigen Zeugnisse der aus den sich kreuzenden Kulturen in Süditalien resultierenden Bronzekunst. Die Tür in Canosa ist z. T. nicht nur eine erstmals in einem Guß gefertigte Bronzetür, sondern bleibt auch in ihrer Verwendung an einem Grabbau statt an einem Kirchenportal im Mittelalter ohne Vorbild.

Die *Bronzetüren in Troia* (Nr. 11), nur wenig später als diejenigen von Canosa entstanden, setzen zwar auch byzantinische Vorbilder voraus, sind aber diesen gegenüber ebenfalls wesentlich verändert. Während in Form und Technik byzantinische Elemente aufgenommen und an den Blattwerkrahmungen islamische Einflüsse erkennbar sind, erhalten die Türen ihren besonderen, den süditalienischen Bronzeguß des frühen 12. Jh. auszeichnenden Charakter durch die in den Türfeldern angebrachten plastischen Teile stilisierter Löwenköpfe, Drachen oder anderer Bestiendarstellungen.

Die *Bronzetür der Kathedrale von Trani* (Nr. 16.1) entstammt zusammen mit denjenigen von Ravello und Monreale einer Gießerei, die Ende des 12. Jh. »auf bilderreiche Kirchentüren anscheinend in besonderer Weise eingestellt war und Großaufträge dieser Art mit einer ungewöhnlichen Routine ausführen konnte«. Sie sind durch einen »außerordentlich zarten Reliefstil« gekennzeichnet, der »trotz der geringen Relieferhebung die Figuren der Bilderfelder als kraftvolle Gestalten mit körperlichem Volumen und mit detailliert durchgebildeten Gewändern von feiner Stofflichkeit« zeigt (Mende).

Ohne eine Entwicklungsgeschichte dieser Bronzetüren abzuleiten, läßt sich feststellen, daß diejenigen in Canosa und Troia zu Anfang des 12. Jh. in ihren plastischen und graphischen Bestandteilen von apulischen, byzantinischen und auch islamischen Elementen beeinflußt bleiben, während diejenige des späten 12. Jh. in Trani auf der Grundlage byzantinischer Kunst einen eigenen Reliefstil entwickelt. Zum Abschluß dieses kurzen Überblicks über die romanische Kunst in Apulien muß noch auf die *Mosaikfußböden* aus der 2. Hälfte des 12. Jh. hingewiesen werden. Vollständig erhalten ist ein solcher Fußboden in der Kathedrale von Otranto (Nr. 43), während von denen in Trani (Nr. 16.1), Brindisi (Nr. 34.5) und Tarent (Nr. 50.3) nur Fragmente übrig geblieben sind.

Gotische Kunst in Apulien

Ebenso wie andere kunsthistorische Epochenbegriffe ist auch derjenige der Gotik zunächst einmal nur ein Verabredungsbegriff, unter dem im allgemeinen die Kunst des hohen und späten Mittelalters zusammengefaßt werden kann. Wie provisorisch diese Bezeichnung bleibt, erweist die Tatsache, daß die Entwicklung der diesem Stil zugeordneten Phänomene von der Mitte des 12. Jh. bis zum Ende des 15. Jh. reicht, wobei je nach territorialer Ausprägung gleichzeitig immer wieder Überschneidungen mit künstlerischen Ausdrucksformen der Epochen zu beobachten sind, die entweder noch als Romanik oder schon als Renaissance etikettiert werden können. In Süditalien fällt diese Entwicklung zeitlich mit der staufischen und angiovinischen Herrschaft zusammen.

Im Gegensatz zur Kunst unter normannischer Herrschaft liegt der Schwerpunkt in staufischer Zeit in Apulien weniger im sakralen, als vielmehr im profanen Bereich. Nicht der Bau und die Ausstattung von Kirchen, sondern angemessene Unterkünfte für den Kaiser, d. h. die Errichtung von Palästen und Wehrbauten werden zum vordringlichen Anliegen. »Für eine relativ kurze Zeitspanne erreicht die Profanarchitektur hier eine Bedeutung, welche ihr der Sakralarchitektur gegenüber einen unbestrittenen Vorrang sichert, und gleichzeitig für deren Entwicklung auch einen wichtigen künstlerischen Faktor darstellt.« (Wagner-Rieger). Der einzige Kirchenbau Apuliens, der mit Sicherheit unter der Förderung Friedrichs II. zu Ende geführt wurde, ist der Dom in Altamura (Nr. 23).

Castel del Monte

Obwohl die während der staufischen Herrschaft in Apulien entstandene Kunst nur noch in Resten erhalten ist, bleibt zu erkennen, daß antike, byzantinische und abendländische-romanische Kunst die Grundlagen dieser Kultur sind. Neben den z. T. nur in Resten verbliebenen Palast- und Wehrbauten in Foggia (Nr. 1), Apricena (Nr. 2), Castel Fiorentino (Nr. 10), Bari (Nr. 13.3), Trani (Nr. 16.2), Gravina (Nr. 24), Gioia del Colle (Nr. 26), Brindisi (Nr. 34.2) oder Oria (Nr. 40) ist vor allem Castel del Monte (Nr. 22) eines der Zeugnisse dieser »supranationalen Kultur« (Quintavalle). Neuere Untersuchungen haben gezeigt, daß die Ursprünge dieser Bauten weniger in französischen Vorbildern zu finden sind, sondern vielmehr dem byzantinischen Festungsbau und syrischen Wüstenschlössern, den Palastanlagen der Umajjadenherrscher, ihre Anregung verdanken. Einzelheiten Castel del Montes weisen auf Verbindungen zu zisterziensischer Baukunst hin, während der Grundriß mit dem des Umajjadenpalastes Khan-i Khurra verwandt ist, das System der Wasserver- und entsorgung die Kenntnis arabischer Technik voraussetzt und die noch erhaltene Skulptur auf die Tradition nördlicher Bildhauerwerkstätten verweist. Verständlich wird diese Kunst in Apulien nur vor dem Hintergrund einer neuartigen, weltlich-politischen Konzeption der Staufer. Der Versuch, Schwerpunkte eines Imperiums entlang einer Nord-Süd-Achse zu dezentralisieren, die kaiserliche Macht gegenüber Papst und Feudalherren zu sichern oder eine von der Kirche unabhängige Staatsuniversität (Neapel, 1224) einzurichten, sind nur einige Aspekte der Staatsidee Friedrichs II. »Das staufische Kaisertum war noch einmal eine der universalen Mächte des Mittelalters gewesen. Sein Anspruch richtete sich auf Rom, sein Wirkungskreis umspannte Italien, berührte Konstantinopel und das Heilige Land.« (Sauerländer). Die künstlerische Gestalt der Skulpturen des Nordportals der Kirche Santa Maria Icona Vetere in Foggia (Nr. 1) kann als Ausdruck dieser Idee gewertet werden.

Nachdem die Anjou 1266 das staufische Erbe angetreten und Neapel zur Hauptstadt erhoben hatten, stagnierte die künstlerische Entwicklung in Apulien zunächst. Auch wenn eine Reihe von Kastellen umgebaut oder erweitert wurden, so sind nennenswerte künstlerische Neuerungen durch Aufträge des Hauses Anjou während dieser Zeit in Apulien nicht zu beobachten. Künstlerische Arbeiten werden durch Kirche und Adel gefördert und dienen weniger staatlichen als kirchlichen oder privaten Interessen. Die im Laufe des 13. Jh. entstandenen Grabmäler der Familie Falcone bei der Kirche Santa Margherita in Bisceglie (Nr. 15) sind in diesem Zusammenhang ebenso zu sehen, wie die einer byzantinischen Tradition folgenden Ausstattungen einiger Basilianerkirchen in Gravina (Nr. 24), San Vito dei Normanni (Nr. 36), Massafra (Nr. 54) oder Mottola (Nr. 55).

Erst seit Beginn des 14. Jh. sind wieder Aufträge der Mitglieder des Hauses Anjou festzustellen. Zu den wenigen in dieser Zeit entstandenen Kirchenbauten zählen diejenigen des Domes in Lucera (Nr. 9) oder der Kirche Santa Maria del Casale in Brindisi (Nr. 34.12). Die hochstrebende Schlankheit und die weiträumigen, hellen Anlagen der Bauten sind Ergebnisse apulischer Tradition und eines Imports künstlerischer Elemente der Bettelordensarchitektur. Für die Aufträge der Kirchenbauten, wie beispielsweise Santa Caterina in Galatina oder Santo Stefano in Soleto (Nr. 48), zeichnen im 14. Jh. Mitglieder der Familie Orsini verantwortlich.

Beispiele aus *Malerei* und *Skulptur* zeigen, welche Rolle die Byzantinische Kunst und ihr Einfluß im 14. Jh. spielt. Erwähnenswert sind eine Ikone des frühen 14. Jh. in der Kathedrale von Mola (Nr. 31), ein Tafelbild der 1. Hälfte des 14. Jh. mit der Darstellung des Pilgers Nikolaus und Szenen aus seinem Leben in der Kathedrale von Trani (Nr. 16.1) oder ein Tafelgemälde mit einer Madonnendarstellung der Mitte des 14. Jh. im Museum in Bari (Nr. 13.6). Für die Skulptur sei auf ein Marmorrelief mit der Darstellung einer Kreuzigungsgruppe in der Chiesa d'Ognissanti in Trani (Nr. 16.4) vom Anfang des 14. Jh. hingewiesen. Demgegenüber zeigt das Marmorrelief einer Madonnendarstellung in der Kirche Santa Caterina in Gravina (Nr. 24) aus der 2. Hälfte des 14. Jh. toskanischen Einfluß.

Für die Malerei des 15. Jh. ist auf die Fresken mittel- und oberitalienischer Maler in der Kirche Santa Caterina in Galatina (Nr. 48) und auf die Tafelgemälde der Venezianer Antonio und Bartolomeo Vivarini (z. B. in den Museen von Bari, Nr. 13.6, und Lecce, Nr. 41.20) hinzuweisen. Die Kenntnis und das Interesse an venezianischer Malerei erklärt sich einerseits durch Handelsbeziehungen apulischer Unternehmer mit Venedig, andererseits dadurch, daß eine Reihe von Städten entlang der adriatischen Küste Apuliens, wie etwa Monopoli (Nr. 33), in venezianischem Besitz waren.

Kunst der Renaissance in Apulien

Die Kunst der Renaissance entsteht im Laufe des 15. Jh. und kommt in künstlerischen Zentren wie etwa Florenz, Rom und Venedig zu bedeutenden Ausprägungen. In Apulien ist eine ganze Reihe von Derivaten dieser römischen und venezianischen Kunst zu finden. Auffallend ist dabei, daß die Malerei mehr von Venedig, die Architektur mehr von Rom abhängig zu sein scheint.

Von den Kirchenbauten der 1. Hälfte des 16. Jh. fallen die von San Francesco di Paola oder San Marco in Lecce (Nr. 41.25;4) auf und zeigen ebenso wie diejenigen der Chiesa del Gesù, Sant'Irene dei Teatini oder die Chiesa del Carmine in Lecce (Nr. 41) aus der

2. Hälfte des 16. Jh. den Einfluß der römischen Architektur. Im Bereich der Profankunst kann noch auf die Umbauten einiger Kastelle unter Karl V. (Brindisi, Nr. 34.2; Lecce, Nr. 41.6; Copertino, Nr. 47) und auf die zu Ehren Karls V. errichtete Porta Napoli in Lecce (Nr. 41) hingewiesen werden.

Demgegenüber sind von der Malerei des 16. Jh. in Apulien in den Museen von Bari (Nr. 13.6) Werke erhalten, die teils unter venezianischem Einfluß entstanden sind, teils von venezianischen Künstlern wie etwa Bellini, Veronese oder Tintoretto selbst stammen oder deren Werkstätten zugeschrieben werden.

Für die unterschiedlichen Interessen einerseits an der Architektur Roms, andererseits an der Malerei Venedigs, kann wohl in der Auftragslage eine Erklärung gefunden werden. Die Vorliebe für venezianische und nicht etwa für römische Malerei hängt sicherlich damit zusammen, daß die Gemälde meist der Stiftung apulischer Familien zu verdanken sind, die Handelskontakte mit Venedig pflegten. Die Kirchenbauten hingegen entstanden meist im Auftrag und durch Baumeister der Orden, wie etwa Jesuiten, Theatiner und Karmeliter, deren Generalate sich in Rom befanden.

Der sog. Lecceser Barock

Die Kunst des 17. und 18. Jh. findet vor allem in Lecce (Nr. 41) und den umliegenden Städten, wie etwa Martina Franca (Nr. 53), Muro Leccese (Nr. 44), Gallipoli (Nr. 46) oder Nardo (Nr. 47), ihre Ausprägung. Sie entstand meist im Auftrag von Kirche, Orden oder ortsansässigen Adelsfamilien. In der kunsthistorischen Literatur findet sich zur Kennzeichnung dieser Kunst immer wieder der Begriff ›Lecceser Barock‹, doch wird andererseits auch die Richtigkeit dieser Bezeichnung bestritten (Blunt) und stellt das Problem, inwieweit diese Kunst ›barock‹ genannt werden kann.

Die italienische Barockkunst erreicht im Laufe des 17. Jh. in Rom ihre höchste Blüte. Sie fußt auf der Tradition der römischen Kunst des 16. Jh., wandelt diese jedoch grundsätzlich um. Ovaler Grundriß, konkav-konvex geschwungene Fassaden und die bevorzugte Verwendung von Säulen an Stelle von Pilastern sind bezeichnende Merkmale, wobei die Säulen »nicht als Stützen, sondern als Figuren« (Hubala) im bildhaften Zusammenhang der Architektur verwendet wurden. »Die Proportionen streckten sich, plastische Blickbahnen und Formbahnen wurden aus der Wand herausgebildet, an die Stelle des strikt frontalisierten, in Schichtungen aufgebauten, durch materielle und optische Mittel in sich verspannten und verhafteten Reliefs trat jetzt eine Gruppierung von plastischen Werten.« (Hubala).

Lecce: San Rosario

Die Lecceser Kirchen des 17. und 18. Jh. haben bei näherer Betrach-
tung mit den Kirchen des römischen Barock weniger gemein, als
man zunächst annehmen möchte. Der Grundriß der Lecceser
Kirchen ist im allgemeinen rechtwinklig oder in der Form eines lateinischen Kreuzes angelegt. Nur in wenigen Fällen ist eine längliche
oder oval anmutende Grundform gegeben (Chiesa del Carmine, San
Matteo). Die Fassadengestaltungen bleiben trotz flächenfüllender
plastischer Dekoration flach (San Matteo, Santa Croce). Wie beliebig
diese Gestaltungsprinzipien einzusetzen sind, wird an der im 18. Jh.
umgestalteten Fassade der mittelalterlichen Kirche SS. Niccolo e
Cataldo deutlich.
Fragt man nach den Voraussetzungen für die Entstehung so eigen-
williger Formen wie die des sog. ›Lecceser Barock‹, für den auch
einmal die Bezeichnung ›Salentino Stil‹ vorgeschlagen wurde
(Blunt), ist festzustellen, daß Grundriß- und Fassadengestaltung
ihrer Grundstruktur nach der Tradition des 16. Jh. verwandt bleiben.
Der Reiz der Kunst des sog. ›Lecceser Barock‹ beruht auf einer Ver-
zierung dieser Grundstrukturen durch plastischen Schmuck, mit
dem Flächen bereichert oder gefüllt werden. Da Süditalien damals

unter spanischer Herrschaft stand, kann die Absicht, einen solchen plastischen und flächenfüllenden Schmuck zu bilden, durch ähnliche oder vergleichbare Gestaltungsabsichten, wie sie in der neapolitanischen, sizilianischen oder auch spanischen Kunst des 17. Jh. zu finden sind, beeinflußt sein, ist aber sicherlich auch durch die Beschaffenheit des weichen, leicht zu bearbeitenden Steins dieser Gegend, der sich erst an der Luft erhärtet, unterstützt worden (Blunt).

So wie im 16. Jh. in Apulien die Vorliebe und das Interesse für venezianische Malerei und deren Einfluß zu beobachten ist, macht sich im 17. und 18. Jh. die barocke Malerei Neapels geltend, wo sich mit Caravaggio, J. Ribera, S. Rosa, L. Giordano, F. Francanzano oder F. Solimena seit Anfang des 17. Jh. eine international bedeutende Malerei ausgebildet hat. In Apulien sind vor allem Werke von F. Francanzano, F. Solimena, de Mura und O. Tiso vertreten.

Die Kunst des 19. und 20. Jh. in Apulien

Im Laufe des 19. und 20. Jh. wird Europa von einem Stilpluralismus geprägt, der keine noch so provisorisch zusammenfassenden Begriffe mehr zuläßt. Die Aufgaben der Kunst haben sich gewandelt. Als Beispiele aus Apulien sei dafür auf die Planung und Gestaltung der Neustadt von Bari oder die Errichtung und Ausstattung des Teatro Petruzelli und der Museumsbauten vom Ende des 19. Jh. und Anfang des 20. Jh. verwiesen.

Daß nur einige Beispiele angeführt werden können, hängt wohl nicht zuletzt auch damit zusammen, daß durch die Nationalisierungsbestrebungen im Laufe des 19. Jh. der Süden immer mehr zur Provinz degradiert wurde. Denn während Apulien in der Vergangenheit zwar durch die Interessen verschiedener fremder Herrscher bestimmt wurde, waren seine Städte dennoch Sitze von Königen und Kaisern, wobei das Land ebenso wie Neapel oder Sizilien eine wichtige politische und kulturelle Position im Schnittpunkt abendländischer, byzantinischer und islamischer Kultur einnahm. Seit dem 19. Jh., insbesondere seit der Einigung Italiens im Jahre 1861, haben sich die kulturellen Schwerpunkte weiter nach Norden verlagert. Was sich jedoch bis dahin, bis zur Mitte des 19. Jh. im Süden Italiens ereignete, kann wohl kaum treffender formuliert werden als mit den Worten, die G. Tomasi di Lampedusa den Fürsten Fabrizio, den ›Gattopardo‹, die Hauptfigur seines gleichnamigen Romans, sprechen läßt: »Wir sind alt, sehr alt. Es sind zum mindesten 25 Jahrhunderte, daß wir auf den Schultern das Gewicht hervorragender, ganz verschiedenartiger Kulturen tragen: Alle sind sie von außen gekommen, keine ist bei uns selbst gekeimt, in keiner haben wir den Ton angegeben.«

D. DIE KUNSTDENKMÄLER DER PROVINZ FOGGIA

Das Gebiet der Provinz Foggia wird mit der *Tavoliere* einerseits und der *Gargano-Halbinsel* andererseits durch zwei geographische wie landschaftliche Gegensätze bestimmt. Die Tavoliere ist eine zwischen dem Apennin und der Gargano-Halbinsel gelegene flache Ebene, die in ihrem Zentrum kaum 100 m über den Meeresspiegel hinausragt. Ihren Namen erhielt sie von den ›tabulae censuariae‹, den frühmittelalterlichen Grundbüchern der hier befindlichen Staatsgüter. Im Gegensatz dazu erreicht die östlich in das Adriatische Meer hinausreichende, landschaftlich reizvolle Gargano-Halbinsel eine Höhe von ca. 1000 m, was sich dadurch erklärt, daß ihr Kalkfelsmassiv erdgeschichtlich nicht mit der Apenninhalbinsel, sondern mit der dalmatinischen Küste verwandt ist. Weiße, von Olivenhainen und Weingärten umgebene malerische Fischerdörfer und reizvolle Badebuchten charakterisieren die Küstenlandschaft dieser Halbinsel. Die ehemals ganz bewaldeten Hügel und Täler des Gargano wurden von Horaz als ›undurchdringliche Wildnis‹ bezeichnet und waren noch im Mittelalter das bevorzugte Jagdrevier Friedrichs II. *Daunia* und *Capitanata*, die anderen Namen dieser Provinz, erinnern an die Geschichte dieser Landschaft: Daunia steht für das Siedlungsgebiet der *Daunier*, die als Urbevölkerung diese Gegend in der Bronzezeit bewohnten, während weiter südlich, etwa im Gebiet der heutigen Provinz Bari die Peuketier und in der Gegend des heutigen Brindisi die Messapier lebten. Capitanata leitet sich von *Katapan* her, der Amtsbezeichnung des byzantinischen Statthalters, zu dessen Machtbereich Apulien bis zum Eindringen der Normannen im 11. Jh. gehört hatte.

I Foggia

Foggia liegt im Mittelpunkt der Tavoliere und bildet mit etwa 150 000 Einwohnern sowie als *Hauptstadt der gleichnamigen Provinz* den wichtigsten Verkehrs- und Geschäftsknotenpunkt im nördlichen Apulien.

Geschichte: Foggia wurde kurz nach der Jahrtausendwende von Flüchtlingen aus Arpi gegründet, die hier vor den Sarazenen Schutz suchten, und hieß zunächst *Fovea*, was sich von ›foveae‹, den Aufbewahrungsorten für Getreide, herleitet. Um 1050 wurde die Siedlung von Robert Guiscard befestigt und erhielt 1089 ihren heutigen Namen. Wilhelm der Gute erweiterte die Befestigungsanlage 1179. Seine kulturelle Blütezeit erlebte Foggia aber erst im staufischen Mittelalter, nachdem *Friedrich II.* – am 22. November 1220 in Rom von Innozenz III. zum Kaiser gekrönt – 1223 hier seine Residenz eingerichtet hatte und Foggia zum Kaisersitz erhöhte: Friedrich II. hatte bei seiner Krönung dem Papst versichern müssen, keine Vereinigung zwischen Sizilien, dessen König er seit dem 17. Mai 1198 war, und dem Heiligen Römischen Reich anzustreben. Friedrich verzichtete deshalb auf den Staatsanspruch über Sizilien und überließ seinem Sohn Heinrich VII., der bereits seit 1212 den Titel König von Sizilien trug, die dortigen Staatsgeschäfte, während er seine Interessen auf Apulien konzentrierte. Fast dreißig Jahre lang, bis zum Tode Friedrichs II. im Jahre 1250, wurde nun von Foggia und nicht von Palermo aus die weitreichende Politik Friedrichs II. betrieben. Von dem Palast, für den der Kaiser im Sommer 1223 dem Protomagister Bartholomäus den Bauauftrag erteilt hatte, ist bis auf wenige, stark beschädigte Reste des Portals und einer

Inschrift, die über diesen Bauauftrag Auskunft gibt, nichts mehr erhalten. Heute steht an dieser Stelle der Palazzo Arpi (Museo Civico). Lediglich die Kathedrale Santa Maria Icona Vetere kann in manchen Teilen noch als Zeuge dieser glanzvollen staufischen Zeit dienen. Welchen Anspruch Friedrich mit Foggia verband, vermittelt neben einer Reihe anderer Berichte vor allem die Nachricht, daß der Kaiser als Sieger von Cortenuova im November 1237 befahl, den geschlagenen und gefangenen lombardischen Rittern den Palast von Foggia und andere Schlösser der Umgebung zu zeigen. Friedrich demonstrierte nicht nur militärische, sondern auch kulturelle Macht und Überlegenheit. 1447 erhob Alfons I. von Aragon die Stadt zum Hauptsitz seiner Zollämter und bekräftigte damit die wirtschaftlich zentrale Stellung der Stadt in aragonischer Zeit. Ein schweres Erdbeben bewirkte 1731 eine nahezu völlige Zerstörung; weite Teile des mittelalterlichen Kerns wurden jedoch wiedererrichtet. Seit 1855 ist Foggia Bischofssitz; 1865 folgte die Stadt dem Aufruf zur Einigung Italiens. Der 2. Weltkrieg hinterließ schwere Schäden, die sich maßgeblich auf das heutige Stadtbild auswirkten.

Kathedrale Santa Maria Icona Vetere

Lage: Piazza De Sanctis.

Baugeschichte: Die Errichtung des frühesten Baus von S. M. Icona Vetere, bei dem es sich wahrscheinlich um einen Zentralbau handelte, geht auf Robert Guiscard zurück. 1172 oder 1179 gab dann Wilhelm II. von Sizilien den Auftrag zu einem Neubau, der mit dem Langhaus begonnen wurde. Das Querhaus wurde nach 1223 unter Friedrich II. errichtet. In diesem Zusammenhang erfolgte sicherlich auch die Umgestaltung der weiträumigen Krypta, deren Pfeiler (Kapitelle von Bartolomeo da Foggia) wahrscheinlich als Stützen der Architekturglieder des darüberliegenden Querschiffes fungierten. Wie die Vierung über dem ursprünglichen Zentralbau konzipiert war, läßt sich im einzelnen nicht mehr rekonstruieren, da zum Ende des 17. Jh. durch Abtragung der Mittelschiffwände ein einschiffiger Kirchenraum geschaffen wurde. Dieser Umbau war wahrscheinlich schon vor dem großen Erdbeben 1731, dem sowohl der obere Abschluß der Kirche als auch der Campanile zum Opfer fielen, abgeschlossen. Bei dem Wiederaufbau wurde die Kirche dann als barocker Einheitsraum gestaltet. Von dem früheren Bau sind neben der Krypta noch das Untergeschoß der Fassade und ein 1953 freigelegtes Nordportal erhalten, deren Blendarkadengliederung auf das Vorbild der Kathedrale von Troia (Nr. 9) verweist.

Das Nordportal

Der plastische Schmuck des Nordportals (a; Bartolomeo da Foggia?) besteht aus Fragmenten des 13. Jh., die nach dem Erdbeben 1731 hier angebracht wurden. Im *Tympanon* ist trotz Beschädigung eine auf einer Sitzrolle thronende Madonna mit Kind zu sehen, die von zwei Engeln flankiert ist und in der Gewandgestaltung auf byzantinische Vorbilder verweist. Die *Reliefplatten* in Höhe der Pilasterkapitelle zeigen links Samson mit dem Löwen und rechts die Darstellung eines Bischofs. Auf der mittleren, größeren Platte ist ein Reiterbild. Da aber von dem Reiter selbst nur der sich im Wind bauschende Mantel und von den menschlichen Gestalten unter den Hufen des

Foggia: Kathedrale

Pferdes nur noch Fragmente zu erkennen sind, bleibt der Sinn dieser Darstellung umstritten: Zunächst bietet sich an, nach dem Vorbild französischer und spanischer Kathedralplastik in dem Relief eine Darstellung des Sieges Kaiser Konstantins d. Gr. an der Milvischen Brücke zu sehen. Gleichzeitig aber könnte auch *Friedrich II.* dargestellt sein, der 1223 nach seiner Kaiserkrönung (1220) nicht etwa Palermo, sondern Foggia zu seiner Kaiserresidenz erhob, wo in der Kathedrale S. M. Icona Vetere sein Herz begraben wurde. Dann hätte Friedrich an dieser Stelle – und durchaus auch im Rückgriff und in Verbindung mit dem konstantinischen Gedanken – die Ziele seiner kaiserlichen Politik ausgedrückt: das bei seiner Kaiserkrönung in Rom 1220 erneuerte Versprechen der Befreiung des Heiligen Grabes in Jerusalem.

Die Ausstattung: Im Inneren der Kirche (Eingang durch den Campanile) sind zu erwähnen: Rechts vom Presbyterium die *Cappella dell' Icona Vetere* (b; 1672), in der eine nach der Überlieferung 1073 gefundene Ikone aufbewahrt wird. An der rechts anschließenden Wand ein ›Büßender Petrus‹ (c) aus der Schule Riberas. Links vom Presbyterium ein großes *Holzkruzifix (d)* von Pietro Frasa (erwähnt 1678, † 1711). Über dem Altar des linken Querschiffs eine *Pietà* (e; 1741) aus der Schule de Muras (1696–1782) oder Paolo de Maios (Anfang 18. Jh.–1784).

Museo Civico *(Städtisches Museum)*

Lage: Piazza Vincenzo Nigri 2. – *Öffnungszeiten:* Mo–Fr 9–13 Uhr, Sa 9–12 Uhr, So geschlossen.

Das Museum befindet sich im *Palazzo Arpi*, der über den Fundamenten des 1223 von Friedrich II. begonnenen Palastes erbaut ist. Reste des ursprünglichen Palastportals und die Inschriftentafel sind dem Bau integriert. Die Sammlung des Museo Civico besteht aus *archäologischen Funden*, einer *Pinakothek* und einer *volkskundlichen Abteilung*, die die Geschichte der Provinz Foggia dokumentiert.

Die *archäologische Sammlung (Säle I–VII)* repräsentiert die Geschichte der daunischen Städte Arpi, Herdonia (Ordona), Teanum Apulum (San Paolo Civitate) und Asculum (Ascoli Satriano). – *Saal I:* Vor- und frühgeschichtliche Sammlung mit Keramikfunden aus neolithischer Zeit. – *Saal II:* Gebrauchsgegenstände und Grabbeigaben aus Arpi. Bemerkenswert sind zwei Tänzerstatuetten und ein kleiner Elefant aus Terrakotta. – *Saal III:* Grabfunde aus Arpi mit Keramik aus dem 6.–3. Jh. v. Chr. – *Saal IV:* Funde aus Ordona mit Grabbeigaben aus dem 6. Jh. v. Chr. Weitere Gebrauchsgegenstände (Vasen, Münzen, Gürtelschnallen etc.) dokumentieren das tägliche Leben in Ordona von der Zeit der daunischen Gründung bis ins Mittelalter. – *Saal V:* Funde der Gräber aus Ascoli Satriano, Casteluccio de' Sauri und San Paolo di Civitate. – *Saal VI:* Bronze- und Terrakottastatuetten und Keramik aus Lucera. – *Saal VII:* Chronologische Zusammenstellung einer vorchristlichen Vasensammlung der daunischen Urbevölkerung und griechischer Kolonisten.

Die *Pinakothek (Säle VIII–XIV)* enthält eine Sammlung mit Gemälden lokaler Künstler des 15. Jh. bis in die Gegenwart, außerdem einige Beispiele neapolitanischer Malerei des 18. Jh. *Die volkskundliche Sammlung (Saal XV)* zeigt Gold- und Silberarbeiten sowie örtliche Trachten.

Die Ruinen von Arpi

Lage: Etwa 8 km nordöstlich von Foggia gelegen. Man folgt zunächst der Staatsstraße 89 in Richtung Manfredonia. Nach ca. 6 km biegt man links in Richtung San Marco in Lamis ab und erreicht 2 km weiter Montarozzi, wo sich die Grabungen befinden.

Arpi, von den Griechen *Argyripta* genannt, gehört neben Ordona oder Canosa (Nr. 21) zu den *ältesten Siedlungen der Daunier*, deren Territorium sich bis an die Adriaküste erstreckte und Siponto (Nr. 8) als Hafen benutzte. Wie viele andere daunische Siedlungen, so soll auch Arpi der Legende nach von Diomedes gegründet worden sein. Bei dem Sieg über die Samniter und gegen Pyrrhus spielte die Stadt auf Seiten der Römer 326 v. Chr. eine wichtige Rolle. Nach der Schlacht von Cannae (215 v. Chr.) schloß sie sich kurzfristig Hannibal an. Aber schon 213 v. Chr. wurde sie von Q. Fabius Maximus zurückerobert und zählte nun erneut zu den Bundesgenossen Roms. Um das Jahr 1000 wurde Arpi von den Sarazenen zerstört. Die Bewohner gaben die Stadt auf und gründeten von hier aus Foggia.

Seit 1939 wurden die Reste der antiken Stadt systematisch freigelegt. Innerhalb einer 13 km langen Umfassungsmauer fand man Reste verschiedener Bauten aus hellenistisch-römischer Zeit. Einige dieser Bauten besaßen bemerkenswerte Mosaikfußböden. In einer anderen Zone wurden Reste eines Hauses aus dem 3.–2. Jh. v. Chr. freigelegt, dessen Mosaiken heute im Museum von Foggia aufbewahrt werden. In der näheren Umgebung der antiken Siedlung wurden zahlreiche Gräber aus dem 6.–5. Jh. v. Chr. gefunden, die hauptsächlich Vasen mit figürlichen oder geometrischen Mustern enthielten (heute ebenfalls im Museum von Foggia).

2 Apricena

Lage: Etwa 13 km nordöstlich von San Severo.

Apricena zählte zu den *beliebtesten Jagdrevieren Friedrichs II.* Von den zahlreichen Jagdschlössern, die sich im weiteren Umkreis befanden und die Friedrich zur Falkenjagd benutzte, sind jedoch kaum mehr als ihre Namen bekannt. Auch das staufische Jagdschloß in Apricena, das Karl II. von Anjou 1304 dem Bischof von Lucera schenkte und das 1417 in den Besitz der Familie Attendolis kam, wurde 1627 durch ein Erdbeben zerstört. Lediglich die Reste des Turmes mit Biforien sind noch in dem 1658 neu errichteten Palast erhalten. Obwohl in den Urkunden seit 1157 der Name *Precina, Procina* oder *Porcina* für den Ort belegt ist, hat sich dennoch die Legende festgesetzt, daß der Name an ein Festmahl erinnere, das Friedrich II. hier nach der Jagd ausrichten ließ. Eine schwer lesbare Inschriftentafel an dem Untergeschoß des Glockenturms der zerstörten Pfarrkirche San Martino will an dieses ›apri coena‹ erinnern.

3 Lago di Lésina

Lage: Etwa 15 km nordöstlich von Apricena.

Nur durch einen dünnen Landstreifen vom Adriatischen Meer getrennt, bildet der *Lago di Lésina* das typische Beispiel eines *Küstensees.* Auf Meereshöhe gelegen, erreicht er bei einer Ausdehnung von 22 km Länge und 2–3 km Breite eine maximale Wassertiefe von nur etwa 1,50 m. Funde von Keramik, Bronze- und Eisengegenständen beweisen, daß die Ufer des Sees seit dem Ende des Neolithikums besiedelt waren. Bei Plinius ist der See als *Lacus Pautanus* erwähnt. Die kleine am Westufer des Sees gelegene Ortschaft *Lésina* war während der langobardischen Zeit von Bedeutung. 663 wurde der Ort von den Bewohnern Luceras auf ihrer Flucht vor Konstantin II. besiedelt. Unter der Herrschaft von Benevent wurde sie zur Grafschaft und schon 1014, sicher aber 1254 zum Bischofssitz erhoben. Im 16. Jh. wurde Lésina von den Türken zerstört.

4   Lago di Varano

Lage: Östlich des Lago di Lésina.

Über einer Länge von 10 km und einer Breite von 7–8 km erreicht der See eine Tiefe von etwa 5,50 m und ist ebenso wie der Lago di Lésina ein Küstensee. Im Süden, in der Nähe des heutigen Ortes *Cagnano*, befand sich in der Antike vermutlich die Stadt *Uria*, die bei Strabon, Plinius und Ptolemäus erwähnt ist und von der heute noch Münzen mit der Aufschrift ›Uriatinon‹ erhalten sind. Reste der Stadt, die in römischer Zeit Kolonie werden, wird unter dem Süd- ufer des Sees vermutet.
Nicht weit vom See entfernt liegt *Torre di Mileto*, ein kleines, aber reizendes Küstenstädtchen, das seinen Namen von dem gleichnamigen weißen Turm erhielt.

Rodi Garganico: Der kleine Fischerhafen (heute auch ein beliebtes Seebad) östlich des Lago di Varano wurde wahrscheinlich von den Kretern gegründet und war später von Griechen bewohnt. Im 8. Jh. v. Chr. sind die Rodier nach- weisbar. Seit 1446 war der Ort im Besitz verschiedener Fürstenfamilien (de Riccardis, Carafa, Caracciolo, Spienelli, Brancia, Sanfelice), 1632 wurde er zum Herzogtum erhoben. Rodi zählt neben Vieste (Nr. 6), San Menaio und Peschici zu den reizvollen Seebädern der Gargano-Halbinsel und ist Aus- gangspunkt für Ausflüge zu den Tremitischen Inseln (Nr. 5) und entlang der Gargano-Küste.

Tremitische Inseln

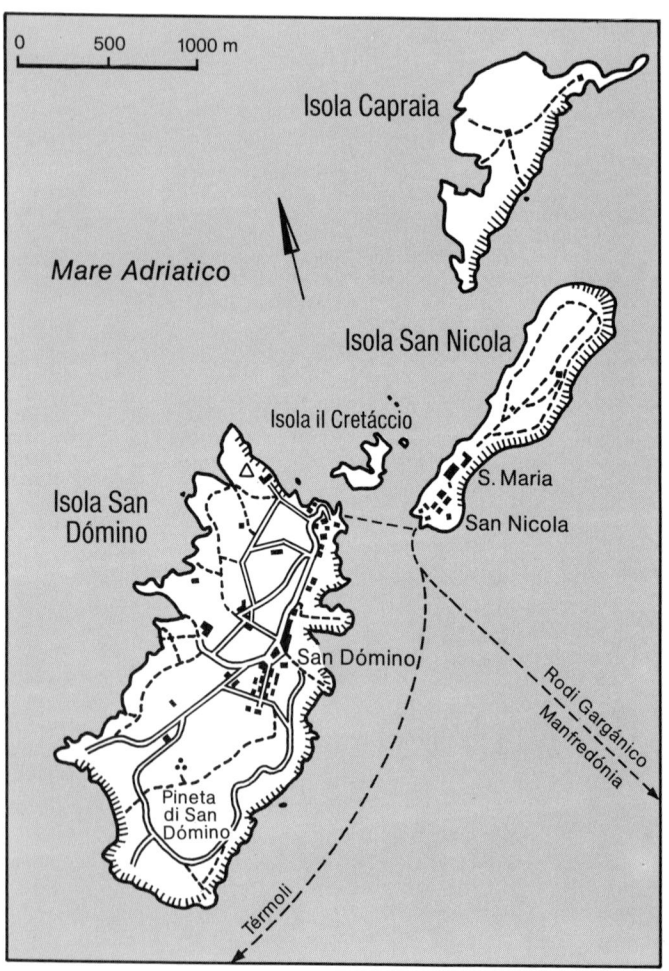

0   500   1000 m

Isola Capraia

Mare Adriatico

Isola San Nicola

Isola il Cretáccio

Isola San
Dómino

S. Maria

San Nicola

San Dómino

Rodi Gargánico

Manfredónia

Pineta
di San
Dómino

Térmoli

Tremitische Inseln: Orientierungsplan

5   Isole dei Trémiti *(Tremitische Inseln)*

Lage: Die Tremitischen Inseln bilden eine Gruppe von drei kleinen Inseln *(San Nicola, San Dómino, Capraia),* die der nördlichen Gargano-Küste etwa 22 km vorgelagert sind. Sie zeichnen sich vor allem im Sommer durch ein angenehmes Klima aus und sind beliebtes Tauchsportrevier. Fährschiffe verkehren täglich von Rodi Garganico, Termoli, Vieste und Manfredonia. Die Abfahrtszeiten der Fähren sind in den Häfen zu erfragen.

Geschichte: Früher trugen die Inseln den Namen *Insulae Diomedae.* Der Mythos berichtet, daß hier der griechische Held *Diomedes* nach seiner Rückkehr aus Troia begraben wurde, während seine Begleiter von Venus in Vögel verwandelt wurden. Nachweislich wurden die Inseln schon in frühester Zeit von der kleinasiatischen Küste und von Griechenland aus besiedelt. Auf San Dómino wurde eine neolithische Nekropole entdeckt.

San Nicola ist das historische und religiöse Zentrum der Inselgruppe. Sie ist zwar die kleinste, dafür aber mit dem im Südwesten gelegenen Ort und der Abteikirche *Santa Maria a Mare* auch die kunsthistorisch bedeutendste der drei Inseln. Während die ersten Nachrichten der Klostergründung bis ins 8. Jh. zurückreichen, wurde der Bau der heutigen Abteikirche Anfang des 11. Jh. begonnen und 1045 unter Abt Alberico geweiht. Obwohl die Abtei zunächst von Montecassino abhängig war, konnte sie im Laufe der Zeit gegenüber dem benediktinischen Mutterkloster ihre Selbständigkeit behaupten und erreichte bald einen bedeutenden Aufschwung, der mit Besitzungen entlang der apulischen Küste bis Trani reichte. Eine zunehmende Verweltlichung führte jedoch zu Konflikten und veranlaßte die Benediktiner zur Aufgabe ihrer Abtei, die 1237 im Zuge der Ordensreformen von Zisterziensern wiederbezogen wurde. Karl II. von Anjou befestigte das Kloster zu Beginn des 14. Jh., was jedoch nicht verhindern konnte, daß 1343 Piraten von der dalmatinischen Küste aus die Inseln besetzten und die Mönche aus ihrer Abtei vertrieben. Erst Papst Gregor XII. (reg. 1406–1415) konnte erreichen, daß sich zu Beginn des 15. Jh. erneut Mönche auf der Insel niederließen. 1412 zogen Lateranensische Regularkanoniker unter der Führung von Leone da Carrara in das Kloster ein. Einen türkischen Angriff unter Sultan Suleiman II. konnten die Bewohner der neuerlich befestigten Abtei im August 1567 erfolgreich abwehren. 1783 geriet die Abtei unter die Herrschaft Ferdinands IV. 1792 wurde San Nicola zu einer Strafkolonie, deren Zweck sie bis 1943 beibehielt.

Santa Maria a Mare

Die Fassade: Die einfache Fassade der Abteikirche ist durch ein klar gegliedertes *Portal* geschmückt, das 1473 von Andrea Alessi und Niccolò di Giovanni Cocari geschaffen wurde. Rechts und links von korinthischen Säulenpaaren flankiert, ist in der Lünette der hl. Augustinus dargestellt, der den Mönchen des Klosters ein Geschenk übergibt. In der darüberliegenden Bildzone ist eine Darstellung Mariens zu sehen, die einem Mönch den Rosenkranz überreicht. Von den teilweise stark beschädigten vier Nischenfiguren ist die des hl. Paulus bemerkenswert. Der obere Teil des Portals wird durch einen Feston beschlossen, der giebelförmig über einem von Putti getragenen Kandelaber hängt.

Das Innere: Nach verschiedenen Wiederherstellungsarbeiten der jüngeren Zeit sind Umbauten des 15.–18. Jh. beseitigt, so daß sich das Innere im wesentlichen aus der Zeit der Benediktiner und Zisterzienser stammend präsentiert. Es handelt sich um einen nahezu quadratischen, von Arkaden umgebenen Raum mit kreuzgratgewölbten Seitenschiffen, dem im Westen ein doppelschiffiger, ebenfalls kreuzgratgewölbter Narthex vorgelagert ist. An Stelle der Flachdecke ist für den ursprünglichen Bau ebenfalls ein Kreuzgratgewölbe anzunehmen. Während diese Bauteile noch auf die benediktinische Zeit der Abtei zurückgehen, zeigt der gerade Chorschluß ein typisches Merkmal der Zisterzienserarchitektur. Die Reste des Mosaikfußbodens mit Darstellungen geometrischer Muster und Tiernachahmungen stammen aus der benediktinischen Zeit des Klosters im 11. und 12. Jh. Das große *Holzkreuz* in der *Cappella di Cristo Grande* (13. Jh.) folgt dem stilistischen Vokabular byzantinischer Vorlagen. Das *Polyptychon* über dem Hauptaltar ist eine venezianische Arbeit aus der Mitte des 15. Jh.: Im Mittelteil Himmelfahrt und Krönung Mariens; rechts und links die Heiligen Christophorus, Petrus, Paulus, der Erzengel Michael und der Evangelist Matthäus.

Der *Kreuzgang* wurde 1546 von den Lateranensischen Regularkanonikern, die seit 1412 das Kloster besaßen, an Stelle eines älteren errichtet.

San Dómino liegt südwestlich der Insel San Nicola. Sie ist die größte und auch landschaftlich sicherlich die reizvollste der drei Inseln. Ursprünglich hieß sie *Trimerus* oder *Tremetis,* wurde dann aber in San Dómino umbenannt, nachdem man hier eine kleine Kirche zu Ehren des Heiligen errichtet hatte. Sie ist insgesamt 2,8 km lang, 1,7 km breit und erhebt sich über einer Fläche von 208 Hektar bis zu einer Höhe von 116 m über den Spiegel des Adriatischen Meeres. Besonders im Westen und Nordwesten der Insel hat sich eine felsige Küste mit schönen Meeresgrotten gebildet, wie etwa der *Grotta del Sale,* der *Grotta della Viole,* der *Grotta delle Murene* und *Grotta del Bue Marino.* Den Süden der Insel bedeckt ein Pinienhain. Auf Grund dieser reizvollen Lage hat der Touring Club Italiano (TCI) im Westen der Insel ein *Feriendorf* angelegt. Im Norden der Insel befindet sich ein Campingplatz.

Capraia, manchmal auch *Caprara* oder *Capperara* genannt, liegt nördlich der Insel San Nicola. Mit einer Länge von 1,6 km und einer Breite von 600 m erreicht sie eine Höhe von ca. 50 m und ist völlig unbewohnt. Auch diese Insel wird von einer felsigen Küste umgeben, an der sich, wie vor allem im Norden, Meeresgrotten ausgebildet haben.

6 Vieste

Lage: Vieste liegt in ausgezeichneter Position am östlichsten Punkt der Garganohalbinsel. Aber obwohl die kleine Stadt gerade durch diese besondere Küstenlage vor allem in den letzten Jahren zu einem beliebten Ferienziel avancierte und Hotels, Ferienhäuser, Sportclubs und Einkaufszentren den gegenwärtig etwa 1200 Einwohner zählenden Ort zu einem Mittelpunkt des modernen Tourismusbetriebs in dieser Gegend werden ließen, verrät die Altstadt von Vieste mit den weißgekalkten Häusern und den engen, winkligen Gassen immer noch etwas von dem ursprünglichen Charakter eines ehemals nur von Fischerei und Landwirtschaft geprägten Ortes im Süden Italiens.

Geschichte: Die Siedlungsgeschichte von Vieste, das möglicherweise mit dem antiken *Apeneste* identisch ist, reicht bis ins 10. Jh. v. Chr. zurück. Später griechische Kolonie, wurde Vieste unter römischer Herrschaft zum Municipium. Ab 993 ist Vieste Bischofssitz (bis 1817). 1295 wurde hier Papst Cölestin V. auf Weisung seines Nachfolgers Bonifaz VIII. verhaftet. Seit 1480 mußte sich die auf dem Felsen am östlichsten Punkt Apuliens gelegene Stadt immer wieder gegen türkische Überfälle verteidigen. Ein schweres Erdbeben hatte 1646 erhebliche Zerstörungen zur Folge. Das heutige Vieste ist mit Hotels, Ferienhäusern, Sportclubs und Einkaufszentren ein Mittelpunkt des modernen Tourismusbetriebs geworden.

Vieste

Castello: Auf der Spitze des Vorgebirges erhebt sich das 1240 von Friedrich II.
(reg. 1220–1250) erbaute Castello, das in der heutigen Gestalt jedoch mit den
Umbauten von 1537 und Erweiterungen des späteren 16. Jh. erhalten ist.

Kathedrale Santa Maria Oreta: Die Kathedrale wurde im 11. Jh. wahrscheinlich
über den Fundamenten eines früheren Baus errichtet. Historistische Eingriffe
des 19. Jh. haben zwar an der Struktur des mittelalterlichen Baus nur wenig
verändert, von den originalen Bauelementen jedoch kaum etwas zurück-
gelassen. Nur im Innern sind noch eine Reihe der ursprünglichen Säulen und
Kapitelle des ehemaligen romanischen Baus erhalten. Im linken Seitenschiff
ist eine Tafel mit der Darstellung der Madonna mit Kind und Heiligen zu
sehen. Sie wurde 1581 von Michele Manchelli geschaffen. Die Darstellung der
Trinität stammt von Giuseppe Tomajuolo (erw. 1730–1749); das Relief einer
Grablegung Christi stammt aus dem 16. Jh.

7 Monte Sant'Angelo

Geschichte: Nach christlicher Überlieferung gilt der Monte Gargano
als der *Erscheinungsort des Erzengels Michael,* der, aus dem Orient
niederschwebend, auf dem ›Heiligen Berg Italiens‹ seinen Fuß auf-
gesetzt und in der Grotte seine Spur hinterlassen habe. Eine andere
Überlieferung, wohl ebenfalls mehr Legende als Geschichte, berichtet, daß ein Bauer seinen wertvollen Stier verfolgte, der ihm entlau-
fen war. Als er ihn dann schließlich nach langem Suchen in einer
schwer zugänglichen Grotte gefunden hätte, habe er verärgert mit
seinem Bogen einen Pfeil auf das Tier abgeschossen. Der Pfeil jedoch
verfehlte plötzlich sein Ziel und flog auf den Schützen zurück.

Monte Sant'Angelo: Orientierungsplan

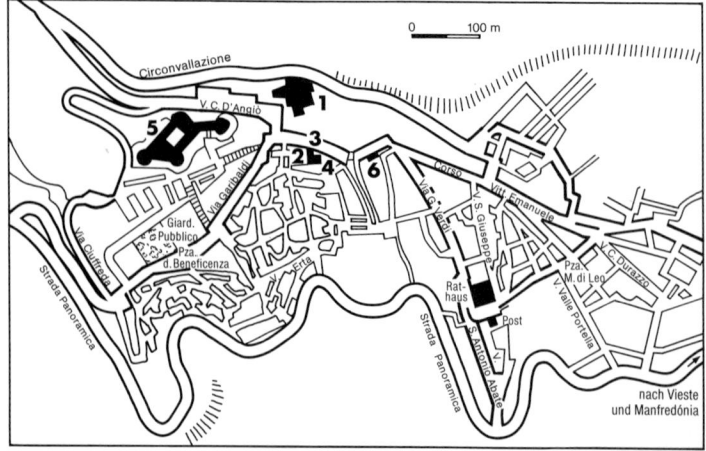

Gleichzeitig sei der Erzengel Michael erschienen und habe dem Bauern verkündet, daß er sich diese Grotte zu seiner Wohnung ausgesucht habe.

Die Ursprünge dieser seit dem 4. Jh. bekannten Überlieferungen sind darin zu sehen, daß die Verehrung Michaels, des Anführers der himmlischen Heerscharen und Kämpfers gegen die Mächte der Finsternis, aus Byzanz nach Italien gelangte und auf dem Monte Gargano eine Wallfahrtsstätte erhielt. Die Langobarden, die seit 577 diesen Teil Italiens beherrschten, übernahmen diese Verehrung Michaels, bis sie dann im 11. Jh. von den allmählich einwandernden Normannen, die sich ihnen im Kampf gegen die Byzantiner als Söldner verpflichtet hatten, weitergeführt wurde. Nicht umsonst ging seit 1071 der normannische Herrschaftsanspruch in Apulien gerade von diesem Heiligtum aus, das an der französischen Atlantikküste in der Normandie auf dem Mont Saint Michel sein Pendant besitzt.

Santuario di San Michele Archangelo (1)

Geschichte: Ein achteckiger Glockenturm zeigt an, wo sich die Grotte mit *einer der ältesten abendländischen Wallfahrtsstätten* befindet, die am Ende des 5. Jh. von Bischof Lorenzo Maiorano von Siponto zu Ehren des Erzengels Michael eingerichtet worden sein soll, nachdem ihm der Führer der himmlischen Heerscharen im Traum erschienen sei und dies befohlen habe. Nach der Überlieferung soll diese Kirche 493 geweiht und 494 von Papst Gelasius I. besucht worden sein. Wahrscheinlicher ist jedoch, daß das Heiligtum erst im 6. Jh. im Zuge einer politisch-religiösen Erneuerung durch den lombardischen Herzog von Benevent entstanden ist: Die Michaelskirche gehörte als

Monte Sant'Angelo

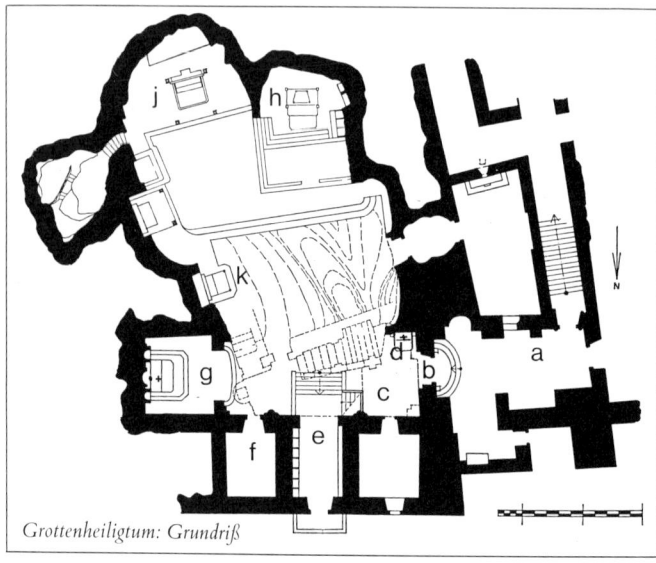

Grottenheiligtum: Grundriß

Nationalheiligtum der Lombarden zur Diözese Siponto und war als religiöses Zentrum Ziel zahlreicher Pilgerfahrten. 869 von den Sarazenen zerstört, wurde es 871 von Ludwig II. wiederaufgebaut und nach einer erneuten Zerstörung in der 2. Hälfte des 10. Jh. zum Zentrum der lateinischen Christenheit gegen die byzantinischen Herrscher. Nach dem Bericht des normannischen Geschichtsschreibers Wilhelm von Apulien habe der süditalienische Freiheitskämpfer Melus von Bari († 1020) die Normannensöldner in diesem Heiligtum für den Kampf gegen Byzanz verpflichtet. Seit der normannischen Herrschaft in Apulien (1071) war das Heiligtum Ziel der Pilger und Kreuzfahrer und zählt bis zum heutigen Tag zu den bedeutendsten italienischen Wallfahrtsstätten.

Das Heiligtum

Der durch Karl I. von Anjou angelegte *Zugang (a)* wurde 1888 erneuert, nachdem 1865 die Vorhalle erweitert worden war. Das rechte der beiden Portale stammt von Simeone da Monte Sant'Angelo (1395); das linke Portal ist eine Nachahmung von 1865. (Früher betraten die Pilger das Heiligtum von der Rückseite des Bergrückens; ein Teil des dafür benutzten und freskierten Treppenganges ist wieder zugänglich gemacht.)

Das *Portal der Grotte (b)*, dessen Inschrift dem Besucher die Vergebung seiner Sünden verspricht und von einem bis auf die Pilasterkapitelle schmucklosen Gewände umschlossen wird, ist als *eine der ältesten Bronzetüren in Apulien* (vgl. S. 26 f.) erhalten geblieben. Eine

Inschrift auf dem rechten Türflügel weist aus, daß sie im Auftrag von Pantaleon aus Amalfi 1076 in Konstantinopel vollendet wurde. Die einzelnen auf einer Holzunterlage befestigten Bronzeplatten sind, wie es bei den in ganz Italien anzutreffenden sog. mittelbyzantinischen Importtüren üblich ist, in *Niellotechnik* gearbeitet (in eine Metallplatte werden Silberfäden oder andere Metalle eingelegt). Das älteste Beispiel solcher Bronzetüren ist außerhalb Apuliens in Amalfi (1060–1066) erhalten. Die Verwandtschaft der Bronzetüren an den Domen von Amalfi, Ravello, Atrani und Salerno sowie in Rom (San Paolo fuori le mura, 1823 zerst.) und Venedig (San Marco) mit der des Michaelsheiligtums, spricht für eine gemeinsame Werkstatttradition. In 24 Feldern wird das wundertätige Eingreifen des Erzengels Michael geschildert (s. S. 48).

Der hinter dem Portal befindliche und der Grotte vorgelagerte *kreuzrippengewölbte Raum (c)* wurde 1273 von Karl I. von Anjou erbaut. Unmittelbar rechts steht der *Franziskusaltar (d),* der an den Besuch des Heiligen 1216 erinnert. An der linken Wand schließen sich *Kapitelsaal (e)* und *Reliquienkapelle (f)* an; am Ende des Vorraums die 1690 barockisierte *Sakramentskapelle (g).*

Die dem Vorraum folgende *Grotte* wurde bereits in der Antike als *Mithrasheiligtum* benutzt (Opferstein). Die Statue auf dem *Hauptaltar (h),* der über einem karolingischen Altar errichtet wurde, schreibt man auf Grund dokumentarischer Belege Andrea Sansovino (1460–1529) zu. Links neben dem Hauptaltar der aus dem 11. Jh. erhaltene *Bischofsthron (i).* Daran anschließend der *Marienaltar (j)* und *drei Figurennischen:* In der ersten wahrscheinlich eine Trinität (11. Jh.), in der zweiten unter einem Baldachin mit griechischem Kreuz die sog. Madonna von Konstantinopel; die dritte Nischenfigur stellt möglicherweise eine Madonna mit dem hl. Matthäus dar (13. Jh.). Daneben der *Petrusaltar (k).*

Tomba di Rotari (2)

Die sog. Tomba di Rotari bildet nicht, wie aus einer fälschlichen Interpretation der Inschriftentafel im Innern hervorgehen könnte, das Grabmal des Langobardenkönigs Rotari (reg. 636–652). Die schwer lesbare Inschrift besagt viel mehr, daß ein aus Parma gebürtiger Auftraggeber zusammen mit einem Mann namens Rodelgrimi vom Monte Gargano dieses Bauwerk errichten ließ. Durch die doppelsinnige Bedeutung des Wortes ›tumba‹, das sowohl Grab als auch Gewölbe bezeichnen kann, und durch die falsche Entzifferung des Namens Rodelgrimi kam es zu der Annahme und Bezeichnung als Tomba di Rotari. Demgegenüber nimmt man neuerdings an, daß es sich ursprünglich um ein Johannes d. T. geweihtes *Baptisterium* des 11. Jh. handelt, das durch spätere Umbauten sein heutiges Aussehen erhielt.

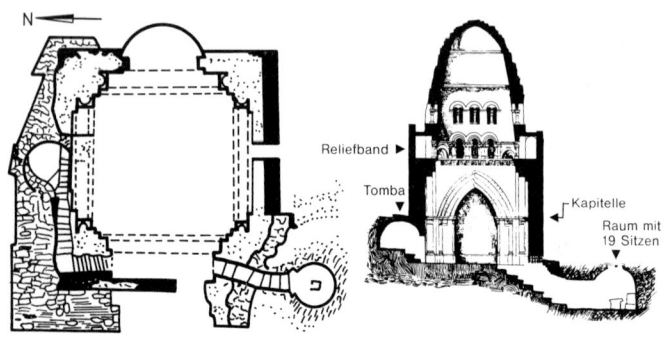

Tomba di Rotari: Grund- und Aufriß

Die Reliefs in der Architravzone des Portals, die wahrscheinlich
später eingefügt wurden, stellen die Gefangennahme Christi, die
Kreuzabnahme und die drei Marien am Grabe dar. Auf der linken
Unterkante der oberen Reliefplatte sind die Buchstaben QPE TIS H
eingemeißelt, was als ›quod petis habebis‹ gelesen werden kann.
Der über quadratischem Grundriß angelegte Kuppelbau ist im
Inneren in drei Zonen aufgeteilt. Über spitzbogigen, getreppten
Blendarkaden folgt, auf einem Konsolgesims ruhend, die zweiteilige
Fensterzone, die auf der Außenseite durch eine dreibogige Arkaden-
stellung mit eingestellten Säulen und Pilastern in eine kreuzgrat-
gewölbte, niedrige Galerie mündet. Über den zweiteiligen Doppel-
fenstern setzt auf skulptiertem Fries ein polygonaler Tambour an,
der eine elipsoide Kuppel trägt. Direkte Vorbilder des Baus und der
dort praktizierten Kuppellösung können nicht genau genannt werden. Andererseits aber scheint es nicht ausgeschlossen zu sein, daß

Bronzetür im Grottenheiligtum

Linker Türflügel: 1 und 2 Der Kampf des Engels gegen den Drachen –
3 Abraham – 4 Daniel – 5 Jakobs Traum von der Himmelsleiter –
6 Nathan und David – 7 Antichrist – 8 Jakobs Kampf mit dem Engel –
9 Jünglinge im Feuerofen – 10 Opferung Isaaks – 11 Zacharias im
Tempel – 12 Vertreibung aus dem Paradies.

Rechter Türflügel: 1 Verkündigung der Geburt Christi an die Hirten –
2 Josephs Traum und die Flucht nach Ägypten – 3 Josephs Traum und
die Flucht nach Judäa – 4 Trost der Frauen am Grab – 5 Befreiung
Petri – 6–7 Stifterinschrift (Pantaleon) – 8–10 Traum des Bischofs
von Siponto und Gründung des Heiligtums – 11 Traum des hl. Martin
von Tours – 12 Krönung Cäcilias und des Valerius.

Anregungen in der architektonischen Struktur apulischer Trulli
(Nr. 30), griechischer bzw. mykenischer tholoi oder sogar in der
vor- und frühgeschichtlichen Gräberarchitektur Sardiniens (Serri,
Villacidro) zu suchen sind. Die Apsis in der Westwand des Baus ist
eine spätere Hinzufügung.

Auf den erhaltenen Kapitellen des Untergeschosses wird ähnlich wie
auf der Bronzetür des Michaelsheiligtums das Wirken des Erzengels
dargestellt: Die Verkündigung der Geburt Christi an die Hirten; das
Eingreifen Michaels bei der Opferung Isaaks. Auf einem dritten
Kapitell ist die Geschichte des heidnischen Propheten Bileam zu
erkennen, dem seine am Zügel geführte Eselin die Nachricht Gottes
verkündet.

Die Apsisruine von San Pietro (3): Unmittelbar neben dem Eingang
zur Tomba di Rotari ist die Apsis der Kirche S. Pietro als Ruine erhalten. Unter der Ruine befindet sich noch ein (neuerdings wieder
versperrter) Raum, in dessen Rundung 19 Sitze und 2 Nischen, in
denen vielleicht Figuren standen, in den Fels gehauen sind. Spuren in
der Mitte des Fußbodens deuten auf eine steinerne Altarmensa hin.

Santa Maria Maggiore mit Apsisruine von San Pietro

Der ursprüngliche Bau der Kirche S. Pietro gehört zu den ältesten Bauten auf dem Monte Sant'Angelo und findet bereits im 9. Jh. in der ›Apparitio Sancti Michaelis‹ Erwähnung. Ende des 12. Jh. fand dann wahrscheinlich ein Um- oder Erweiterungsbau der Kirche statt. Sollte der Mauertrakt, den der Komplex gegen die Straße hin abgrenzt, mit der Fassade von S. Pietro identisch sein, müßte die Kirche, von der weder Daten ihres Baus noch ihrer Zerstörung bekannt sind, von bemerkenswerter Größe gewesen sein.

Santa Maria Maggiore (4): In unmittelbarer Nachbarschaft der Ruine von S. Pietro befindet sich die Kirche S. Maria Maggiore. Nach der Überlieferung wurde der Bau in der 1. Hälfte des 12. Jh. von Bischof Leo aus Siponto in Auftrag gegeben. 1170 wurde der Bau über erweitertem Grundriß zu seinem heutigen Aussehen verändert. Für die Behauptung, daß die Kirche erst 1196 von Kaiserin Konstanze, der Gemahlin Kaiser Heinrichs VI., gestiftet worden sei, fehlt jeder Beweis. Andererseits ist jedoch nicht auszuschließen, daß sich diese Nachricht auf das 1198 datierte Portal bezieht. Die beiden Figuren, die sich auf dem mit dem Nordportal von Siponto (Nr. 8) verwandten Relief vor der Madonna mit Engeln verneigen, lassen sich als Stifter deuten. Demgegenüber ist die Blendarkadengliederung der Fassade ebenso wie die der Kathedrale von Foggia (Nr. 1), Termoli und Siponto (Nr. 8) von der Kathedrale in Troia (Nr. 11) beeinflußt und dem unter Bischof Leo entstandenen Bau der 1. Hälfte des 12. Jh. zuzurechnen. Die Blendarkaden über dem Konsolenfries sind wahrscheinlich nur wenig später entstanden. Im Innern sind Freskenreste aus dem 13. und 14. Jh. erhalten.

Castello (5): Von der mittelalterlichen Festung am Westrand des Monte Sant'Angelo sind nur mehr Ruinen erhalten. Den ursprünglichen Kern bildet wahrscheinlich die in der 2. Hälfte des 11. Jh. von Robert Guiscard auf der Nordspitze erbaute sog. *Torre dei Giganti*. Friedrich II. befahl die südwestlich gelegenen An- und Ausbauten der Anlage. 1491/93 wurden die Bauten von Ferdinand I. von Aragon zu einer Festung umgestaltet, die – der Ausblick beweist es – die Südküste der Gargano-Halbinsel beherrschte.

Museo Giovanni Tancredi (6; *Öffnungszeiten:* 9.30–12.30 Uhr und 15.30–19.30 Uhr**).**

Das Museum wurde 1971 als Stiftung der 1925 von dem Ethnologen und Philologen Giovanni Tancredi (1872–1948) begründeten Sammlung volkskundlicher Exponate eingerichtet. Die auf vier Räume verteilte Sammlung gibt Einblick in das alltägliche, festliche und religiöse Leben der Bewohner der Gargano-Halbinsel.

Manfredonia

Geschichte: Seine Gründung und seinen Namen verdankt Manfredonia König *Manfred von Hohenstaufen,* der die Stadt 1256 für die Bevölkerung des benachbarten und unbewohnbar gewordenen Siponto erbauen ließ und 1264 einweihte. Die Versuche Karls I. von Anjou, die staufische Stadt nach der Machtübernahme des Hauses Anjou (1265) in Neusipont *(Sipontum Novellum)* umzubenennen, scheiterten. 1620 wurde Siponto nach wiederholten Angriffen von den Sarazenen erobert.

Kathedrale: Die Kathedrale wurde 1680 unter Bischof Orsini, dem späteren Papst Benedikt XIII., über den Fundamenten des von den Türken 1620 zerstörten gotischen Vorgängerbaus errichtet. Im Innern über dem 2. Seitenaltar rechts die Darstellung einer Madonna mit Kind aus dem späten 13. Jh.

Castello: Der Bau der Festung wurde 1256 im Zuge der Stadtgründung unter Manfred von Hohenstaufen begonnen und nach dem Sieg Karls I. von Anjou (Schlacht von Benevent, 1266) fertiggestellt. Die mächtigen Bastionen stammen aus dem 15. und 16. Jh. Von der manfredianischen Gründung ist nur noch der Teil um den quadratischen Turmbau erhalten. – Die Festung dient heute als *Archäologisches Museum (Museo Archeologico Nazionale del Gargano):* Schwerpunkt der Sammlung sind vor- und frühgeschichtliche Funde aus der Grotta Scaloria und anderen Orten der Halbinsel. Bemerkenswert sind außerdem figürliche Stelen sowie Bronze- und Keramikgegenstände aus dem 7.–6. v. Chr., die in den daunischen Nekropolen auf dem Monte Saraceno gefunden wurden.

Siponto   **Nr. 8**

Siponto geht auf eine daunische Gründung zurück und war in der Antike einer der wichtigsten Verbindungshäfen Süditaliens zum östlichen Mittelmeer. Zunächst von Hannibal erobert, stand die Stadt später unter römischer Herrschaft und wurde 194 n. Chr. römische Kolonie. 465 wurde Siponto Bischofssitz, zu dem auch die Wallfahrtsstätte des Monte Sant'Angelo gehörte. Anfang des 11. Jh. von den Byzantinern erobert, 1039 von den Normannen besetzt, gelangte Siponto 1053 durch Papst Leo IX. an das Herzogtum Benevent. Ein schweres Erdbeben hat die Stadt 1223 fast völlig zerstört und führte 1256 zu der Neugründung von Manfredonia.

Santa Maria Maggiore di Siponto: Die Kirche ist Ende des 12. Jh. über den Resten eines Vorgängerbaus aus dem 11. Jh. entstanden. Während es sich bei diesem Vorgängerbau um einen steil emporgeführten Zentralkuppelbau handelte, unterteilte man die Kirche beim Umbau Ende des 12. Jh. in *Krypta* und *Oberkirche.* Die Stümpfe der vier mächtigen Säulen, die ehemals die Kuppel des früheren Baus trugen, sind heute noch in der Krypta zu sehen und tragen nun die Pilaster der

Santa Maria di Siponto: Krypta

Oberkirche, die die Kuppel des erneuerten Baus stützen. Die Gestaltung der Außenwände, die sich in Blendbögen über Dreiviertelsäulen und reich ornamentierte Archivolten gliedert und dem kubischen Bau etwas von seiner Gedrungenheit nimmt, folgt der Anregung der Kathedrale von Troia (Nr. 11). Das prächtige *Säulenportal* wurde wahrscheinlich Ende des 13. Jh. eingefügt.

San Leonardo di Siponto: Ende des 11. Jh. oder Anfang des 12. Jh. als Hospital entlang der Pilgerstraße zum Monte Sant'Angelo entstanden, wurde San Leonardo 1127 den Augustinerchorherren anvertraut, die hier bis zur Mitte des 13. Jh. ein Kloster unterhielten. 1261 übernahm der Deutschritterorden das Gebäude und nutzte es bis zum Ende des 16. Jh. als eine seiner bedeutendsten Balleien. Vom 17. bis 19. Jh. war S. Leonardo im Besitz der Franziskaner. – Die Außenwände der Kirche sind durch Lisenen und Rundbogenfriese (Vorbild Pisa) im Sinne südromanischer Architektur und Wandauffassung fein reliefiert. Trotz des blockhaften Charakters stellt der Bau mit den ursprünglich drei Kuppeln des Mittelschiffes, den halbtonnengewölbten Seitenschiffen und den im Osten angeschlossenen drei Apsiden ähnlich wie die Dome in Canosa di Puglia (Nr. 21), in Molfetta (Nr. 14) oder San Francesco in Trani (Nr. 16.6) und Santa Margherita in Bisceglie (Nr. 15) ein typisches Beispiel *apulischer Kuppelkirchen* dar.

San Leonardo di Siponto

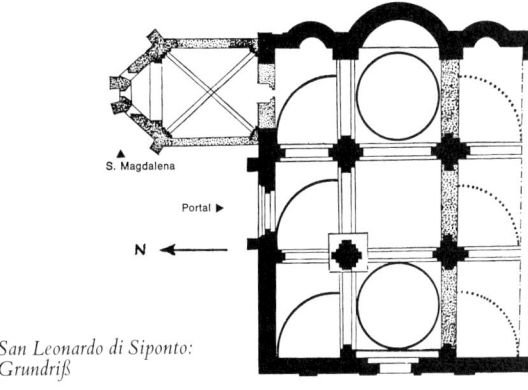

S. Magdalena

Portal ▶

N ◀

San Leonardo di Siponto:
Grundriß

9 Lucera

Geschichte: Lucera, das wegen seiner die Landschaft weithin beherrschenden Lage auch der ›Schlüssel Apuliens‹ genannt wurde, geht auf eine daunische Gründung zurück und zählte neben Brindisi seit dem 4. Jh. v. Chr. zu den bedeutenden Städten im Römischen Reich, dessen Größe die der heutigen Stadt übertraf. Nach dem Untergang des Römischen Reiches verlor auch Lucera an Bedeutung und stand seit dem 5. Jh. unter lombardischer Herrschaft; 801 wurde es von Pipin besetzt. Ende des 10. Jh. gehörte Lucera zum byzantinischen Territorium in Süditalien, ehe es 1070 zum Stützpunkt der Normannen wurde. Ihre Blütezeit erlebte die Stadt jedoch – wie im übrigen viele andere Städte Apuliens auch – erst im 13. und 14. Jh. unter der Herrschaft der Staufer und des Hauses Anjou: Friedrich II. siedelte in Lucera ab 1223 aufständische sizilianische Sarazenen an. Trotz anfänglicher Schwierigkeiten gelang ihm mit dieser Umsiedlung nicht nur eine Befriedung Siziliens, sondern gleichzeitig eine wirtschaftliche Stärkung der bis dahin noch dünn besiedelten nördlichen Teile seines Reiches. Die kunsthistorischen Zeugnisse dieser Zeit sind jedoch nach dem Sieg des Hauses Anjou über die Staufer wie vielerorts in Apulien nahezu vollständig zerstört worden und auch in Lucera nurmehr in Fragmenten und Trümmern erhalten, die 1964 bei Grabungen zum Vorschein kamen.

Dom Santa Maria Assunta

Lage: Piazza Duomo.

Geschichte: Nachdem Karl II. von Anjou die letzten noch aus staufischer Zeit verbliebenen Bauten und Moscheen der ehemaligen sarazenischen Kolonie in Lucera zerstört hatte, legte er 1300 den Grundstein zum Dom Santa Maria Assunta (Mariä Himmelfahrt). 1302 geweiht und 1317 vollendet, gehört die Kirche zu den bedeutenden erhaltenen Bauwerken aus angiovinischer Zeit in Süditalien.

Hinter der einfachen Fassade, deren rechter Teil als Turm ausgebildet ist, öffnet sich über dem Grundriß des lateinischen Kreuzes ein dreischiffiger, basilikaler Innenraum mit offenem Dachstuhl. Hohe Arkaden trennen Mittelschiff und Seitenschiffe und hinterlassen den Eindruck eines weiten Raumes, was durch die Helligkeit der Seitenschiffe und des polygonalen Chores, die durch große Fenster belichtet sind, noch unterstützt wird. Ein Charakteristikum dieses Baus ist neben seiner Schlichtheit in der Pfeilerform der Mittelschiffwände zu sehen: Runde Elemente sind nur seitlich in Form von Halbsäulen als Auflager der Arkadenbögen angeordnet, während die Pfeiler selbst als Bestandteil der Mittelschiffwände einen pilasterartigen Eindruck hinterlassen. Diesbezügliche Vorläufer sind bis zu den Pfeilerformen von S. Nicola in Bari (Nr. 13.1) zurückzuverfolgen, wo die Pfeilerreihe im Sinne eines Stützenwechsels unterbrochen wird. Später auch in Ruvo (Nr. 19), Barletta (Nr. 17) oder Polignano a Mare bei Monopoli (Nr. 32) angewendet, sind diese Pfeilerformen in Lucera als ein bedeutendes Charakteristikum angiovinischer Gotik des frühen 14. Jh. in Apulien anzusehen.

Museo Civico Giuseppe Fiorelli *(Städtisches Museum)*

Lage: Via De Nicastri, 36. – *Öffnungszeiten:* Tgl. außer Mo 9–13 und 16–18 Uhr.

Große Teile der Sammlung des Museums sind Zeugnisse vor- und frühgeschichtlicher Keramik. Bemerkenswert sind die Beispiele der sog. *apulischen Keramik*, die eine künstlerische Auseinandersetzung mit dem geometrischen Stil griechischer Importware zeigt und nicht nur in Tarent, dem Zentrum der griechischen Kolonisten, sondern auch in den übrigen Gebieten Apuliens anzutreffen ist und dieser Verbreitung ihren Namen verdankt. Antike Funde dokumentieren die Gründung der römischen Kolonie, während Silberarbeiten

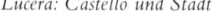

Lucera: Castello und Stadt

Nachricht von der hellenistischen Herrschaft in dieser Region geben (Säle I–VIII). Die *mittelalterliche Kunst* ist mit Stücken des 13. und 14. Jh. aus der Zeit staufischer und angiovinischer Herrschaft repräsentiert (Säle IX–X). Neben einer *volkskundlichen Abteilung* (Säle XI und XV) zeigt die *Gemäldesammlung* Beispiele der Malerei des 16.– 20. Jh. (Säle XII–XIV).

Castello

Lage: Unweit der Piazza Matteotti außerhalb des mittelalterlichen Stadtkerns.

Die Reste der Festung stammen von der Anlage, mit der Karl I. von Anjou 1269–1283 den möglicherweise 1233 errichteten Bau Friedrichs II. ummauerte. Nach einer Beschreibung aus dem Jahre 1550 muß sich die Festungsanlage aber schon im 16. Jh. in ruinösem Zustand befunden haben, ehe sie dann 1790 als Steinbruch für Neubauten benutzt und fast gänzlich zerstört wurde. Glücklicherweise sind jedoch Zeichnungen von Jean Desprez erhalten, die 1778 vor der nahezu endgültigen Zerstörung angefertigt wurden und zusammen mit den noch verbliebenen Resten eine Rekonstruktion des ursprünglichen Festungsbaus erlauben. Demnach muß die Anlage ähnlich wie diejenigen in Adrano (Sizilien) oder Torre Sapienza (Latium) aus einiger Entfernung wie ein riesiger Donjon gewirkt haben. Tatsächlich jedoch erhob sich über einem hohen Sockel ein zweigeschossiger Wohnturm, der aus dem Donjon ein palastartiges Kastell werden ließ. Im Innenhof wurde in der Höhe der Begrenzung des Obergeschosses durch Abmauerung über Spitzbögen in den vier Ecken der Grundriß der Dachterrasse in ein Achteck über-

Rekonstruktion und Schnitt des ehem. Kastells

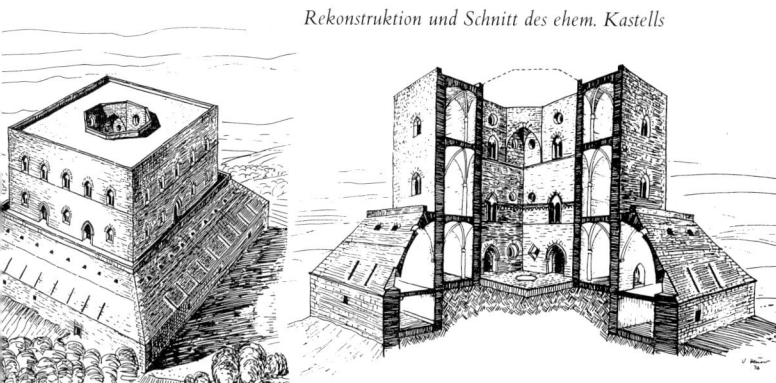

führt. Alle Stockwerke waren mit aufwendigen Portalen und Fenstern sowie mit runden oder übereck gestellten Okuli versehen. Umlaufende Blendarkaden in halber Höhe des Obergeschosses dienten der Gliederung der hochaufragenden Wände des Innenhofes. Die Säle waren mit Kreuzrippen gewölbt, die auf Wandkonsolen oder in den Ecken auf Säulenkapitellen auflagen und derart mit den Konstruktionen von Castel Ursino, Capua oder Castel del Monte (Nr. 22) verwandt sind. Zweifellos diente der Bau nicht nur als eine komfortable Residenz Friedrichs II., sondern durch seine landschaftliche Position und bauliche Form ausgezeichnet auch als ein *Herrschaftszeichen kaiserlicher Politik*, bevor Karl I. von Anjou die Erweiterung und Umwandlung der Festungsanlage durchführte (Willemsen).

Römisches Amphitheater

Lage: Etwa 1 km östlich des mittelalterlichen Stadtkerns am Viale Augusta.

Das Amphitheater wurde während der Regierungszeit des Kaisers Augustus (44 v. Chr. – 14 n. Chr.) gegründet. Als Auftraggeber des Amphitheaters ließ sich Marcus Vecilius Campus ermitteln, der damals als duovir iure dicundo zu den einflußreichen Magistraten in Lucera gehörte. Die Größe (131,20 × 99,20 m) und die Lage außerhalb des mittelalterlichen Stadtkerns macht die Bedeutung Luceras in römischer Zeit anschaulich.

10   Die Ruinen von Castel Fiorentino

Lage: Die Ruinen liegen westlich von San Severo, etwa auf halber Strecke der Straße nach Castelnuova della Daunia bei der Masseria Petrulli weithin sichtbar auf einem Hügelrücken und sind von dort nach etwa 15 Minuten Fußweg zu erreichen.

Castel Fiorentino ist der *Sterbeort Friedrichs II.* Die Überlieferung berichtet, daß ein Orakel ihn dazu bestimmt habe, ›sub flore‹ zu sterben, weshalb der Kaiser immer die Stadt Florenz gemieden habe, bis sich dann jedoch in dem bis dahin von ihm nie besuchten Castel Fiorentino am 13. Dezember 1250 die Weissagung erfüllte.
Von dem Kastell Friedrichs II. sind nur noch die auf einem Hügel gelegene Ruine des Turmes und die verstreuten Reste einer Ortschaft erhalten, die wohl schon um das Jahr 1000 hier gestanden hatte und Bischofssitz war. Von der Ruine der sog. *Torre Fiorentino* erkennt man noch das Untergeschoß und Reste des aufgehenden Turmes.

II   Troia

Geschichte: Die Geschichte Troias reicht bis zur Gründung des antiken *Ece* oder *Aecae* zurück, das nach der Schlacht von Cannae am 2. August 216 v. Chr. (vgl. Nr. 17) zunächst auf der Seite Hannibals stand, dann aber 214 v. Chr. von Fabius Maximus dem römischen Herrschaftsbereich eingegliedert wurde. Im römischen Kaiserreich avancierte die Stadt zur *Colonia Augusta Apula* und bildete einen wichtigen Stützpunkt entlang der Via Appia, die von Rom über Benevent nach Brindisi führte. Mit dem Untergang des Weströmischen Reiches verfiel die Stadt jedoch und wurde erst 1019 von dem Katapan Basilius Bojannes als byzantinische Festung wiedererrichtet und von normannischen Söldnern, die Byzanz den Langobarden abgeworben hatte, bewohnt. Nach der Vertreibung der Byzantiner aus Apulien (1071) war die Bischofsstadt Troia 1093, 1115, 1120 und 1127 Ort verschiedener Konzile und zählte, ehe sie in dem Kampf apulischer Städte gegen Roger II. 1133 zerstört wurde, zu den bedeutendsten Stützpunkten des Kirchenstaates in Apulien. Dank dieser Bedeutung als Bischofssitz konnte Troia dann auch erneut einen Wiederaufbau erleben, dessen Verdienst vor allem Bischof Gualtiero II. zukommt, der nicht nur Kanzler Heinrichs VI., sondern auch einer der Erzieher Friedrichs II. war.

Kathedrale Santa Maria Assunta

Die Kathedrale S. M. Assunta gehört zu den *wichtigsten romanischen Kirchenbauten Apuliens.* Sie wurde 1093 von Bischof Gerard begonnen und von Bischof Wilhelm II. (1107–1120) geweiht. Neuere Grabungen haben ergeben, daß der 1093 mit dem Langhaus begonnene heutige Dom die Erweiterung eines früheren, 1086 urkundlich erwähnten Baus ist. Mitte des 12. Jh. wurde diesem Langhaus dann der Vorgängerbau als gewaltiges, tonnengewölbtes Querhaus eingefügt. Als Grundriß des Vorgängerbaus ergab sich ein breites einschiffiges Langhaus mit verhältnismäßig kleiner Ostapsis, das sich in der Mitte mit einem dreischiffigen Querhaus kreuzte. Ob es sich dabei möglicherweise um einen mit dem ehemaligen Bau von S. M. di Siponto (Nr. 8) vergleichbaren Zentralbau handelt, was die vier mächtigen Vierungspfeiler erklären würde, bleibt umstritten. Ebenso strittig bleibt, ob die Blendarkaden mit den übereck gestellten quadratischen Fenstern und runden Okuli an der Außenwand des heutigen Baus dem Vorbild Pisa folgen, oder aber als Besonderheit schon vor dem Dombau von Pisa in Apulien gebräuchlich waren.

Die *Fassade mit der Fensterrose* im Mittelteil des Giebels, der von dem unteren Teil der Außenwand durch ein weitvorkragendes Gesims getrennt ist, gibt dem Bau einen auffallenden Akzent. Von Bedeutung ist auch das inschriftlich 1119 datierte *Bronzeportal der Fassade*, das auf eine Stiftung Bischof Wilhelms II. (1107–1120) zurückgeht und von Oderisius von Benevent geschaffen wurde. Obwohl noch in der Niellotechnik byzantinischen Einflusses entstanden, zeigen die fast

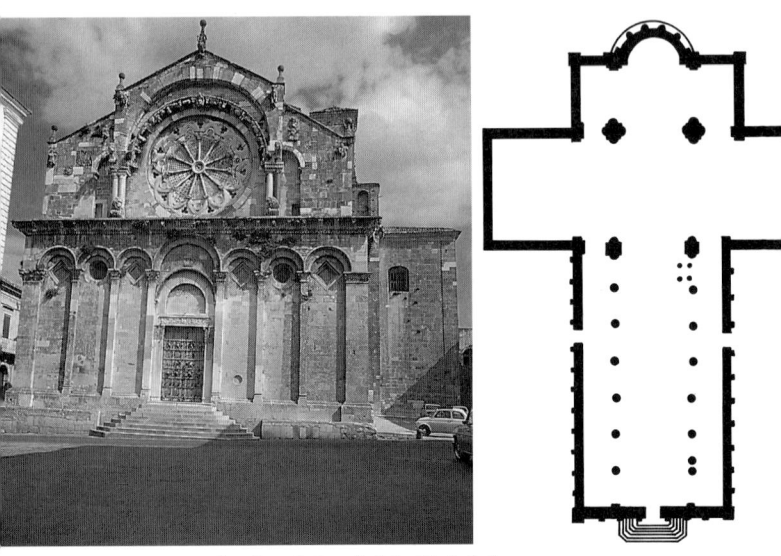

Troia: Hauptfassade und Grundriß der Kathedrale

freiplastischen Darstellungen der Löwenköpfe oder der Drachenleiber das Bemühen, einen persönlichen und von byzantinischen
Vorbildern (z. B. das Grottenportal auf dem Monte Sant'Angelo von
1076; vgl. Nr. 7) unabhängigen Ausdruck zu gewinnen. Die Felder
der 3. und zwei der 4. Reihe wurden im 16. und 17. Jh. erneuert.
Auch das *Bronzeportal am südlichen Seitenschiff* wurde von Oderisius
von Benevent (1119 erw. – 1150) geschaffen und geht ebenfalls auf eine
Stiftung Bischof Wilhelms II. zurück. Auf den acht unteren Feldern
dieser Tür ist ein patriotisches Lob eingearbeitet, mit dem sich
Bischof Wilhelm als Befreier des Vaterlandes feiert und seiner Hoffnung Ausdruck gibt, daß das zur Diözese Benevent gehörende Troia
im Jahr 1127 nach dem Tod des Herzogs von Apulien endlich von der
normannischen Herrschaft befreit werde. In den Reihen oberhalb
der Löwenköpfe sind die recht bewegten Darstellungen der Amtsvorgänger des Bischofs Wilhelm II. zu sehen. Trotz einer deutlich
sichtbaren Distanzierung von byzantinischen Vorbildern scheint der
Bronzetür des südlichen Seitenschiffes im Vergleich mit der des
Hauptportals Lebendigkeit im Ausdruck zu fehlen.
Eine Auseinandersetzung mit byzantinischen Vorbildern wird auch
an der *Steinskulptur* erkennbar: Während die figürlichen Darstellungen auf dem Architrav des Hauptportals und die von zwei Engeln

Kanzel von 1169

flankierte Darstellung Christi im Tympanon des nördlichen Seitenportals noch auf byzantinische Vorbilder verweisen, wird bei
den Rankenornamenten der Pilasterkapitelle am Hauptportal, dem
Architrav des nördlichen Eingangs und einer Fensterarchivolte an
der Nordseite ein anderes künstlerisches Verständnis spürbar. Zwar
fehlt es nicht an byzantinischen Motiven, dennoch aber ist die
Formensprache antikisierend. Die *Kanzel* wurde 1169 geschaffen
und stand ursprünglich in der kleinen Kuppelkirche San Basilio. Im
Vergleich mit der Kanzel in der Kathedrale zu Canosa (1. Hälfte
11. Jh.; vgl. Nr. 21) wird in Troia vor allem bei den Kapitellen ein plasti-
scherer Gestaltungswille erkennbar. Neben dem antikisierenden
Rankenwerk wird bei der Darstellung des orientalischen Tierkampf-
motivs (ein Löwe zerfleischt einen Hasen, während er selbst von
einem Hund angegriffen wird) der Einfluß eines im Norden
gebräuchlichen Formenrepertoires spürbar.

Museo Diocesano *(Diözesanmuseum):* Das Museum ist gegenüber der
Kathedrale in einem ehemaligen *Benediktinerkonvent* untergebracht
und gibt nach einer Neuordnung (1976) mit Gemälden und kirchlichen Festgewändern des 15.–18. Jh. einen repräsentativen Eindruck
von der künstlerischen Entwicklung der Bischofsstadt Troia.

Troia: Westportal der Kathedrale

Palazzo Vescovile *(Bischofspalast):* In unmittelbarer Nachbarschaft des Diözesanmuseums liegt der 1777 erbaute Bischofspalast. In seinem Innern sind erwähnenswert: Eine ›Madonna mit Kind‹ (1449) von Giovanni da Casalbore, eine ›Kreuzigung‹ von Francesco Solimena (1657–1745), eine Luca Giordano (1632–1705) zugeschriebene ›Madonna mit Kind‹ und eine ›Geißelung‹ von Francesco Trevisani (1656–1746).

San Basilio: Die Kirche bildet ein interessantes Beispiel *protoromanischer Architektur des 11. Jh.* 1087 erstmals urkundlich erwähnt, reicht ihre Entstehung aber wahrscheinlich bis zur Mitte des 11. Jh. zurück. Auffallend ist das ungegliederte Äußere des Baus, dessen Einfachheit lediglich durch Bögen und Lisenen der Apsis unterbrochen wird. Der Turm, der sich am linken Querarm erhebt, ist ebenso wie die Giebelvoluten später angebaut worden. Der ebenfalls einfach gegliederte Innenraum der dreischiffigen Kirche wird durch Arkaden über Säulen mit Knospenkapitellen ausgezeichnet.

12   Bovino

Lage: Man verläßt Foggia in südwestlicher Richtung auf der Straße nach Ariano. Nach etwa 30 km biegt man nach links in Richtung des am Fuß des Monte Crispiano gelegenen Bovino ab.

Geschichte: Die Geschichte Bovinos reicht bis zu der von Plinius erwähnten römischen Kolonie *Vibinum* zurück, in deren Nähe 217 v. Chr. Hannibal sein Lager aufgeschlagen hatte. Im frühen Mittelalter als byzantinische Festung ausgebaut, gehörte die Stadt nach einer Belagerung durch Otto I. und langobardische Truppen (969) zum Herzogtum Benevent. 971 wurde Bovino Bischofssitz. Der Normanne Drogo de Hauteville baute als Herzog von Apulien (1046–1051) über den römischen Ruinen ein Kastell, das Friedrich II. später erweitert hat.

Dom Santa Maria Assunta: Im 10. Jh. gegründet und im 11. Jh. erweitert, wurde der Dom Ende des 12. Jh. zum erstenmal maßgeblichen Veränderungen unterzogen, die 1231 abgeschlossen waren. Anfang des 14. Jh. folgte dann unter Bischof Jakob (1310–1328) ein vollständiger Umbau, wobei man für den dreischiffigen Neubau jedoch zahlreiche Teile der Vorgängerbauten verwendete. Im Querschiff ist der Wechsel von Hau- und Ziegelstein, der darauf verweist, deutlich zu erkennen. Die acht Säulen mit romanischen Kapitellen entstammen ebenfalls dem Vorgängerbau des 10. Jh. Der rechteckige, tonnengewölbte Chor wurde 1611 an Stelle einer früheren Apsis angebaut. Die heutige Gestalt des Domes geht auf die Wiederherstellung von 1934/36 zurück, die nach der schweren Zerstörung durch das Erdbeben von 1930 notwendig wurde.

San Marco: Die Kirche San Marco schließt im Südosten an das Querhaus des Domes an und ist wahrscheinlich im Zusammenhang der Umgestaltung des älteren Dombaus Ende des 12. Jh. entstanden. Sie wurde 1197 geweiht und ist im 13. Jh. als einschiffige Saalkirche mit Blendarkaden, einem quadratischen Chor und einer Kuppel über Trompen vollendet und eingewölbt worden. Sie gehört damit zu einer Reihe seit dem 13. Jh. in Italien anzutreffender einschiffiger, tonnengewölbter Kirchenbauten. »Der Typus gelangte offenbar mit einer Einflußwelle nach Italien, die, von Südfrankreich ausgehend, wohl durch die monastischen Bewegungen gefördert wurde, sich aber nicht ausschließlich auf diese beschränkte.« (Wagner-Rieger)

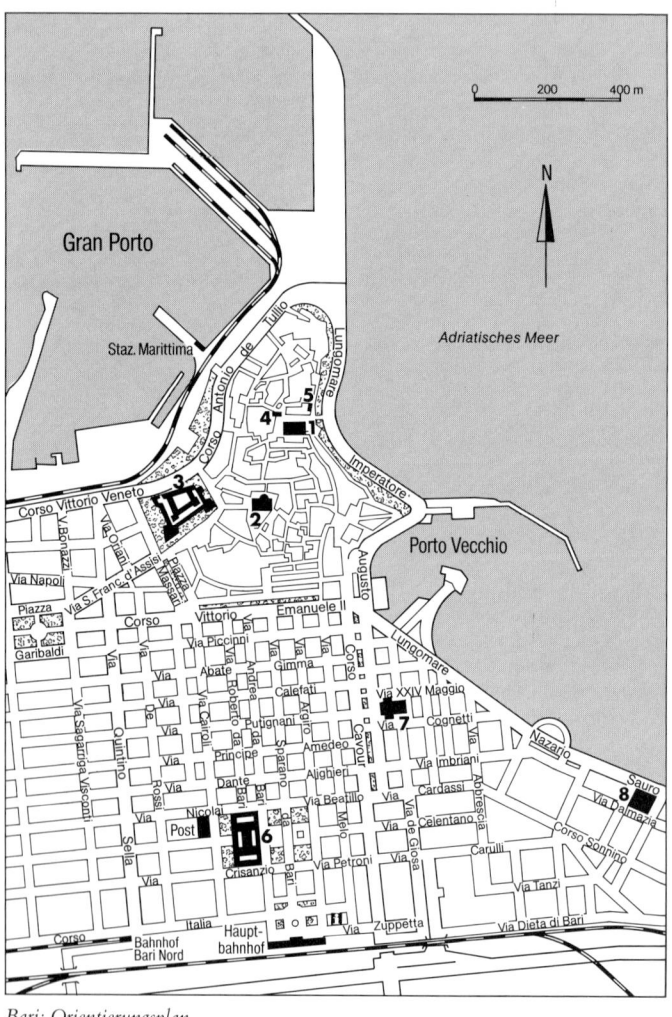

Bari: Orientierungsplan

E. DIE KUNSTDENKMÄLER DER PROVINZ BARI

I3   Bari

Bari besteht aus der auf einer Halbinsel entstandenen *Altstadt* und der auf dem Festland gelegenen *Neustadt*. Während die Altstadt mit winkligen Gassen und zahlreichen Kunstdenkmälern den historischen Kern Baris darstellt, bringt die seit Beginn des 19. Jh. geplante und gebaute Neustadt, die sich zwischen dem Corso Vittorio Emanuele II. und der Piazza Roma mit geradlinigen Straßenzügen in gleichmäßige Quadrate gliedert, die Einflüsse napoleonischer und föderaler italienischer Stadtplanung zum Ausdruck. Die reizvolle Lage der Altstadt, insbesondere aber die zahlreichen mittelalterlichen und neuzeitlichen Kunstdenkmäler machen Bari zu einer der *bedeutendsten Zentren Apuliens.*

Bari ist gleichzeitig Hauptstadt der gleichnamigen Provinz sowie der Region Apulien. Mit ca. 300 000 Einwohnern ist Bari nach Neapel die zweitgrößte Stadt Süditaliens und nach Venedig und Triest der drittgrößte Hafen am Adriatischen Meer. Das Geschäftsleben wird neben mittleren und kleineren lokalen Handwerks- und Industriebetrieben vor allem von Erdölraffinerien bestimmt. Deutliches Indiz für die wirtschaftliche Bedeutung Baris ist die jährlich im September stattfindende *Fiera della Levante*, die zusammen mit der Mailänder Mustermesse die größte Messeveranstaltung Italiens ist. Bari ist Sitz eines Erzbischofs, einer 1925 gegründeten Universität sowie als Provinz- bzw. Regionalhauptstadt auch Sitz zahlreicher Verwaltungs- und Gerichtsbehörden.

Geschichte

Die Gegend des heutigen Bari war schon im 2. Jtsd. v. Chr. besiedelt. Münzen, die bei Ausgrabungen gefunden wurden, deuten auf einen späteren griechischen Einfluß hin. Der Hafen Baris wird erstmals im 2. Jh. v. Chr. erwähnt. Das römische *Barium* war ein wichtiger Verkehrsknotenpunkt für den Handel mit den östlichen und südlichen Mittelmeerländern. 730 wurde Bari selbständiges langobardisches Herzogtum, bis es 840–871 in den Besitz der Sarazenen gelangte. Im 9. und 10. Jh. stand es unter der Herrschaft der Byzantiner. 1071 wurde Bari von den Normannen erobert. 1096 war die Stadt Sammelplatz und Einschiffungshafen der Kreuzfahrer. 1098 fand in Bari das von Urban II. einberufene Konzil statt, das ein Schisma mit der oströmischen Kirche zur Folge hatte. Nach einer nahezu vollständigen Zerstörung durch Wilhelm I. wurde Bari 1156 unter den Staufern erneut zu einem strategisch wichtigen Hafen ausgebaut, was den später durch Friedrich II. bewirkten wirtschaftlichen Aufschwung Apuliens weiter förderte. In der darauffolgenden Herrschaft der Anjou wurde Bari in die Auseinandersetzungen Johannas I., Königin von Neapel, verwickelt (1430) und hatte eine Reihe von Belagerungen durchzustehen. 1464 wurde Bari zu einem Herzogtum des Mailänder

Die Altstadt von Bari

Herrscherhauses Sforza erhoben. Durch die Heirat Isabellas von Aragon mit Gian Galeazzo Sforza folgte nach dessen Tod die Herrschaft
der Spanier. Als Bona, die Tochter Isabellas, mit Sigismund von Polen
verheiratet wurde, entstand nach dem Tod der Bona von Aragon
(1557) zwischen Polen und Spanien ein heftiger Streit um die
Ansprüche auf das Herzogtum. Kaiser Ferdinand I. von Österreich,
der als Schiedsrichter angerufen wurde, unterstellte das Herzogtum
1558 der Aufsicht des Vizekönigs von Neapel. In der Folgezeit war
Bari einem kulturellen und wirtschaftlichen Niedergang ausgelie-
fert und wurde wiederholt von Seeräubern und Türken bedroht.
1656/57 verminderte die Pest die Zahl der Einwohner von 12 000 auf
nur noch 3 000. 1707–1738 unterstand Bari den Österreichern, ehe es
den Bourbonen zufiel. Unter dem Druck des bourbonischen Herrscherhauses hatte Bari schon früh mit Napoleon sympathisiert,
so daß 1813 der von Napoleon eingesetzte Joachim Murat den Sitz
der Provinzialregierung vom bourbonisch gesinnten Trani in das
franzosenfreundliche Bari verlegte und damit einen neuerlichen
wirtschaftlichen und kulturellen Aufschwung bewirkte. Seit dieser
Zeit entstand auch die Neustadt Baris. 1860 schloß sich Bari der
Bewegung zur Einigung Italiens an. 1940–1945 erlitt es schwere
Bombenschäden.

San Nicola (1)

Im Zentrum der Altstadt erhebt sich auf dem Gelände des ehemaligen Katapanspalastes die normannische Basilika San Nicola, die neben dem staufischen Castel del Monte (Nr. 22) zu den *bedeutendsten Kunstwerken Apuliens* zählt. Sie ist *Nikolaus von Myra*, dem Patron der Seefahrer und Kaufleute, geweiht und bildet den *Prototyp der romanischen Kirchen Apuliens*, der in zahlreichen anderen Bauten dieser Region Nachfolge gefunden hat (vgl. S. 21). S. Nicola kann nicht nur als »Sinnbild des heroischen Geistes der normannischen Gründerzeit« gesehen werden, sondern gilt auch als ein »Zeugnis des neuen künstlerischen Wollens« (Willemsen) in Apulien.

Geschichte: Am 9. Mai 1087 brachten Bareser See- und Kaufleute die im lykischen Myra gestohlenen Gebeine des hl. Nikolaus in ihre Heimatstadt. Nachdem Ursus, der damalige Bischof von Bari vergebens versucht hatte, den Anspruch der Domkirche auf die Reliquien geltend zu machen, erreichte Elia, der Abt des Benediktinerklosters S. Benedetto, der spätere Erzbischof von Bari (1089–1105), daß der normannische Herzog Roger I. (reg. 1072–1101) den Katapanspalast für einen dem hl. Nikolaus geweihten Kirchenbau zur Verfügung stellte. Bereits am 1. Oktober 1089, einen Tag nach der Wahl Elias zum Erzbischof, konnten die bis dahin in der Kapelle des hl. Eustachius aufbewahrten Gebeine durch Papst Urban II. (1088–1099) in die bereits nach zweijähriger Bauzeit fertiggestellte Krypta überführt werden. Dagegen zieht sich die Fertigstellung von Quer- und Langhaus, möglicherweise durch den Tod des Elias (1105) oder durch die Zerstörung und Plünderung der Stadt durch Wilhelm I. (1156), über einen längeren Zeitraum hin; die genauen Baudaten sind umstritten: Zur Wiedervereinigung mit der Ostkirche (seit 1054 im Schisma) hält Urban II. unter Teilnahme Anselms von Canterbury noch Anfang Oktober 1098 ein Konzil ›ante corpus Sancti Nicolai‹ in der Krypta ab. 1106 war dann wohl ein Teil der Oberkirche soweit ausgeführt, daß sie für liturgische Zwecke genutzt werden konnte; zwischen 1105 und 1123 wird die Vollendung der Stufen und des Fußbodenmosaiks der Apsis angenommen. Aber erst im Jahre 1197 wurde dann die Basilika mit großem festlichen Aufwand von Reichskanzler Konrad von Querfurt, dem damaligen Bischof von Hildesheim, in seiner Funktion als päpstlicher Legat und Statthalter Kaiser Heinrichs VI. geweiht.

Grundriß: Im Grundriß werden verschiedene Charakteristika deutlich: Über einer neunschiffigen Krypta erhebt sich eine dreischiffige Basilika mit kaum ausgeschiedenem Querhaus. Die drei Apsiden im Ostteil der Kirche werden von einer geschlossenen, geraden Wand begrenzt. Die seitlich der Nebenapsiden ausgebildeten rechteckigen Kammern sind wahrscheinlich Unterbauten für allerdings nie ausgeführte Osttürme. Neuere Untersuchungen haben gezeigt, daß die Nischenpfeiler bei Langhausseiten ebenso wie die unregelmäßig geführte Westwand und der diese nördlich flankierende Turm vom Katapanspalast stammen. Die im Osten der Apsiden abschließende Wand scheint ebenfalls auf verbliebene Bausubstanz des Katapanspalastes zu verweisen. Darüber hinaus läßt der Grundriß mögliche

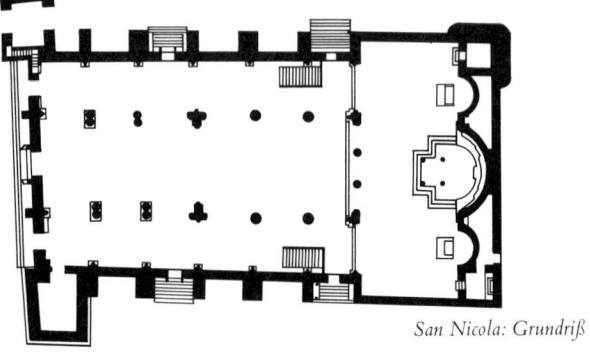

San Nicola: Grundriß

Ähnlichkeiten mit dem heute nicht mehr erhaltenen, aber rekon-
struierbaren Desideriusbau des Benediktinerklosters Monte Cassino
(1066–1077) erkennen.

Fassade

Die im Sinne südromanischer Wandauffassung flächig gestaltete
Fassade steigt in einfacher Linienführung über basilikalem Quer-
schnitt hoch und wird rechts und links von (unvollendeten) Türmen
flankiert. Durch Lisenen über Vollsäulen gegliedert, erhebt sich der
Mittelteil der Fassade über die seitlichen, steilen Pultdächer hinaus
und mündet in ein dreieckiges Giebelfeld. Dach und Giebelzonen
werden ebenso wie das 2. Geschoß des linken Turmes durch Bogen-
friese geziert. Fenster, Blendarkaden und die Portale ergänzen die
Gliederung der Fassadenfläche. Baureste in der Wand verweisen auf
einen möglichen baldachinartigen Vorbau.
Das *Hauptportal* bildet mit den auf Stier-Stylobaten stehenden Säulen
(vgl. nördliches Seitenschiff), die ein fünfeckiges Giebelfeld tragen,
den Blickfang der Fassade. Wenn auch der plastische Schmuck dem
architektonischen Rahmen deutlich untergeordnet bleibt, sind doch
auf der Vorderseite der Türpfosten und der Archivolten zahlreiche
pflanzliche und figürliche Motive sowohl symbolischen, biblischen
oder mythologischen Inhalts als auch aus dem Bereich der Drolerie
ausgeführt. Auf einer Reliefplatte im Tympanon ist der Kirchen-
patron Nikolaus dargestellt. Über der Spitze des Portalgiebels wacht
eine Sphinx. Rechts und links des Hauptportals sind zwei *Inschriften-
platten* eingelassen: Die Linke erinnert an die Weihe der Kirche
(1197), die Rechte an ihre Unabhängigkeit vom Bareser Bischof (1106).
Im Sockel des linken Hauptportalgewändes und neben dem linken
Seitenportal sind Namen zu erkennen, von denen man jedoch nicht
weiß, ob diese Baumeister und Steinmetze oder Stifter benennen.

Das Äußere der Seitenschiffe

Die Seitenschiffaußenwände werden durch mächtige Nischenpfeilerarkaden mit bekrönenden Zwerggalerien gebildet. Sie stammen ebenso wie der nördliche Turm der Fassade von der ursprünglichen Wehrgangsubstruktion des ehemaligen Katapanspalastes.

An der nördlichen Langhausseite öffnet sich das *Löwenportal*. Unterschiede in der Ausführung von Türrahmen und Archivolte zeigen, daß Rahmen und Sturz von einer älteren Portalanlage erhalten sind. Das vorkragende Gesims wird von zwei skulptierten Blöcken (Überreste eines wohl an anderer Stelle geplanten oder angebrachten Gesamtzyklus) mit zwei Monatsdarstellungen flankiert: das Beschneiden von Bäumen (Februar) und die Kornernte (Juni). Die Stirnseite der Archivolte wird durch ein Palmettenband geschmückt. Auf der Unterseite sind verschiedene Tiere (Greif, Hirsch, Drache, Harpyie, Löwe, Papagei) dargestellt. Sie sind nicht nur größer, sondern in der Ausführung auch feiner als die Figuren des Hauptportals. Auf einem darüberliegenden, das Tympanon umfassenden Bogen, stellt ein Reliefband den Angriff auf eine Burg dar; die Darstellung bleibt in Apulien einmalig, ist aber vom Nordportal des Doms zu Modena bekannt.

Das *Südportal* weist ähnliche Gliederungselemente und Motive auf, allerdings in ungleich schlechterem Erhaltungszustand. Das blockhafte Querhaus bestimmt den Ostteil der Basilika. Über den Blendarkaden des Untergeschosses folgen Biforien und Rundfenster, die zur weiteren Gliederung beitragen. Im Obergeschoß dominiert ein an Portale erinnerndes Mittelfenster.

Das Innere

Im Inneren erwartet den Besucher ein verhältnismäßig hoher, klar gegliederter und lichter Raum. Die über drei Arkaden hinweg geführte *Ikonostase* trennt das Mittelschiff vom Querhaus und scheidet damit gleichzeitig zwei unterschiedliche Raum- und Wandauffassungen: Für das kurze Langhaus ist die flächige, dreigeschossige Hochwand von entscheidender Bedeutung, die den Kubus der begleitenden, gratgewölbten Seitenschiffe und der darüber liegenden Emporen zu dem flachgedeckten Mittelschiff (heutige Decke aus dem 17. Jh.) hin abschließt. Sie wurde wahrscheinlich auf dem Weg über Oberitalien aus dem Bereich der normannischen Architektur vermittelt; auch der Dom von Pisa könnte eine Rolle spielen. Der Stützenwechsel (ein Mittelpfeiler mit Vorlage trennt zweimal drei Arkaden) gliedert das Mittelschiff in zwei Raumfolgen. Die 1451 im Westen aus statischen Gründen über vorgekuppelten Säulen angebrachten Schwibbögen können diesen Eindruck heute jedoch eher verunklären. Im 2. Geschoß folgen sechs die Wand rhythmisierende Triforien mit den dahinterliegenden Emporen, deren äußere Bogenöffnungen eine Abwandlung der apulischen Romanik darstellen. Im Lichtgaden durchbrechen sechs den Triforien achsial zugeordnete Rundbogenfenster die Wand, ohne allerdings deren Flächencharakter aufzuheben. In dem ebenfalls flachgedeckten Querhaus dominiert die hochsteigende Hauptapsis. Rechts und links von Nebenapsiden flankiert, bildet sie den Abschluß einer durch Gurtbogen gegliederten ausgeschiedenen Vierung. Über dieser Vierung werden Ansätze einer allerdings nie ausgeführten Kuppel sichtbar. In Verbindung all dieser Elemente zeigt das Langhaus eine rhythmisierende, bindende und feste Baukörperstruktur, die »der Lockerheit und Ungebundenheit des Querhauses« entgegengesetzt wird. »Ein romanischer Stil setzt sich an Stelle eines vorromanischen durch« (Krautheimer).

Ausstattung und Grabmäler

Die Hauptapsis wird durch das in das Querhaus hineinreichende Dreistufenpodest mit bemerkenswertem *Fußbodenmosaik* ausgefüllt. Die Inschrift auf der Vorderkante der obersten Stufe weist auf

San Nicola: Innenraum

Eustachius (1105–1123), den Nachfolger des Elia hin, dem die Basilika ihre Ausstattung zu verdanken habe. Auf dem Podest erhebt sich das einzige in Apulien noch unversehrt erhaltene *Ziborium* (2. Viertel 12. Jh.). Die umlaufende Inschrift richtet einen Willkommensgruß an den Priester, der den Altar unter dem Ziborium betritt. Die im vorderen Architrav der Bedachung eingelassene kleine *Bronzeplatte* (Ende 13. Jh.) stellt die Krönung Rogers II. durch Nikolaus dar. Der wohl Ende des 12. Jh. aus einem Block gemeißelte *Bischofsthron* zu Ehren des Elia ist sicherlich das künstlerisch interessanteste Ausstattungsstück der Basilika (vgl. die Bischofsthrone in Canosa di Puglia, 1078–1089, und in Monte Sant'Angelo, vor 1066). Rätselhaft ist übrigens die Bedeutung der den Sessel tragenden, expressiv gestalteten Figuren. Während die beiden äußeren die schwere Last in Körper und Gesicht deutlich zum Ausdruck bringen, legt die mittlere Figur nur ›symbolisch‹ Hand an. Dahinter erhebt sich das *Grabmal der Bona Sforza*, der polnischen Königin und letzten Fürstin von Bari, die 1557 in Bari starb. Ihre Tochter Anna ließ 1593 das durch Sarti, Zagarelli und Bernucci in Neapel geschaffene Grabmal errichten: Auf dem schwarzen Marmorsarkophag kniet die Figur der Bona Sforza; die Figuren rechts und links repräsentieren die hll. Nikolaus und Stanislaus, denen als sitzende Figuren die Allegorien von Bari und Polen zugeordnet sind.

Der *Kirchenschatz* ist im Südturm der Westfassade ausgestellt. Die Treppen in den Seitenschiffen führen in die neunschiffige *Krypta* (1089). Die Säulen sind ausnahmslos Spolien mit Kapitellen von erstaunlichem Formenreichtum. In der mittleren der drei Apsiden, die in ihrer Lage mit denen der Oberkirche korrespondieren, sind die Gebeine des hl. Nikolaus beigesetzt. Am südlichen Niedergang steht das aus einem Sarkophagfragment des 4. Jh. gearbeitete Grabmal des Bischofs Elia.

Dom San Sabino (2)

Geschichte: Neuere Grabungen haben ergeben, daß 1024–1040 ein über frühchristlichen Fundamenten errichteter ehemals byzantinischer Bau von Erzbischof Bisantius umgebaut wurde. 1156 wurde der über dem Grundriß des griechischen Kreuzes errichtete und von einer Vierungskuppel überragte Bau von Wilhelm I. zerstört. Nach dem Vorbild und in unmittelbarer Nachbarschaft von S. Nicola entstand daraufhin ein neuer Bau, dessen Baubeginn allerdings nicht eindeutig feststeht. Ab 1171 jedoch ist die Bautätigkeit unter Erzbischof Rainaldi gesichert, so daß 1292 die Weihe stattfinden konnte.

Fassade

Die Fassade wird durch zwei Lisenen und eine Fensterrose gegliedert. Die Portale stammen aus dem 18. Jh. Die südliche Langseite

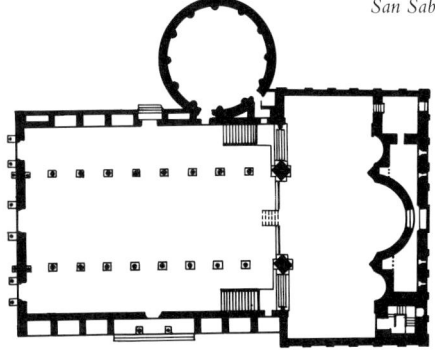

mit der Hexaforengalerie wurde ebenfalls Anfang des 18. Jh. in den erzbischöflichen Palasthof miteinbezogen. Auf der nördlichen Längsseite schließt sich die *Trulla* an, die im 11. Jh. – damals noch ein neben der Kirche des Bisanzius freistehender zylindrischer Bau – als *Baptisterium* diente, bei dem Erweiterungsbau im 12. Jh. mit der Kirche verbunden und 1618–1740 zur Sakristei umgebaut wurde.

Das Innere

Das Innere des dreischiffigen Kirchenbaus erinnert an S. Nicola, zeigt aber gleichzeitig auch deutliche Unterschiede und konstruktive Neuerungen. Die Mittelschiffwand wird durch Säulenarkaden und nicht wie in S. Nicola durch Pfeilervorlagen gegliedert. Die strenge Bindung von Arkade und Emporenöffnung ist aufgegeben. S. Sabino ist die erste Säulenbasilika Apuliens mit Scheinemporen. Ihre Öffnungen haben den ursprünglichen Zweck verloren, die Matroneen zu beleuchten. Sie dienen lediglich dazu, die Mauermassen aufzulösen. Diese Neuerung ermöglichte, in den Mittelschiffwänden des Langhauses einen Laufgang auf vorkragenden Konsolen anzubringen, der den Innenraum in Emporenhöhe begehbar machte. Ein Steg – erstmalig an der Innenseite der Westfassade angebracht – diente als Verbindung zwischen dem südlichen und nördlichen Laufgang. Bei der barocken Umgestaltung des Innenraumes (1736) sind große Teile dieser Architekturelemente abgetragen worden.

Ausstattung

Von den originalen Ausstattungsstücken sind nur noch Fragmente erhalten, die in den 50er Jahren mit Nachbildungen ergänzt wurden. Unter der siebten Arkade der südlichen Mittelschiffwand steht eine

San Sabino: Innenraum

Nachbildung der prächtigen Kanzel, die ursprünglich aus dem 11./12. Jh. stammt. Es handelt sich um einen rechteckig geschlossenen Kanzel-kasten, in den der Treppenaufgang miteinbezogen ist. Der Unterbau war mit quadratischen Platten verkleidet, die geometrische Muster trugen (größtenteils Nachbildungen). Auf der Rückseite der Kanzel sind noch das Original des staufischen Adlers und Teile eines Grei-fenreliefs zu sehen. Original ist auch der als Stütze des Lesepults die-nende Adler, der sich hier ebenso wie in Bitonto (Nr. 18) über einer unter der Last gebeugten menschlichen Figur erhebt. Stilistische Vergleiche lokalisieren ihn in die Werkstatt des ›sacerdos et magister Nicolaus‹ bzw. zeitlich in die Nähe der Kanzel in Bitonto. Das *Zibo-rium*, das sich unter der Vierungskuppel auf dem Hauptaltar erhebt, wurde ursprünglich 1233 von Alfano da Termoli geschaffen (1954 er-gänzt). In der linken Apsis sind *Freskenreste* aus dem 13. und 14. Jh. und das Grabmal des Erzbischofs Romualdo Grisone (1282–1309) zu sehen. Die dreischiffige *Krypta* erfuhr im 18. Jh. eine barocke Umgestaltung. Unter dem Altar ruhen die Gebeine des hl. Sabino, die der Legende nach 872 nach Bari gebracht wurden; darüber eine Ikone, die 733 aus Kontantinopel überführt worden sein soll, im 16. Jh. aber vollständig überarbeitet wurde. In der linken Apsis Fresken des 13. Jh. mit Dar-stellungen der Madonna mit Kind, der hl. Ursula u. a. Heiligen. Im *Diözesanarchiv* werden neben einer Reihe von liturgischen Ge-

Das Kastell von Bari

räten und Gewändern auch einige wichtige Miniaturen byzantinischen Ursprungs aufbewahrt, u.a. das ›Exultet iam angelica turba‹ (vor 1025).

Castello (3)

Grabungen haben ergeben, daß der Bau auf eine byzantinische Festungsanlage zurückgeht, die im 11. Jh. von den Normannen übernommen und 1233–1240 von Friedrich II. mit verändertem Grundriß ausgebaut wurde. Das Ausmaß dieser Umgestaltung läßt sich heute nicht mehr genau ermitteln. Festzustellen ist aber, daß der Bau Friedrichs II. eine repräsentative Umgestaltung der Vorgängerbauten darstellte. Die wichtigste Neuschöpfung dürfte im Nordflügel eine mit vier Spitzbogenarkaden gegen den Innenhof sich öffnenden Vorhalle gewesen sein. Karl I. von Anjou ließ im Obergeschoß des Nordflügels weitere Umbauten folgen. Die Eckbastionen und der Innenhof entstanden seit Beginn des 16. Jh. im Auftrag der Isabella von Aragon und der Bona Sforza. Nach dem Tod der Bona Sforza (1557) verlor Bari und damit auch das Kastell an Bedeutung. Die Bourbonen benutzten es seit 1832 als Gefängnis, später als Kaserne. Gegenwärtig ist das Kastell Sitz der regionalen *Kunst- und Denkmälerverwaltung (Sopraintendenza ai Monumenti e Gallerie di Puglia).*

Das *Westportal* stammt aus staufischer Zeit. Der reich skulptierte Spitzbogen verweist eher auf orientalische Formen als auf die abendländische Gotik. Die aneinandergereihten Keilsteine sind teils mit vegetabilem Ornament, teils mit figürlichen Darstellungen versehen. Man erkennt u. a. einen Herrscher mit Weltkugel, einen Pfau, Harpyien, einen Reiter zu Pferde und einen Adler über geschlagener Beute. Insgesamt bleibt der Sinnzusammenhang dieser Darstellungen noch unklar.

Vorhalle und *Hoflaube* stammen ebenfalls aus staufischer Zeit. Das Kapitell der linken Halbsäule zeigt einen Adler über geschlagener Beute. Auf den Kapitellen der Vorhalle und der Hoflaube sind verschiedene Künstlerinschriften zu entziffern. Rechte Säule der Vorhalle: ISMAHEL und M(E) FEC(IT). Linke Säule der Hoflaube: MINERRUS DE CANUSIA FECIT (ME). Am Abakus der rechts folgenden Säulen sind die gleichlautenden Inschriften angebracht: MELIS DE STELLIANO ME FECIT.

Die *Renaissancefassaden* der Hofseiten stammen aus der Zeit der Bona Sforza, die nach dem Tod Sigismund I. von Polen (1548) das Kastell zu einem festlichen Wohnsitz umbauen ließ. Im Nord- und Ostflügel wurden tonnengewölbte Festsäle eingerichtet. Eine Inschrift unter dem Dachansatz der Hoffassade erinnert an die Umbauten im Auftrag der polnischen Königin und Fürstin von Apulien.

Im Westflügel ist der sog. *Gypsaio* untergebracht, eine Sammlung von Gipsabgüssen der bemerkenswertesten Beispiele romanischer Skulptur in Apulien.

San Gregorio (4): Die in unmittelbarer Nachbarschaft zu S. Nicola gelegene kleine romanische Kirche wird 1017 erstmals erwähnt. Zu Beginn des 11. Jh. entstanden, dürfte sie aber in Folge der Zerstörung Baris (1156) wiederaufgebaut worden sein. Erwähnenswert sind vor allem die Kapitelle im Inneren.

Museo Storico (5; *Historisches Museum***):** Das Museum birgt vor allem Waffen und Uniformen und dokumentiert die Kriegsgeschichte von der Einigung Italiens bis zum 2. Weltkrieg.

Museo Archeologico *(Archäologisches Museum)* **(6)**

Lage: Neustadt. Via Andrea da Bari/Piazza C. Battisti.

Das Museum, 1875 gegründet und 1957 erweitert, enthält neben dem Museum in Tarent (Nr. 50) die *vollständigste archäologische Sammlung in Apulien.* Sie umfaßt Funde aus den Siedlungen der Daunier (Provinz Foggia), der Messapier (Südapulien) und der Peuketier (Provinz Bari) sowie die anderer bedeutender archäologischer Zentren.

Sehenswert sind die *Sammlungen griechischer Vasen* mit Stücken des 7.–6. Jh. v. Chr. aus Korinth, schwarzfigurigen attischen Vasen des 6. Jh. und rotfigurigen Vasen des 5. Jh., lokale Produktionen unter dem Einfluß der griechischen Importware aus dem 5. und frühen 4. Jh. v. Chr. sowie Beispiele mit geometrischen, ein- oder zweifarbigen Darstellungen aus dem 6.–3. Jh. v. Chr. Bemerkenswert sind auch eine Reihe archaischer und römischer Bronzearbeiten, Schmuck- und Gebrauchsgegenstände und eine Münzsammlung.

Teatro Petruzzelli (7; Neustadt, Corso Cavour): Das Theater wurde 1898–1903 nach Entwürfen von Angelo Messeni erbaut und bietet 4000 Zuschauern Platz. Es gehört neben denjenigen in Mailand, Rom und Neapel zu den vier größten Theatern und Opernhäusern Italiens. Das Gemälde im Innern mit der Darstellung vom Einzug des Dogen Orseolo II. in Bari stammt von Raffaele Armenise (1852–1925).

Pinacoteca Provinciale *(Gemäldesammlung)* **(8)**

Lage: Neustadt. Lungomare Nazario Sauro.

In der Pinakothek werden Werke aus der Zeit des Mittelalters bis zur Gegenwart gezeigt. Sehenswert sind in *Saal I:* Holzkreuz aus Siponto (13. Jh.), eine Ikone mit den ›Hll. Margret und Nikolaus‹ (13. Jh.); *Saal II:* staufische Skulpturenfragmente aus dem Castel del Monte und der Kathedrale von Bari sowie Bildtafeln und Fresken von Antonio (1415–1476/84) und Bartolomeo Vivarini (1432–1491); *Saal III:* ›Der hl. Petrus‹ von G. Bellini (1430–1516); *Saal VI:* ›Madonna mit Heiligen‹ von Paris Bordone (1500–1571), eine ›Madonna‹ von P. Veronese (1528–1588), ›Hl. Rochus mit Pestkranken‹ von J. Tintoretto (1518–1594); *Saal XIII:* Der ›Hl. Petrus von Alcantara‹, Die ›Grablegung Christi‹ und eine Szene aus der ›Geschichte der Rebecca‹ von L. Giordano (1632–1705). Sehenswert ist auch eine *neapolitanische Weihnachtskrippe* aus dem 18. Jh.

14 Molfetta

Geschichte: Die Gegend des heutigen Molfetta war bereits in neolithischer Zeit besiedelt, blieb in der Antike aber ohne größere Bedeutung. Früher bereits unter dem Namen *Melphi* bekannt, wird es seit 1129 *Melphicta* genannt, gehört später zur Domäne der Staufer und Anjou und konnte seine wirtschaftliche Bedeutung auch unter der Herrschaft des Hauses Aragon weiterhin behaupten. Seit Beginn des 16. Jh. ist die Stadt Teil des Fürstentums Termoli. 1529 war Molfetta im Krieg zwischen Karl V. und Franz I. starken Verwüstungen durch französische Truppen ausgesetzt. 1531–1640 gehört die Stadt zum Besitz des Hauses Gonzaga. Seit Mitte des 12. Jh. ist Molfetta Bischofssitz. Die Stadt zählt heute etwa 65 000 Einwohner und zeichnet sich durch regen Handel sowie kleinere und mittlere Industriebetriebe aus.

San Corrado *(Duomo Vecchio)*

Im nordöstlichen Teil der Altstadt, in unmittelbarer Nähe des Meeres gelegen, stellt der Alte Dom von Molfetta die *bedeutendste der romanischen Kuppelkirchen Apuliens* dar. Er wurde 1150 begonnen und Ende des 13. Jh. fertiggestellt. Die ursprüngliche Planung ist durch die in etwa hundertjähriger Bauzeit erfolgten Veränderungen nicht mehr festzustellen.

Das Äußere: Mit den Kuppeln erinnert die Kirche an die vergleichbaren Bauten der Ognissanti in Valenzano (Nr. 27) und S. Benedetto in Conversano (Nr. 28). Der Ostteil, der mit den im 13. Jh. errichteten Türmen hinter dem geraden Abschluß die Apsis versteckt, macht erkennbar, daß der Alte Dom von Molfetta trotz einer Reihe von Abweichungen auch dem Vorbild von S. Nicola in Bari (Nr. 13.1) verpflichtet ist. Zu diesen Abweichungen gehören die sich überschneidenden rundbogigen Blendarkaden, die teils auf Lisenen, teils auf figurierten Konsolen aufliegen. Dadurch entstand eine Folge schmaler hoher Spitzbogen, die sich – wie an der Südseite des Baus teilweise noch sichtbar – auch an den Langhauswänden fortsetzte.

Das Innere: Wie wechselvoll die Baugeschichte gewesen sein muß, wird im Inneren erkennbar, wo romanische, byzantinische und orientalische Elemente vereint sind. Pilaster und Wandvorlagen mit Halbsäulen, die die Kuppel des Presbyteriums tragen, erheben sich auf verhältnismäßig hohen Sockeln, während jene im Westen der Kirche auf dem Kirchenboden aufstehen. Daraus wurde gefolgert,

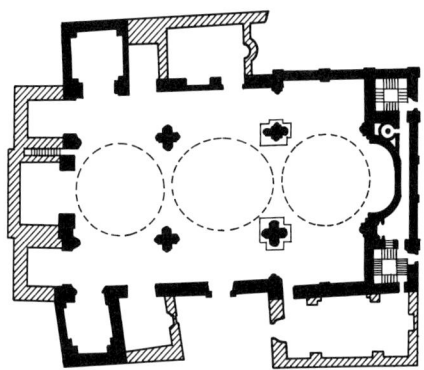

San Corrado: Grundriß

daß die Sockel im Osten der Kirche ursprünglich unter dem Fußbodenniveau lagen und nicht sichtbar sein sollten. Der Niveauunterschied wurde dadurch bedingt, daß unter dem Presbyterium eine Krypta geplant bzw. angelegt war, die aber in Folge des eindringenden Meerwassers nicht ausgeführt bzw. wieder zugeschüttet und das Fußbodenniveau dem übrigen Kirchenschiff angepaßt werden mußte. Daß die mittlere Kuppel oval ist, die beiden übrigen dagegen rund, gehört zu den Eigentümlichkeiten der meisten Dreikuppelkirchen Apuliens. Kleine Fenster beleuchten diese Kuppeln, während das übrige Kirchenschiff verhältnismäßig dunkel bleibt. Die mittlere Kuppel ist über Trompen, die beiden anderen sind über Pendentifs ausgeführt. Von außen ist ihre unterschiedliche Höhe erkennbar. Über der einen befindet sich ein quadratischer, über den beiden anderen ein oktogonaler Aufbau.

Santo Stefano (Piazza Mazzini): Die kleine Kirche wurde im 13. Jh. errichtet und 1586 umgebaut. Sehenswert sind im Inneren zwei Gemälde des wichtigsten Malers Molfettas, *Corrado Giaquinto* (1703–1765), mit Darstellungen der Madonna mit Kind und Tobias mit dem Engel.

Kathedrale Santa Maria Assunta (Corso Dante): Die Kirche wurde im 17. Jh. errichtet. Die großartige Barockfassade öffnet sich mit einer Arkade, in der die Statue des Ignatius von Loyola steht. Bis 1773, dem Jahr, da Papst Clemens XIV. in Folge des bourbonischen Drucks den Orden der Gesellschaft Jesu auflöste, unterstand die Kirche den Jesuiten. 1785 wurde sie zur Kathedrale erhoben. – Im Inneren sind erwähnenswert die Darstellung der Assunta von Corrado Giaquinto (1703–1765) im rechten Querschiff. In der Sakristei ein Holzkruzifix aus dem Duomo Vecchio (ca. 1470) und eine Silberstatue des hl. Corrado, dem Stadtheiligen Molfettas, aus einer neapolitanischen Goldschmiede-Werkstatt des 17. Jh.

Madonna dei Martiri

Vom Corso Dante aus folgt man der Via S. Domenico, Via S. Carlo und Via Madonna dei Martiri bzw. der Staatsstraße in Richtung Bisceglie. Nach ca. 1 km liegt auf der rechten Seite in unmittelbarer Nähe des Strandes die kleine Kirche.

Die Kirche Madonna dei Martiri wurde 1162 neben einem ehemaligen Krankenhaus der Kreuzfahrer gegründet. Von dem ursprünglichen Bau sind noch zwei Kuppeln, der Altar, Teile des Querschiffes und der Apsiden erhalten. Die übrigen Bauteile stammen von 1858. Über dem Hauptaltar ist eine *Ikone* mit der Madonna dei Martiri zu sehen. Der Überlieferung nach soll sie 1188 von Konstantinopel hierher gebracht worden sein. Sie wurde im 16. Jh. stark überarbeitet; wahrscheinlich handelt es sich sogar um die Nachahmung eines älteren Originals. Im linken Querschiff eine *Rosenkranzmadonna* von M. Damaszeno (1574).

Rechts neben der Kirche sind noch *Reste des ehemaligen Krankenhauses* (1095) erhalten. Es gehörte zu einer Reihe anderer Lazarette der näheren Umgebung Molfettas, die verwundete Kreuzfahrer nach ihrer Rückkehr aus Palästina aufnahmen. Sie waren meist Klöstern oder den Häusern der Ritterorden angeschlossen; von ihnen sind aber kaum mehr als die Namen erhalten.

Pulo di Molfetta   Nr. 14

Man verläßt Molfetta vom Corso Dante aus über den Corso Umberto I., die Via G. Galilei, Via Vito Fornari und Via Poggioreale in westlicher Richtung, unterquert die Eisenbahn und folgt der Straße in Richtung Ruvo. Nach ca. 2 km erreicht man die Grotten. Die tiefer gelegenen stammen aus vorneolithischer Zeit, in den höher gelegenen Höhlen sind die Spuren einer neolithischen Besiedlung und eine Nekropole zu erkennen. Die archäologischen Funde, meist Keramikware, werden im Archäologischen Museum in Bari aufbewahrt (Nr. 13).

15 Bisceglie

Geschichte: Bisceglie hieß im Mittelalter wahrscheinlich einmal *viscile* oder *vigiliae* und wurde 1042 erstmals erwähnt, als die Einwohner dem Angriff des Normannen Robert Guiscard unterlagen. 1060 wird Bisceglie von Pietro Graf von Trani, der die Stadt von Robert Guiscard erhalten hatte, befestigt. 1063 richtet Papst Alexander II. eine Diözese ein. Unter der Herrschaft des Hauses Anjou gelangt Bisceglie Dank seines Hafens und durch maritime Handelsbeziehungen zu Reichtum. Im 14. Jh. gehört sie zum Besitz der del Balzo, Ende des 15. Jh. zu dem des Hauses Aragon, die 1490 Bisceglie mit einer heute noch sichtbaren neuen Stadtmauer umgeben. Das ca. 45 000 Einwohner zählende Bisceglie ist heute ein landwirtschaftliches Zentrum mit einem kleinen Hafen, das als Seebad durch eine Reihe interessanter mittelalterlicher Denkmäler und in der Nähe gelegener vorgeschichtlicher Dolmengräber touristischen Ruf genießt.

Castello: Von dem seit dem 16. Jh. verfallenen Kastell sind nur noch drei Türme erhalten. Sie stammen noch aus der Zeit des Normannen Pietro Graf von Trani, der die Anlage 1060 zur Befestigung der Stadt errichtete. Dennoch machen die Überreste des Kastells deutlich, welche strategisch bedeutende Rolle Bisceglie für die Normannen eingenommen haben muß, nachdem Robert Guiscard 1056 Herzog von Apulien geworden war und in den folgenden Jahren zusammen mit seinem Bruder Roger im Kampf gegen Byzanz Süditalien eroberte.

Santa Margherita

Lage: Via S. Margherita. Schlüssel auf der Polizeistation (Polizia Urbana) an der Piazza S. Margherita di Savoia.

S. Margherita ist eine kleine, gut erhaltene Kuppelkirche mit Apsis aus der Zeit apulischer Romanik. Mit dem rechteckigen Grundriß über dem sich die über Trompen aufgeführte Mittelkuppel erhebt, gehört sie zu den wenigen *Einkuppelkirchen* in Apulien. Sie wurde 1197 im Auftrag Falcos, dem Sohn eines kaiserlichen Richters unter Heinrich IV., errichtet und sollte als Begräbnisstätte der Familie Falcone dienen.

Links neben der Kirche die *Grabmäler der Familie Falcone:* Das älteste ist das Grabmal von Basilius und Mauro Falcone. Es besteht aus dem Sarkophag mit einem auf der Tomba ruhenden Ritter; darüber Reste eines Baldachins. Daneben das aufwendige Grabmal des Riccardo Falcone, das in der ersten Hälfte des 13. Jh. von Pietro Facitolo aus Bari geschaffen wurde. Im Hintergrund steht das Grabmal der Kinder der Familie Falcone. Es gehörte möglicherweise zu einem größeren und heute nicht mehr erhaltenen Grabmal; 1276 signiert und datiert von Anseramo da Trani.

Sant'Adoeno (L'Arco S. Adoeno): Die Kirche ist ein Beispiel der frühen Romanik Apuliens. Sie wurde 1074 im Auftrag von Bartolomeus, von dem nicht mehr als sein Name und sein Grabmal rechts neben dem Portal bekannt sind, errichtet. Über dem Rosettenfenster der Fassade steht die Statue des hl. Adoenus Dado. Der Heilige, der im 7. Jh. Bischof von Rouen war, galt als Schutzpatron normannischer Ritter. Es ist deshalb anzunehmen, daß die Kirchen von Normannen gestiftet wurde, nachdem diese wenige Jahre vorher ihren Siegeszug durch Apulien angetreten hatten. Die Kirche wurde im 14. und 17. Jh. verändert. In dem barockisierten Innern ist noch ein Taufbecken aus dem 12. Jh. zu sehen, dessen Rand mit Reliefs geschmückt ist, die eine Darstellung Christi und die Symbole der vier Evangelisten zeigen.

Kathedrale SS. Pietro e Paolo

Der 1073 von Pietro Graf von Trani gegründete Bau muß im 13. Jh. eine Reihe von grundlegenden Veränderungen erfahren haben. Anders ist nicht zu erklären, daß 1295 eine neue Weihe der Kirche stattfand. Das Portal der Fassade des 13. Jh. wird durch einen Baldachin über Säulen ausgezeichnet. Der Ostteil der Kirche dürfte auf ähnliche Weise angelegt worden sein wie derjenige des Alten Doms in Molfetta. Allerdings wurde zunächst nur ein Turm aufgeführt, der 1700 bei einem Erdbeben einstürzte. Der andere Turm, der bisher nur im Ansatz vorhanden war, wurde beim anschließenden Wiederaufbau im 18. Jh. ausgeführt. Restaurierungsarbeiten (1962–1975) haben das Innere des Baus von den Barockisierungen des späten 18. Jh. befreit. Dadurch wird eine ursprünglich dreischiffige Emporenbasilika mit einer Apsis erkennbar, die bei den Umbauten des 13. Jh. eine Einwölbung des Querhauses und eine Überhöhung der Vierung mit einer Kuppel erfahren hat.

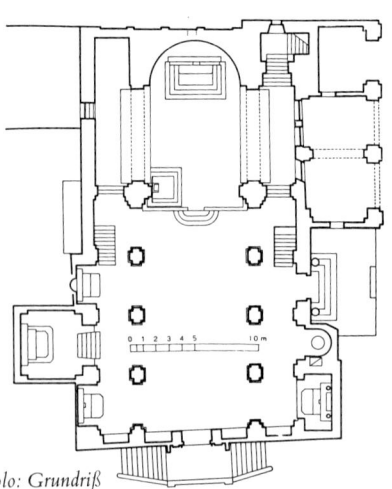

SS. Pietro e Paolo: Grundriß

Museo Civico Archeologico (*Städtisches Archäologisches Museum;* Via Monte S. Michele): Das Museum birgt eine Fülle interessanter Funde aus dem Paläolithikum und Neolithikum sowie aus der Bronze- und Eisenzeit. Hier werden auch Funde aus der Grotta di S. Croce aufbewahrt, deren Datierung bis 40 000 v. Chr. zurückreicht. *Geöffnet:* 9–12 und 16–18 Uhr.

Lage: Man folgt etwa 4 km der Straße nach Corato und biegt dann in südlicher Richtung auf eine kleine Straße nach Chianca ab, das man nach ca. 1 km erreicht.

Der Dolmen in Chianca ist eine typische Grabanlage der in Europa weit verbreiteten Megalithkultur, die vor allem während der frühen Bronzezeit durch die Verwendung großer, unbehauener, selten auch grob bearbeiteter Steine gekennzeichnet ist. Das Charakteristikum dieser Megalithgräber besteht in einer Konstruktion aus mehreren Trag- und Decksteinen, die meist von einem Erdhügel überwölbt sind. In der Geschichte der europäischen Gräberkulturen bilden diese Megalithgräber die ersten künstlich angelegten Gräber, die natürliche Grotten- oder Höhlengräber abgelöst haben. Der Dolmen in Chianca ist, wie bei Gräbern dieser Art üblich, geostet, d. h. dem Sonnenaufgang und der erwarteten Wiederkehr des Lebens zugewendet. Das Grab, das 1909 entdeckt wurde, ist ca. 1,80 m hoch und von einer Steinplatte von 3,85 × 2,40 m bedeckt. Vor dem Grab sieht man einen aus Steinplatten errichteten ca. 7,60 m langen kleinen Gang, der ursprünglich verdeckt war und als geheimer Zugang benutzt wurde (dromos). Im Inneren fand man mehrere Grabstellen. Die Toten waren alle in kauernder Stellung in diesem Familiengrab beigesetzt (vgl. Abb. S. 18).

16   Trani

Geschichte: Die Gründung der Stadt soll der Überlieferung nach auf *Tireno,* einen Sohn des Diomedes zurückgehen. Wenn diese Nachricht auch in das Reich der Legenden gehört, so erklärt sie doch den im 3. und 4. Jh. n. Chr. für die Stadt gebräuchlichen Namen *Tirenum* oder *Turenum.* Im 9. Jh. war Trani kurzzeitig in langobardischem Besitz. Während der byzantinischen Herrschaft gelangte Trani durch seinen natürlichen Hafen, der den Handel mit den Ländern und Städten im östlichen Mittelmeer ermöglichte, zu Reichtum und Bedeutung. Dem diplomatischen Geschick der Bürger verdankt die Stadt, daß sie nach der normannischen Eroberung weitgehend ihre Autonomie behielt. Kaufleute und Reeder wußten sowohl aus dem Krieg mit den normannischen Eindringlingen (1042–1073) als auch später aus den Kreuzzügen unter der normannischen Herrschaft Gewinn zu ziehen. 1063 wurde in Trani die ›Ordinamenta Maris‹, das älteste mittelalterliche Seerecht erlassen. Die Stadt, deren Bedeutung und Reichtum unter Friedrich II. weiter zunahm, rivalisierte im 13. Jh. mit Bari um die maritime und kirchliche Vorherrschaft an der adriatischen Küste Süditaliens; im Norden herrschte Venedig. In dieser Zeit entstanden die Befestigung des Hafens und das Krankenhaus des Templerordens. Unter der Herrschaft der Anjou verlor Trani an Bedeutung. Erst im 15. Jh. gelang wieder ein wirtschaftlicher Aufschwung, obwohl die Stadt gleichzeitig unter der Auseinandersetzung zwischen den Häusern Anjou und Aragon zu leiden hatte. Ferdinand II. von Aragon überließ Trani 1496 den Venezianern als Pfand, das diese bis 1509 und dann noch einmal 1529 beanspruchten. Unter spanischer Herrschaft verlor Trani zunehmend an mariti-

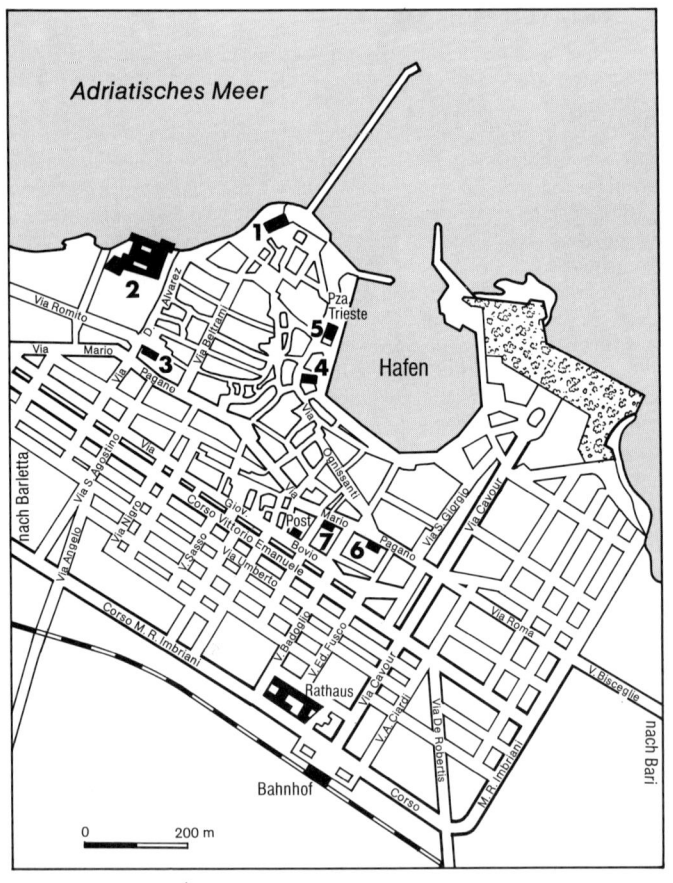

Trani: Orientierungsplan

mer Bedeutung. Spanische Seefahrer hatten andere Kontinente und andere
Seewege gefunden, die einer wirtschaftlichen Expansion förderlicher waren.
Anfang des 17. Jh. gründete Philipp III. in Trani eine Universität für Rechts-
und Geisteswissenschaften. Im Zuge der neapolitanischen Eroberung in
Italien widersetzten sich 1779 die Bürger Tranis dem französischen General
Broussier, der am 1. April die Stadt brandschatzte. Die französische Besatzung,
die sich daraufhin in Trani niederließ, sah sich später veranlaßt, ihre Verwaltung in das franzosenfreundliche Bari (Nr. 13) zu verlegen. Trani ist ein typisches Beispiel für eine im Mittelalter weitgehend unabhängig gebliebene,
wohlhabende und bedeutende Hafenstadt, was sich heute noch in einer Reihe
historisch bedeutender Kunstdenkmäler ausdrückt.

Kathedrale San Nicola il Pellegrino (1)

Geschichte: Die Baugeschichte der 1097 begonnenen Kathedrale reicht mit Nachrichten über einen Vorgängerbau S. Maria bis in die 2. Hälfte des 7. Jh. zurück und ist im einzelnen noch nicht eindeutig geklärt. Der Vorgängerbau S. Maria, in dem die Reliquien des hl. Leucio, des 1. Bischofs von Brindisi, beigesetzt waren, wurden wahrscheinlich zu der Krypta eines Neubaus, von dem seit der 1. Hälfte des 9. Jh. unter dem Namen Episcopio bzw. S. Maria della Scala berichtet wird. Genaue Daten über Größe und Aussehen sind auch hier nicht bekannt; es ist aber anzunehmen, daß der Bau 1097 in die Unterkirche der heutigen Kathedrale S. Nicola il Pellegrino integriert wurde.

Der Anlaß für den Neubau der Kathedrale ist in engstem Zusammenhang mit der Errichtung von San Nicola in Bari (Baubeginn 1087) zu sehen: Im Mai 1094 war ein aus dem griechischen Livadia stammender Pilger Namens Nicola vor der Kirche S. Maria in Trani zusammengebrochen und wenig später gestorben. Und da es am Grab des von der Bevölkerung Tranis schon zu Lebzeiten als heiligverdächtig respektierten Pilgers bald zu Wunderwirkungen kam, nutzte Bischof Bisantius die Gelegenheit, ein Konkurrenzunternehmen zu der damals ruhmvollen Wallfahrtsstätte gleichen Namens in Bari zu starten. Und nachdem dann 1096 der griechische Pilger Nicolo von Papst Urban II. heiliggesprochen worden war, konnte das ergeizige Unternehmen der Kathedrale San Nicola il Pellegrino schon 1097 begonnen werden. Mitte des 13. Jh. fertiggestellt, dürfte der Bau zwischen 1159 und 1186 während der Amtszeit des Bischofs Bertrand II. seine entscheidende Ausprägung erfahren haben. Die Kathedrale zählt zu den wichtigsten Kirchenbauten Apuliens.

Fassade und Nordostseite

Gemessen an S. Nicola in Bari (Nr. 13.1) zeigt die Kathedrale in Trani eine Reihe von Eigentümlichkeiten: Die Ostseite des Querhauses wird durch drei Apsiden bestimmt, die nördlichen und südlichen Langhausseiten durch schmalere, höher hinaufreichende und deshalb elegantere Arkadenbögen. Neuartig ist auch das als oberer Abschluß um das ganze Querhaus verlaufende, weit vorkragende Konsolgesims. Die doppelläufige Treppenanlage der einfach gegliederten Fassade wurde erforderlich, da die Kirche über dem Vorgängerbau S. Maria, der Teile einer Unterkirche bildet, errichtet wurde.

Die über die ganze Breite der einfach gegliederten Fassade angebrachten skulptierten Arkaden sollten die Rückwand einer Vorhalle bilden; die Basen auf der Brüstungsmauer des Treppenpodestes und die Deckplatten der Anfallbogen am rechten und linken Rand der Fassade und rechts und links des Portals lassen darauf schließen; auch ist überliefert, daß Erzbischof G. Davanzati 1719 eine Vorhalle abbrechen ließ. Das *Portal* zählt zu den wenigen Beispielen, die in Apulien ohne Architrav und Tympanon ausgeführt wurden; es ist mit pflanzlichen und figürlichen Darstellungen geschmückt. Stilistisch stehen die Darstellungen denjenigen der Apsisfenster am Dom in Bari (Nr. 13) nahe.

Die zweiflügeligen *Bronzetüren* mit Reliefdarstellungen zum Neuen Testament, mit Aposteln, Heiligen und symbolischen Darstellungen wurden 1180/90 von *Barisanus von Trani* geschaffen und zeigen Ähnlichkeit mit den ebenfalls von ihm gegossenen Portalen in Ravello (1179) sowie denen am nördlichen Seitenschiff in Monreale (1185/89). Die Türen bilden in Form, Inhalt und Technik eine interessante Kombination byzantinischer und abendländisch-romanischer Ele-

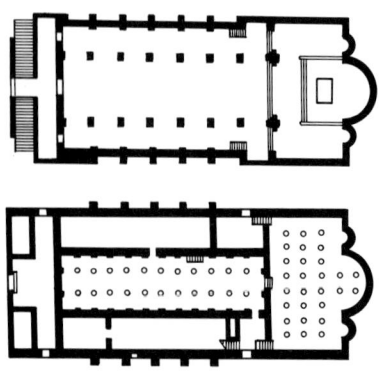

Kathedrale: Grundriß der Ober- und Unterkirche

mente. Als Vorbild haben byzantinische Elfenbeinschnitzereien und Goldschmiedekunst gewirkt; das Streben nach Körperhaftigkeit der dargestellten Figuren ist durch Bonanus von Pisa am Ostportal des Domes in Pisa (um 1180) und am Westportal des Domes in Monreale (1185) bekannt.

Bemerkenswert ist auch der freistehende *Campanile*, der im unteren Geschoß die Inschrift ›Nicolaus sacerdos et protomagister‹ trägt und in der Mitte des 13. Jh. begonnen sein dürfte. Das 3. und 4. Geschoß entstanden zu Beginn des 14. Jh., der obere Abschluß wird 1353–1365 datiert.

Das Innere

Das Innere der Kathedrale bildet über dem Grundriß des lateinischen Kreuzes eine zweigeschossige Emporenbasilika mit kaum ausgeschiedenem Querhaus. Die Arkaden ruhen eigentümlicherweise auf Doppelsäulen. Das Ziborium wurde 1960 aus Fragmenten rekonstruiert (vgl. Abb. S. 88).

Im Osten der Seitenschiffe befinden sich die Zugänge in die weite und lichte Halle der *Krypta*. Unter dem Altar der Mittelapsis ruhen in einem silbernen Schrein die Gebeine des Pilgers Nikolaus. In der Kryptawestwand befindet sich der Zugang zur *Unterkirche*, die Teil des ehemaligen Vorgängerbaus S. Maria della Scala ist.

Castello (2): In unmittelbarer Nachbarschaft der Kathedrale und in vergleichbarer einzigartiger Lage am Ufer des adriatischen Meeres erbaut, repräsentiert das Kastell die weltliche Macht des mittelalterlichen Trani. 1233 unter Friedrich II. begonnen war der Bau bis 1249 ausgeführt. 1258 fand in dem Kastell die Hochzeit Manfreds mit Fürstin Helena von Epirus statt. 1265 wurden Stadt und Kastell von Karl I. von Anjou erobert. Im 15. und 16. Jh. folgten einige geringfügige Umbauten. Das Kastell wird heute als Gefängnis benutzt. Deshalb sind noch keine genaueren Untersuchungsergebnisse über eines der neben Castel del Monte (Nr. 22) verhältnismäßig unverändert erhaltenen staufischen Kastelle bekannt.

San Giacomo (3; Via Diego Alvarez): Die Kirche war ursprünglich eine der nicht unbedeutenden mittelalterlichen Bauten Tranis. Nach der Barockisierung des Innenraumes (1647) und nachdem die Kirche mehr und mehr in den sie umgebenden Häuserkomplex integriert wurde, ist diese Bedeutung nur noch an der Gestaltung des Portals und einem seitlichen, reich dekorierten Fenster spürbar. 1943 wurde das Grab von S. Nicola il Pellegrino in die Krypta der Kirche S. Giacomo überführt.

Trani: Langhaus der Kathedrale

Chiesa d'Ognissanti (4)

Lage: Via Ognissanti.

Die kleine romanische Kirche wurde um die Mitte des 12. Jh. im Hof eines Krankenhauses des Templerordens erbaut. Als der Orden 1312 aufgelöst wurde, erfuhr der gesamte Baukomplex eine Reihe von Veränderungen, die so tiefgreifend waren, daß nur noch die Kirche übrigblieb. Die Fassade gehört zu den ganz wenigen Beispielen in Apulien, bei der eine *doppelschiffige Vorhalle* erhalten ist. Die beiden als Wandvorlagen dienenden Halbsäulen rechts und links des Hauptportals tragen figurierte Kapitelle. Das mittlere der drei Portale, höher als die beiden seitlichen, wird von einer mit phantastischen Motiven reich skulptierten Rahmung umgeben. Im Tympanon sind zwei Reliefs mit Darstellungen der Verkündigung eingelassen.

Der Ostteil der Kirche erinnert mit den drei Apsiden an S. Nicola il Pellegrino. Die mittlere Apsis wird durch ein reich geschmücktes Fenster geziert. Der östliche Abschluß war ursprünglich wohl als Doppelturmanlage geplant. Der *Innenraum*, vor längerer Zeit schon durch Restaurierungsarbeiten von späteren Hinzufügungen befreit, bildet eine dreischiffige Anlage. Das hohe und verhältnismäßig schmale Mittelschiff mit Obergaden wird durch Bogenarkaden von den kreuzgratgewölbten Seitenschiffen geschieden und durch einen offenen Dachstuhl abgeschlossen.

Palazzo Caccetta (5; Piazza Sedile S. Marco, Nr. 5): Der Bau wurde 1458 im Auftrag von Simone Caccetta, einem Kaufmann und einflußreichen Bürger erbaut. 1496–1509 war er Sitz der venezianischen Regierung in Trani. Später diente er als Bischofspalast, bevor er seine heutige Funktion als Schule übernahm. Der Palazzo ist ein bemerkenswertes Beispiel spätgotischer, bürgerlicher Architektur in Trani.

San Francesco (6)

Lage: Piazza della Libertà.

Die Kirche gehört neben San Corrado in Molfetta (Nr. 14), Ognissanti in Valenzano (Nr. 27) und San Benedetto in Conversano (Nr. 28) zu den *bemerkenswertesten Dreikuppelkirchen Apuliens*. Sie wurde 1176 von Benediktinern gegründet und dem Kloster Cava dei Tirreni in Salerno unterstellt. 1184 wurde sie der Santissima Trinità, der Hl. Dreifaltigkeit, geweiht. Erst im 16. Jh., nachdem die Kirche in den Besitz der Franziskaner gekommen war, wurde sie nach dem Gründer dieses Ordens benannt. An der einfachen Fassade ist zu erkennen, daß im Laufe der Bauzeit verschiedene Änderungen vorgenommen wurden. Die Wölbungsansätze über den Pilastern der Fassade weisen darauf hin, daß auch für diesen Bau, ähnlich wie an der um die Mitte des 12. Jh. entstandenen Allerheiligenkirche, eine

Vorhalle geplant war. Der rechteckige Chorabschluß ist ebenfalls zu diesen Veränderungen zu zählen. Sicherlich war auch für S. Francesco ähnlich wie bei den vergleichbaren Kirchen in Valenzano (Nr. 27) und Conversano (Nr. 28) eine Ostapsis vorgesehen.

Sant'Andrea (7; Via Mario Pagano): In unmittelbarer Nachbarschaft von S. Francesco liegt die kleine, ebenfalls sehenswerte Kirche S. Andrea. Der quadratische Bau wurde im 11./12. Jh. als *Kreuzkuppelkirche* errichtet, wobei die Kuppel außen von einem rechteckigen Tambour mit pyramidaler Bedachung umgeben wird. Die Chorpartie des Kirchleins wird im Innern durch drei Apsiden bestimmt.

Benediktinerabtei Santa Maria di Colonna   Nr. 16

Lage: Man folgt etwa 2 km der Straße nach Bari und biegt dann in Richtung der Halbinsel Capo Colonna ab.

Die Abtei wurde 1098 von den Benediktinern gegründet, nachdem diese in Folge des Neubaus von S. Nicola il Pellegrino (1097) ihre Kirche S. Maria aufgeben mußten. 1427 wurde die Abtei von den Franziskanern übernommen, in deren Besitz sie bis 1867 blieb. Die Anlage hat verschiedene Umbauten erfahren. Die Fassade der dreischiffigen Kirche wird durch ein Portal mit reich verzierten Archivolten und einer Fensterrose ausgezeichnet.

17   Barletta · Canne della Battaglia

Geschichte: Seine erste Erwähnung findet Barletta unter dem Namen *Barduli* oder *Baruli* in römischer Zeit, während Grabfunde auf eine Besiedlung im 4./3. Jh. v. Chr. schließen lassen. In der Zeit langobardischer Invasionen (584/90) war Barletta Zuflucht vieler Flüchtlinge aus der Gegend um Canosa. Obwohl die Stadt bereits unter normannischer und staufischer Herrschaft zunehmend an Bedeutung gewonnen hatte, erlebte sie ihre glanzvollste Zeit erst im 14. und 15. Jh. unter der Herrschaft des Hauses Anjou: 1330 wurde Barletta Bischofssitz (bis 1818), während der Hafen und die Handelsflotte der Stadt zu den wichtigsten im Königreich der Anjou gehörten. Anfang des 16. Jh. war die Stadt im Krieg zwischen Franz I. und Karl V. wiederholt Austragungsort kriegerischer Auseinandersetzungen und wechselte ebenso oft den Herrscher. Im 17./18. Jh. überlassen Pest (1656/57) und Erdbeben (1689 und 1731) die Stadt endgültig der Bedeutungslosigkeit. Erst nach der Einigung Italiens (1861) erlebte Barletta wieder einen wirtschaftlichen und sozialen Aufschwung und bildet gegenwärtig mit etwa 75 000 Einwohnern ein industriell und landwirtschaftlich regional bedeutendes Zentrum.

Dom Santa Maria Maggiore (1)

Der Bau wurde um 1140 von Samiacca und seinem Sohn Luca di Barletta begonnen und konnte 1267 geweiht werden. Seit 1307 fand eine Erweiterung des Baus nach Osten statt.
Die durch Lisenen gegliederte *Fassade* wird im oberen Teil durch Rosette und Fenster beherrscht. Das Hauptportal wurde im 15. Jh. umgestaltet.

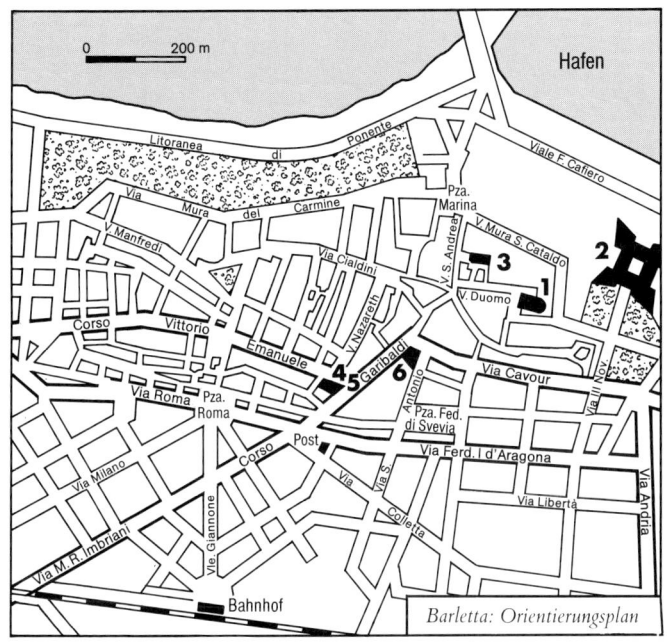

Barletta: Orientierungsplan

Der unorganische Eindruck, den das *Innere* der Kirche hinterläßt, ist in den Erweiterungen des 14. Jh. begründet. Der älteste, um 1140 begonnene Teil umfaßt die vier westlichen Langhausjoche und die drei Apsiden der Krypta, die vor einigen Jahren als ehemals östlicher Abschluß dieses Langhauses freigelegt wurden. Anfang des 14. Jh. wurde der Ostchor abgebrochen und das Langhaus um zwei Joche erweitert; Ende des 14. Jh. folgte eine nochmalige Verlängerung um zwei Joche und dem einem Umgangschor ähnlichen östlichen Abschluß. Das kurze Langhaus zeichnet sich als steiles, über vier Säulenarkaden mit Scheinemporen und verhältnismäßig tief herabgezogenen Obergadenfenstern errichtetes Mittelschiff aus. Der östliche Anbau des 14. Jh. bildet dagegen als zweigeschossiger, kreuzrippengewölbter, niedrigerer Teil einen starken Kontrast.

Das *Ziborium* über dem Hauptaltar ist wie das Vorbild in S. Nicola in Bari (Nr. 13.1) das einzige, das in den wesentlichen Teilen noch aus der 2. Hälfte des 13. Jh. stammt. Es war im 17. Jh. von seinem ursprünglichen Standort entfernt und erst 1844 wieder aufgestellt worden. Die Inschrift auf dem Architrav verweist auf den Stifter Alexander.

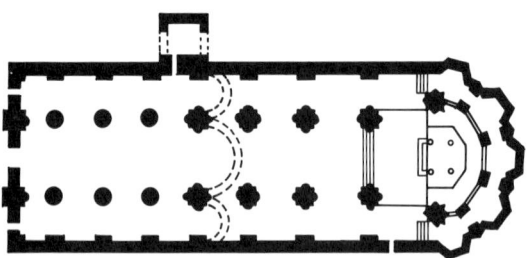

Barletta: Kathedrale und Grundriß

Der *Ambo* wurde im 18. Jh. an den heutigen Aufstellungsort verbracht und hat dabei seine ursprüngliche Form (sechseckiger Kanzelkasten über sechs antiken Säulen) eingebüßt.

Im rechten Seitenschiff sind an der Treppe zum Chorumgang Fragmente mit Reliefs der Darstellung des Einzugs in Jerusalem und des letzten Abendmahls erhalten. Sie stammen von dem ursprünglichen Portal der Fassade.

In der mittleren der fünf Chorkapellen ist die 1387 von P. Serafini doppelseitig bemalte Tafel mit der Darstellung der Madonna mit dem Kind und des Erlösers aufbewahrt. Seit Anfang des 16. Jh. heißt diese Tafel ›Madonna della Disfida‹ und erinnert an ein Ereignis, das während des Krieges zwischen Franz I. und Karl V. um die Vorherrschaft in Italien stattfand: Der französische Befehlshaber La Motte war von den Spaniern gefangen genommen worden und provozierte die Sieger mit der Feststellung, daß die italienischen Soldaten feige seien. Die mit den Spaniern alliierten Italiener nahmen diese Bemerkung als Herausforderung (disfida) an und vereinbarten ein etwas ungewöhnliches Duell. Am 13. Februar 1503 traten sich 13 Italiener unter der Führung von E. Fieramosca und 13 Franzosen unter der Führung La Mottes gegenüber. Die Herausforderung endete mit der Niederlage der Franzosen, die anschließend als Gefangene nach Barletta gebracht wurden, wo der Domklerus einen triumphalen Einzug organisiert hatte, an dessen Spitze man die Bildtafel trug, die seitdem diesen Namen trägt.

Castello (2): Über den Resten einer ehemals normannischen Festung begonnen, bildete das Kastell in staufischer Zeit eine Vierflügelanlage. Karl I. von Anjou ließ die Anlage 1282/91 von Pierre d'Angicourt erweitern; die Eckbastionen entstanden 1532/37 im Auftrag Karls V.
Auf dem Vorplatz des Kastells hat am 1. Mai 1228 wahrscheinlich jener Hoftag stattgefunden, auf dem Friedrich II. den kirchlichen und weltlichen Würdenträgern seines Königreiches sein politisches Testament verkünden ließ. Es sollte Gültigkeit erhalten, wenn er von dem 5. Kreuzzug nicht zurückkehre, der soeben auf Drängen Papst Gregors IX. von ihm vorbereitet wurde und das bei seiner Kaiserkrönung (1220) in Rom gegebene Versprechen, das Heilige Grab zu ›befreien‹, einlösen sollte.

Sant'Andrea (3; Via S. Andrea): Die Kirche wurde im 12. Jh. über einem dem hl. Petrus geweihten Vorgängerbau aus dem 6. Jh. errichtet. Portal und Vorbau entstanden um die Wende zum 14. Jh. Die *Deesis-Darstellung* mit Christus als thronendem Weltenrichter, Maria, Johannes d. T. und zwei flankierenden Engeln ist in den Tympana abendländischer Kirchen selten zu finden und verweist auf byzantinische Vorbilder. Als Künstler ist inschriftlich *Simeon von Ragusa* genannt. Auf dem Portalgewände sind Darstellungen der thronenden Muttergottes, des Sündenfalls mit Vertreibung aus dem Paradies, des segnenden Christus und eines Tierkampfes zu sehen.

San Sepolcro (4)

Lage: Corso Vittorio Emanuele/Corso Garibaldi.

Die ursprüngliche romanische Kirche wurde im Zuge der Stadterweiterung (1162) unter französischem Einfluß im 13. Jh. umgebaut.

Ein Vorgängerbau, der 1061 erwähnt wird, lag noch außerhalb der damaligen Stadtbegrenzung. 1138 war die Kirche im Besitz der Kanoniker vom Heiligen Grab.

Die der Straße zugewandte Langhauswand ist entgegen der sonst in Apulien an den Nachfolgebauten S. Nicolas in Bari (Nr. 13.1) üblichen Arkadennischen durch vorgeblendete Spitzbogen gegliedert und indiziert damit die Umbildung traditioneller lokaler Bauformen mit französischen Elementen. Als entscheidende Neuerung ist jedoch in S. Sepolcro erstmals in Apulien eine konsequente Anwendung eines Wölbungssystems mit Kreuzrippen zu beobachten. Hinter der ursprünglich geplanten Zweiturmfassade mit Vorhalle schließt sich im Inneren eine Empore an, in der sich eine dreijochige Kapelle befindet, die mit vier Arkaden gegen das Mittelschiff geöffnet ist. Die mittlere, fünfte, bildet eine geschlossene Altarnische. Die dort angebrachten *Fresken* stammen vom Anfang des 14. Jh. Das querrechteckige Mitteljoch des kaum ausgeschiedenen Querhauses mit anschließendem Staffelchor war ursprünglich von einem Vierungsturm bekrönt, der nach dem Einsturz in Folge des Erdbebens von 1731 mit einer Kuppel überdacht wurde und im Inneren mit Trompen und eingestellten Säulchen eine achteckige Form erhielt.

Der Koloß von Barletta

Der Koloß von Barletta (5)

Lage: Vor der nördlichen Langhauswand von S. Sepolcro.

Bei dem sog. Koloß von Barletta handelt es sich um eine *monumentale spätantike Bronzestatue*, die im 5. Jh. in Byzanz entstanden ist und das Bildnis eines oströmischen Kaisers zeigt. Die Statue ist mit zwei Tuniken, einem mit Schärpen gegürteten Panzer und einer Chlamys bekleidet dargestellt. In der Rechten hielt die Statue ursprünglich Lanze oder Zepter. Den Kopf kränzt ein Juwelendiadem. Welcher oströmische Kaiser dargestellt ist, bleibt umstritten. Nach Vergleichen mit Darstellungen auf Münzen und Konsulardiptychen scheint jedoch wahrscheinlich, daß es sich wohl um Kaiser Marcianus (450–457) und weniger um die Kaiser Anastasius (491–518) oder Valentianus I. (364–375) handelt.
Die Statue, die ursprünglich für Venedig bestimmt war, gelangte nach dem Fall Konstantinopels im Anschluß an den 5. Kreuzzug auf venezianischen Schiffen, die vor der Küste Apuliens vor einem Sturm Schutz suchen mußten, nach Barletta. 1309 erlaubte Karl II. von Anjou den Dominikanern von Manfredonia, Arme und Beine der Statue zum Guß einer Glocke einzuschmelzen. Später hat man Arme und Beine dann wieder ergänzt und die Statue 1491 an ihrem heutigen Standort aufgestellt.

Museo Civico *(Städtisches Museum)* **(6)**

Lage: Via Cavour Nr. 8.

Das Museum, in einem Palazzo des 16. Jh. untergebracht, der ehemals als Dominikanerkonvent diente, ist insbesondere wegen der dort aufbewahrten sog. Büste von Barletta und einer Darstellung Christi mit Aposteln von Bedeutung. Daß es sich bei der sog. *Büste von Barletta* um ein Altersbildnis Friedrichs II. handeln könnte, ist mittlerweile zu widerlegen. Die Büste stellt wahrscheinlich ein im 2. Viertel des 13. Jh. entstandenes Kaiserbildnis dar, dessen stilistische Voraussetzungen nicht in Süditalien, sondern in Frankreich zu suchen sind (Reims West). Sockelplatte und Inschrift stammen aus dem 15. Jh.
Die Marmorplatte mit der Darstellung Christi und Aposteln (4. Jh.) bildet eines der wenigen erhaltenen Beispiele frühchristlicher Kunst in Apulien.
Im übrigen werden in dem Museum archäologische Funde der Umgebung Barlettas und neapolitanische Gemälde des 17./18. Jh. (L. Giordano, F. Solimena u. a.) aufbewahrt.

Etwa 15 km südwestlich von Barletta an der Straße nach Canosa gelegen.

Die archäologische Zone von Canne ist wohl weniger wegen der vor einigen Jahren ausgegrabenen Reste einer mittelalterlichen Stadt (1085 zerstört) bekannt geworden, sondern vielmehr als eines der blutigsten Schlachtfelder Europas in die Geschichte eingegangen. Das namhafteste Ereignis war sicherlich die sog. *Schlacht bei Cannae*, in der am 2. August 216 v. Chr. die Römer von *Hannibal* vernichtend geschlagen wurden: Nachdem Hannibal 218 v. Chr. Roms Kriegserklärung angenommen hatte, brach er zum 2. Punischen Krieg auf, vertrieb in zwei Schlachten die Römer aus der Poebene und zog jahrelang unbesiegt durch Italien. Erst im Sommer 216 v. Chr. trat ihm in der Ebene von Cannae ein römisches Heer mit 80 000 Mann Fußvolk entgegen. Hannibal war mit etwa 45 000 Infanteristen und 2 700 Kavalleristen zahlenmäßig unterlegen. Dennoch gelang es ihm, den Feind so vernichtend zu schlagen, daß das römische Heer 50 000 Soldaten verlor. Zahllose Knochenfunde die man 1937/38 bei Grabungen auf einer Fläche von einigen Quadratkilometern verstreut fand,

Canne della Battaglia: Orientierungsplan

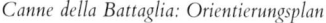

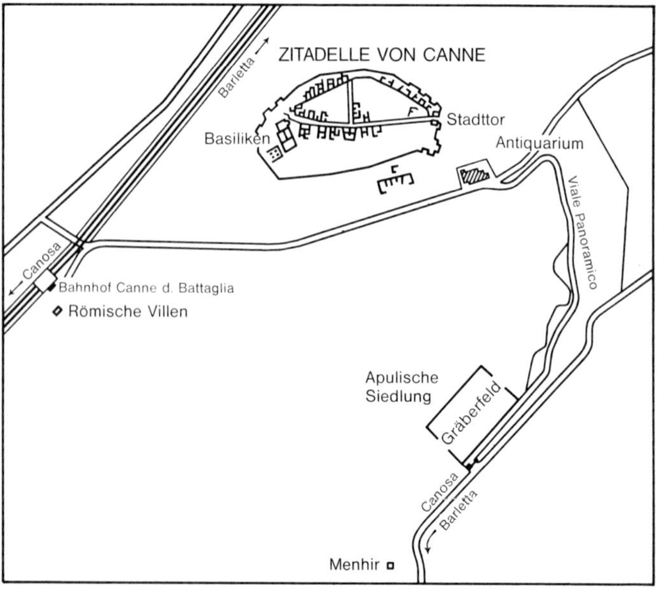

sind neben dem Bericht des Livius die traurigen Zeugen dieses Ereignisses.

Aber auch später noch machte die strategisch offenbar günstige Ebene ihrem zweifelhaften Ruhm Ehre: 89 v.Chr. schlugen römische Truppen bei ihrem Vormarsch nach Süden hier die apulische Bevölkerung dieser Gegend. 841 kämpften Langobarden aus Benevent gegen diejenigen aus Salerno. 871 folgte eine Schlacht zwischen Langobarden und Sarazenen. 1018 schlug Melus von Bari in der Ebene von Canne das Heer der Byzantiner, der 1041 eine erneute Schlacht gegen die Byzantiner folgte.

18 Bitonto

Geschichte: Bitonto ist peuketischen Ursprungs und besaß bereits im 4. Jh. v. Chr. als Handelsplatz große Bedeutung. Münzen mit der Aufschrift *Butontinon* können dies beweisen. Als *Butuntum* oder *Butontum* bildet es in römischer Zeit einen wichtigen Posten an der Via Appia Traiana von Rom nach Bari bzw. Brindisi. 975 wurde Bitonto von dem Katapan Zaccaria zerstört und konnte erst seit dem 11. Jh. unter normannischer und später unter staufischer Herrschaft seine alte Bedeutung wiedererlangen. Seit Anfang des 14. Jh. war die Stadt Sitz verschiedener Feudalherren unter dem Schutz der französischen und spanischen Herrscherhäuser in Neapel. 1734 wurden vor den Toren der Stadt die Österreicher von den Bourbonen geschlagen, was entscheidend zur späteren Vertreibung der Habsburger aus Apulien (1738) beitrug. Gegenwärtig zählt Bitonto mit etwa 45 000 Einwohnern zu den landwirtschaftlichen Zentren der Provinz Bari.

Kathedrale San Valentino

Lage: Piazza Cattedrale.

Die in der 2. Hälfte des 13. Jh. entstandene Kathedrale von Bitonto stellt die Vollendung des mit S. Nicola in Bari (Nr. 13.1) geprägten apulischen Bautyps dar, dessen Charakteristikum ein dreischiffiges, im Mittelschiff ungewölbtes, in den Seitenschiffen meist kreuzgratgewölbtes Langhaus mit Emporengeschoß ist.

Die *Fassade* wird durch Rose, Doppelfenster und das reich geschmückte *Portal* bestimmt. Auf dem Architrav sind dargestellt: Verkündigung, Heimsuchung, Darbringung im Tempel und Anbetung der Könige. Im Tympanon: Befreiung der Väter aus der Vorhölle. Weitere Skulpturen finden sich am östlichen Apsisfenster und an den Kapitellen der südlichen Zwerggalerien.

Das *Innere* der dreischiffigen Basilika über lateinischem Kreuz mit kaum ausgeschiedenem Querhaus und anschließenden Apsiden bildet im Mittelschiff über Arkaden, Emporen und Obergaden dreigeschossige Hochwände. Die Kreuzgratgewölbe der Seitenschiffe stammen aus dem 18. Jh.

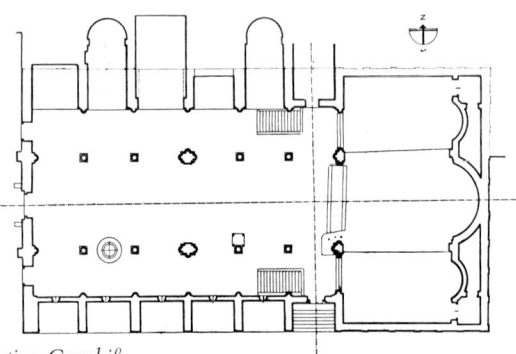

San Valentino: Grundriß

Der *Ambo* am rechten Vierungspfeiler wurde 1229 von NICOLAUS SACERDOS ET MAGISTER geschaffen, der wahrscheinlich mit dem Architekten des Campanile der Kathedrale von Trani (Nr. 16.1) identisch ist. Die Darstellungen von Adler, Mensch, Löwe und Stier symbolisieren die vier Evangelisten.

Die Bedeutung des *Figurenreliefs* an der Rückseite des Treppenaufgangs bleibt umstritten. Vorgeschlagen wurde: Herodes und die Hl. Drei Könige; König Salomo und Königin von Saba; Friedrich II. und Mitglieder seiner Familie bzw. als Zeugnis kaiserlichen Ahnenkultes Friedrich I., Heinrich VI., Friedrich II. und Konrad IV. An der 3. Säule der südlichen Mittelschiffwand ist eine *Kanzel* angebracht, die im 18. Jh. aus Fragmenten (1240) zusammengesetzt wurde. Im linken Seitenschiff befindet sich das Grabmal des Bischofs Carafa (1651), im rechten dasjenige des Bischofs Gallo (1678). In der *Krypta* sind Fresken des 14. Jh. und das Grabmal von Giovanni Francesco Ferrari (1557) erhalten.

Museo Diocesano *(Diözesanmuseum):* Das Museum ist in dem der Kathedrale benachbarten Bischofspalais (Palazzo vescovile) untergebracht und zeigt eine Sammlung von Gemälden, Fresken und Skulpturen des 13.–18. Jh. Sehenswert sind eine Ikone mit der Darstellung der Jungfrau Maria (13. Jh.) und Gemälde von A. Bordone (1597–1629), Carlo Rosa († 1678) und N. Gliri (erw. 1658–1680).

Palazzo Sylos Labini (Via Planelli 51): Der gut erhaltene Palast ist ein typisches Beispiel der Profanarchitektur des 16. Jh. Erwähnenswert das im katalanischen Stil gestaltete Portal.

San Francecsco (Piazza Minerva): Von dem ursprünglichen Bau aus dem Jahre 1286 ist nur noch die gotische Fassade erhalten. Im Inneren sind eine Reihe interessanter Holzskulpturen und Ölgemälde des 16. und 17. Jh. zu sehen.

Bitonto: Portal von San Valentino

Ruvo di Puglia

Geschichte: Die Stadt war ein bedeutendes Zentrum der Peuketier und vor allem im 5.–3. Jh. v. Chr. als ein wichtiges Kunst- und Handelszentrum unter dem Namen *Rhyps* oder *Rhybasteinon* bekannt (Münzen). Unter dem Namen *Rubi* war es in römischer Zeit Handelsposten an der Via Traiana von Rom nach Bari bzw. Brindisi. 463 wurde es von Goten zerstört und erst wieder in normannischer Zeit erwähnt, nachdem Tankred die Stadt der Grafschaft Conversano (Nr. 28) eingegliedert hatte. Während der Herrschaft Friedrichs II. wurde Ruvo befestigt, ehe es in angiovinischer Zeit Sitz verschiedener Feudalherren war. 1510 wurde die Stadt an Kardinal Oliviero Carafa verkauft und blieb bis zur Neugründung des Königreiches Neapel durch Napoleon (1806) in dem Besitz der Familie Carafa. Ruvo (ca. 24 000 E.) ist wegen seiner griechischen bzw. frühgeschichtlichen Vasenfunde und der Kathedrale bekannt.

Kathedrale Santa Maria Assunta

Lage: Via Cattedrale.

Die Kathedrale wurde Ende des 12. Jh. begonnen und gehört in der Reihe der Nachfolgebauten von S. Nicola in Bari (Nr. 13.1) zu *den wichtigsten Beispielen apulischer Romanik.*
Die Gedrungenheit der kaum gegliederten *Fassade* resultiert aus Umbauten des 16. Jh. Nachdem nämlich den beiden Langhausseiten Kapellentrakte vorgelegt worden waren, erweiterte man die Fassade rechts und links um die Breite dieser Anbauten. Restaurierungen der vergangenen Jahre haben diesem Umstand etwas unglücklich Rechnung getragen: Im Norden wurden die Kapellen ganz entfernt, im Süden gegenüber dem Kircheninneren geschlossen, so daß ein Gang übrigbleibt; an der Fassade wurde nichts verändert. Die oberen Abschlüsse der vier Halbsäulen der Fassade weisen darauf hin, daß auch in Ruvo eine Vorhalle geplant war. In den Archivolten des Hauptportals ist Christus Pantokrator zwischen Maria und Johannes d. T., Petrus und Paulus und den apokalyptischen Engeln dargestellt, darunter das Opferlamm und die vier Evangelistensymbole; in der Lunette des zweiteiligen Fensters der Erzengel Michael. Das Rosettenfenster ist 1237 datiert. Die darüber angebrachte Figur wird entweder als einer der Bischöfe (Daniel oder Gilbert) oder als Friedrich II. interpretiert.
Die skulptierten Konsolen des Blendarkadenfrieses an der südlichen Langhausseite zeigen einzelne, an antiken Vorbildern geschulte Darstellungen von Menschenköpfen.
Das Querhaus besitzt ebenso wie dasjenige der Kathedrale von Trani ein Gesims mit einfachen Konsolen, Deckplatten und Palmetten, der

Santa Maria Assunta

es vom übrigen Baukörper absetzt. Die drei Apsiden erinnern ebenfalls an die Querhauslösung in Trani.

Das *Innere* der über dem Grundriß des lateinischen Kreuzes mit kaum ausgeschiedenem Querhaus errichteten Kirche wird durch den Eindruck der hohen Arkaden des schmalen Mittelschiffs bestimmt. Ursprünglich zweigeschossig geplant (vgl. S. Sepolcro in Barletta, Nr. 17), entschied man sich später zugunsten eines Emporensystems nach dem Vorbild von S. Nicola in Bari (Nr. 13.1) und bewirkte damit den »endgültigen Zusammenschluß von Arkaden und Emporengeschoß« (Jacobs). An der Stirn hoher Pfeiler steigen ohne Unterbrechung durch die Kapitellzone Pilaster empor und umgreifen die Emporen. Ein selbständiger Obergaden wird vermieden. In den Seitenschiffen sind eine Reihe von Bischofsgräbern des 13.–18. Jh. erhalten.

Museo Jatta *(Keramikmuseum)*

Lage: Piazza Giovanni Bovio, Nr. 35 (Palazzo Jatta).

Das Museum wurde Anfang des 19. Jh. von Giovanni und Giulio Jatta gegründet, nachdem 1810 bei einem Zufallsfund eine Vase von ungewöhnlich hoher Qualität ans Licht kam. Durch systematische Grabungen folgten bald andere Funde korinthischer oder attischer Herkunft und aus lokaler Produktion. Die im Laufe der Zeit entstandene Sammlung zeigt *ca. 2000 Vasen* des 6.–3. Jh. v. Chr. Die frühesten der dort ausgestellen Vasen wurden im 6. Jh. von griechischen Kolonisten nach Ruvo importiert und geben Zeugnis von den wirtschaftlichen und kulturellen Beziehungen zwischen Griechenland und Süditalien. Die lokale Keramikproduktion ist seit dem 4. Jh. nachweisbar. Die bildlichen Darstellungen der meist rot- und schwarzfigurigen Vasen haben demzufolge in der griechischen Mythologie ihren Ursprung. Das kostbarste Stück der Sammlung dürfte ein attischer Krug des 5. Jh. v. Chr. mit der Darstellung des Todes von Talos, dem legendären Dämon, der die Insel Kreta bewachte, sein.

Terlizzi   **Nr. 19**

Das antike *Turricium* – der Name leitet sich von den zahlreichen Wehrtürmen der Stadt her – erhielt Anfang des 12. Jh. seine Unabhängigkeit und wurde 1130 Civitas. Später war es Sitz normannischer Feudalherren. Die kleine ca. 25 000 Einwohner zählende Stadt zeichnet sich durch eine Reihe sehenswerter Paläste und Kirchen aus. Erwähnenswert ist das *Portal* am *Oratorium der Madonna del Rosario*. Es wurde von Anseramo da Trani geschaffen und befand sich ursprünglich an der Kathedrale (13. Jh.), die 1782 abgebrochen wurde (Neubau 1783–1872). Auf dem Architrav: Verkündigung, Anbetung der Hl. Drei Könige, Geburt, Kreuzigung. Im Tympanon: Abendmahl.

20   Andria

Geschichte: Archäologische Funde zeugen von einer Besiedelung Andrias in frühgeschichtlicher Zeit. Unter römischer Herrschaft lag in der Nähe der heutigen Stadt an der Via Appia Traiana der Handelsposten *Budae* oder *Rudae*. Im 9. Jh. wird der *Loco Andre* erwähnt. Die Befestigung der Stadt geht seit dem 11. Jh. auf die Normannen zurück. Im 13. Jh. war Andria *eine der bevorzugten Residenzen Friedrichs II.* Hier wurde dem Kaiser 1228 von seiner 2. Ehefrau Isabella von Brienne sein Sohn Konrad IV., der spätere deutsche König, geboren. Im Dom der Stadt sind *Isabella von Brienne* († 1228) und *Isabella von England*, seine 3. Ehefrau († 1241), beigesetzt. Unter den Anjou wurde Andria Grafschaft, unter den Del Balzo Herzogtum. 1507 überließ Ferdinand der Katholische die Stadt in Anerkennung für dessen Verdienste dem Consalvo di Cordoba. Von 1552 bis 1799 war Andria im Besitz der Familie Carafa.

San Francesco (Via S. Francesco): Die Kirche wurde 1230 begonnen und 1346 von Bonanno da Barletta vollendet, der Campanile 1760–1772 errichtet. In dieser Zeit entstand auch die Barockisierung des Inneren. An den Seitenaltären sind Gemälde der neapolitanischen Schule des 17. Jh. zu sehen.

Dom Santa Maria Assunta (Piazza Duomo): Die Baugeschichte des Domes reicht vom 10. bis zum 19. Jh. Vorhalle und Portikus der Fassade stammen von 1844. Das untere Geschoß des Campanile ist 1118 datiert; die Obergeschosse stammen aus dem 13.–15. Jh.
Bei den ältesten Teilen des Domes handelte es sich um eine zweischiffige Kirche mit nur einer Apsis, die im 10. Jh. errichtet und später dem 1024 begonnenen normannischen Dom als Krypta eingegliedert wurde. Im 15. Jh. folgten dann grundlegende Umbauten. Bei Restaurierungen (1960/65) wurde dem Inneren des Domes die ursprüngliche Gestalt zurückgegeben, die er 1438–1465 erhalten hatte. Der Triumphbogen (1465) ist ein Werk des andriesischen Baumeisters Allessandro Guadagno.
In der Krypta erinnern Inschriften an Isabella von Brienne und Isabella von England. An welcher Stelle genau sich die Gräber der Ehefrauen Friedrichs II. ursprünglich befanden, kann nicht mit Sicherheit festgestellt werden.

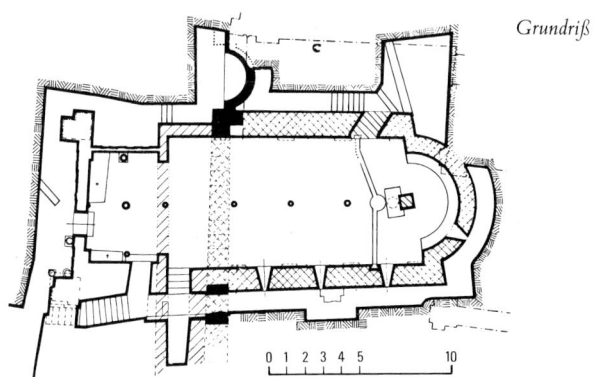

Grundriß

0 1 2 3 4 5   10

San Domenico (Piazza Manfredi): Die Kirche wurde 1398 begonnen und geht auf eine Stiftung der Sveva Orsini, der 2. Ehefrau von Francesco I. del Balzo, zurück. Das Portal stammt von 1510. Der Campanile wurde in der 2. Hälfte des 18. Jh. errichtet. Die Barockisierung des Innenraumes wurde ebenfalls in dieser Zeit ausgeführt. In der Sakristei ist eine Büste Francesco II. del Balzo, Herzog von Andria (1410–1482), zu sehen, die 1472 von F. Laurana geschaffen wurde.

Sant'Agostino:
Portal

Sant'Agostino (Piazza S. Agostino): Im 13. Jh. im Auftrag des Templerordens errichtet, ging die Kirche 1316 nach der Aufhebung der
Templer (1312) in den Besitz der Augustiner Chorherren über. Aus
dieser Zeit datiert das sehenswerte *Portal*, das dort an Stelle eines
älteren, an das noch die Sockel für die stilophoren Löwen erinnern,
angebracht wurde. Die bescheidene, statuarisch verhaltene Darstellung des segnenden Christus zwischen den hll. Remigius und Leon-
hard sowie den schwebenden Engeln im Tympanon des Portals
mutet byzantinisch an und korrespondiert in ihrer Flächigkeit mit
der ornamentalen Gestaltung der fünffach getreppten Rahmung.

Santa Maria di Porta Santa (Via Flavio Giugno): Die Kirche stammt aus der
2. Hälfte des 15. Jh. Die beiden Profilköpfe in den Medaillons auf den Pilastern
des Portals sollen Friedrich II. und seinen unehelichen Sohn Manfred darstellen.

Porta Sant'Andrea: An der Außenseite des Stadttores befindet sich eine 1593
erneuerte Inschrift, welche die Grußadresse wiedergibt, die Friedrich II. an
die Stadt gerichtet haben soll. Andria gehörte zu den wenigen Städten, die
während der Abwesenheit des Kaisers in Palästina an ihrer Treue zu ihm fest-
gehalten haben.

2I   Canosa di Puglia

Geschichte: Die legendäre Überlieferung, daß Diomedes die Stadt gegründet haben soll, fällt mit der Tatsache einer griechischen Siedlung namens *Canusion* zusammen, die von den Römern später *Canusium* genannt wurde und zu den bedeutendsten Städten Apuliens zählte. 318 v. Chr. wurde die Stadt dem römischen Herrschaftsbereich eingegliedert und kämpfte während des 2. Punischen Krieges in der Schlacht von Cannae (216 v. Chr.) gegen Hannibal. Zahlreiche Keramikfunde in den Museen von Bari (Nr. 13), Ruvo (Nr. 19) und Tarent (Nr. 50) zeugen vom Reichtum der Stadt im 3. Jh. v. Chr. Mitte des 2. Jh. n. Chr. erhielt die *Colonia Aurelia Augusta Pia Canusium* an der Via Traiana von Rom nach Bari römische Stadtrechte. Das römische Stadttor (Porta Varrone) und Reste der Via Traiana erinnern noch an diese Zeit. Im 4. Jh. war die Stadt Sitz des Corrector Apuliae et Calabriae.
343 ist Canosa als die *älteste Diözese Apuliens* bezeugt; im 11. Jh. wechselte der Bischof der Diözese Canosa-Bari nach Bari (Nr. 13). Das Baptisterium San Giovanni und die Basilica di San Leucio sind in dieser Zeit entstanden. Im frühen Mittelalter wurde Canosa wiederholt von Langobarden, Byzantinern und Sarazenen erobert. Während der normannischen (11.–12. Jh.) und angiovinischen Herrschaft (14.–15. Jh.) war Canosa von militärischer Bedeutung. 1502 war die Stadt Hauptquartier spanischer Truppen Karls V. im Kampf gegen diejenigen Franz I. 1530–1643 gehörte Canosa als Lehen zum Besitz der Familie Grimaldi, später zu dem der Familien Filippo Affaitati und Capece Minutulo.

Baptisterium San Giovanni: Der Bau zählt zu den bemerkenswerten frühchristlichen Denkmälern Canosas. 1915 erstmals von deutschen Archäologen vermessen, nahm man an, daß es sich um eine ursprünglich römische Anlage handelte, die in Folge der Gründung der Diözese Canosa (343) später in ein Baptisterium umgewandelt wurde. Neuere Untersuchungen (1967) bestreiten dies und veranlassen zu der Vermutung, daß der Bau erst im 5./6. Jh. als Baptisterium errichtet worden sei.

Basilica di San Leucio (Colle SS. Angeli): Eine ähnliche Bedeutung wie dem Baptisterium San Giovanni kommt auch der etwas außerhalb gelegenen Basilica di San Leucio zu. Von ihr sind jedoch nur noch die Grundmauern erhalten. Systematische Grabungen haben gezeigt, daß es sich bei dem Bau über einer Grundfläche von 55 × 53 m offensichtlich um einen Zentralbau mit vier Apsiden und einer Kuppel gehandelt hat, der im 6. Jh. über den Fundamenten eines ursprünglich römischen Minervatempels errichtet wurde. Reste dieses Tempels sind noch in den Säulentrommeln und Kapitellen erhalten, die bei den Grabungen freigelegt wurden. Ausmaß und Ausstattung der frühchristlichen Kirche müssen prachtvoll und derjenigen von San Lorenzo in Mailand und San Vitale in Ravenna ebenbürtig gewesen sein, ehe die Basilika wahrscheinlich durch die Sarazenen im 9. Jh. zerstört wurde.

Kathedrale San Sabino

Geschichte: Die Bauzeit der Kathedrale, die etwa 1080 begonnen wurde, war von heftigen Auseinandersetzungen zwischen Canosa und Bari begleitet. Nachdem Erzbischof Ursus von Canosa ermordet worden war, erreichte Abt Elia 1089 von Papst Urban II. (1088–1099) anläßlich der Weihe der Krypta von San Nicola in Bari (Nr. 13.1), daß er zum Erzbischof ernannt und der Sitz der Diözese von Canosa nach Bari verlegt wurde. Die Rivalität reichte sogar soweit, daß Erzbischof Elia die Echtheit der Gebeine des hl. Sabinus in Canosa bestritt und allein diejenigen der Kathedrale San Sabino in Bari (Nr. 13.2) authentisch nannte. Die Auseinandersetzung konnte erst beigelegt werden, als Papst Paschalis II. (1099–1118) im Jahre 1101 in Canosa an der Weihe des Domes teilnahm und damit die Authentizität der Gebeine bestätigte.

Der Bau und seine Ausstattung

Die Kathedrale hat seit ihrer Entstehung Ende des 11. Jh. eine Reihe von Veränderungen erfahren. Das Langhaus wurde nach dem Erdbeben von 1689 nach Westen um drei Joche verlängert; die Fassade wurde Anfang des 19. Jh. nochmals umgebaut, aber nicht vollendet. Daß die Kathedrale die einzige Kirche mit fünf Kuppeln ist, von denen sich drei über dem Quer- und zwei über dem Langhaus befinden, ist nur noch im Inneren zu erkennen.

Die *Kanzel* ist die *älteste der in Apulien erhaltenen.* Aufbau und Einzelformen wurden bei späteren Ambonen wieder aufgenommen. Die geometrischen Dekorationsformen verweisen auf byzantinische Vorbilder. Die Inschrift auf dem Kanzelkasten gibt Nachricht, daß sie auf Befehl des Presbyters Guibertus von dem Archediakon Acceptus geschaffen wurde, der 1039/1041 urkundlich erwähnt ist.

Der *Bischofsthron* ist einer der drei vollständig erhaltenen Throne (San Nicola in Bari; Heiligtum auf dem Monte Sant'Angelo; vgl. S. 25). Von vier weiteren Thronen sind lediglich Fragmente bekannt (Santa Maria di Siponto; Kathedralen von Bari, Trani und Tarent). Er wurde

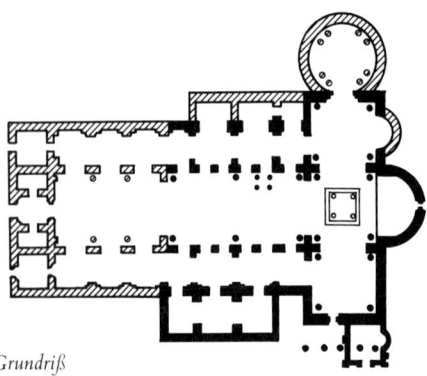

San Sabino: Grundriß

nach der Inschrift an der Außenseite der rechten Thronwange für Ursus, den letzten Erzbischof von Canosa, von Meister Romualdus geschaffen. Seine Entstehung wird 1079–1088 in die Amtszeit des Erzbischofs datiert. Die Stilisierung der tragenden Elefanten deutet auf östliche Vorbilder aus Metall, die hier in Stein umgesetzt wurden. Er ist der einzige der bekannten Bischofsthrone, an dem das christliche Symbol des Kreuzes erscheint.

Das *Ziborium* ist eine Nachahmung von 1905. Die dreischiffige *Krypta* wurde 1567 umgebaut. Bei einem Teil der Kapitelle handelt es sich um antike Spolien.

Tomba di Boemondo

Entstehungsgeschichte: Das Mausoleum des normannischen Fürsten Boemund I. ist ein eigenständiger Bau am Südquerhaus des Doms, der orientalischen Einfluß verrät und in der europäischen Kunst des Mittelalters keine Parallelen hat.

Boemundus war als ältester Sohn Robert Guiscards einer der Protagonisten des 1. Kreuzzuges (1095); er konnte sich noch vor der Eroberung Jerusalems in Syrien den Titel Fürst von Antiochien zueignen, ehe er sich zugunsten seines jüngeren Halbbruders Roger Borsa, dem Nachfolger Robert Guiscards, aus Apulien zurückzog. Nachdem Boemund während eines Aufenthaltes in Apulien am 7. März 1111 in Bari gestorben war, wurde er entsprechend seinem letzten Willen nach Canosa überführt und beigesetzt. Auftraggeber des Mausoleums, das erstmals 1118 genannt wird, waren seine Mutter Alberada oder seine Frau Constanze.

Der Bau des Mausoleums ist ein zierlicher Kubus mit Apsis und aufgesetzter Kuppel. Das Äußere ist mit weißem Marmor verkleidet und durch Blendarkaden gegliedert; die Kapitelle bestehen aus antiken Spolien (San Leucio); eine Inschrift, die den Tambour der Kuppel außen umzieht, rühmt Boemund I. Im Inneren ist die Grabplatte Boemunds in den Boden eingelassen.

Das Bronzeportal

Die zweiflügelige Tür ist die *älteste der erhaltenen italienischen Bronzetüren.* Im Gegensatz zu den sog. byzantinischen Importtüren in Amalfi (vor 1066), Montecassino (1066), San Paolo fuori le Mura in Rom (1070), im Heiligtum des Monte Sant'Angelo (1076, vgl. Nr. 7), in Atrani (1087) und Salerno (um 1087) oder am südlichen (um 1080) bzw. am mittleren Narthexportal (Anfang 12. Jh.) von San Marco in Venedig, wurde sie in Süditalien geschaffen. Stilistisch nehmen die Darstellungen mit Tier- und Pflanzenmotiven in den pseudokufischen Rahmungen (links) und den Arabeskenscheiben (rechts) Formelemente islamischer und byzantinischer Provenienz auf. Der rechte, aus vier Teilen zusammengesetzte Türflügel trägt die Meisterinschrift des Roger von Melfi und ist 1111–1118 entstanden.

Canosa di Puglia: Bronzeportal der Tomba di Boemondo

Der linke, aus einem Stück gegossene Flügel ist wahrscheinlich älter, in anderem Zusammenhang entstanden und erst später von Roger aus Melfi umgearbeitet worden. Die Ruhminschrift wäre dann eine Ergänzung des frühen 12. Jh. Die Verwendung einer Bronzetür an einem Grabbau statt einem Kirchenportal bleibt im Mittelalter beispiellos und bestimmt den Sonderfall des Bildprogramms der figürlichen Darstellungen des rechten Türflügels. Oben: Boemund I. und Roger Borsa; unten: Boemund II., Wilhelm, Tankred.

Museo Civico (Via Varrone): Das Museum enthält zahlreiche Gräberfunde des 5.–3. Jh. v. Chr. Erwähnenswert sind eine Reihe frühgeschichtlicher Keramiken sowie römische und hellenistische Kapitelle des 3. Jh. (*geöffnet:* tgl. 9–13 Uhr, außer Mo).

22   Castel del Monte

Das Kastell Friedrichs II. gehört neben der Kathedrale San Nicola in Bari (Nr. 13.1) zu den *bedeutendsten Kunstdenkmälern in Apulien.* Es erhebt sich auf dem höchsten Punkt (540 m) der allmählich von Osten nach Westen ansteigenden *Murge* und wird wegen seiner die Landschaft beherrschenden Lage und Perfektion die ›Krone Apuliens‹ genannt.
Castel del Monte bildet den ursprünglichsten und vollständigsten Profanbau, der aus der Zeit Friedrichs II. in Süditalien erhalten ist. Von dem Triumphtor in Capua (Campania) und anderen staufischen Kastellen und Palästen ist nach Umbauten oder Zerstörungen nur wenig übrig geblieben. Wie weit jedoch Form und Ausstattung Castel del Montes in staufischer Zeit singulär waren, d. h. wie lange noch von seiner Einmaligkeit gesprochen werden kann, steht heute allerdings in Frage. Es ist nämlich zu bedenken, daß auch von dem Kastell in Lucera (Nr. 9) und anderen Bauten Nachrichten von einer ehemals reichen Ausstattung überliefert sind. Der Bau des Palastes in Foggia (Nr. 1), der dieser Stadt den Status einer kaiserlichen Residenz zuwies und den ehemaligen Königssitz Palermo zur Provinz deklarierte, dürfte in diesem Zusammenhang ebenfalls eine Rolle spielen und kann die Bedeutung Castel del Montes relativieren.

Baugeschichte: Das Kastell, das ursprünglich *Castello di Santa Maria del Monte* hieß und an eine in der Nähe gelegene, später zerstörte Benediktinerabtei erinnerte, war 1240 im Bau und bis zum Tod Friedrichs II. (1250) sicherlich vollendet. Das einzige zur Baugeschichte erhaltene Dokument ist ein Dekret vom 28. Januar 1240, in dem Friedrich II. von Gubbio aus den Justitiar der Capitanata, Riccardo di Montefuscolo, anweist, Baumaterial für den Fußboden bereitzustellen. Als Architekt ist kein französischer oder deutscher, sondern ein lokaler Baumeister anzunehmen, was in der Tatsache zum Aus-

Castel del Monte

druck kommt, daß der Bau in den damals in Apulien gebräuchlichen Maß-
angaben der neapolitanischen Palmen (palmo neapolitano) vermessen ist.
Ein richtungsweisender Einfluß Friedrichs II. auf die Planung ist anzunehmen. Seinen heutigen Namen erhielt Castel del Monte 1463 auf Geheiß
König Ferdinand I. von Aragon.

Die Baugestalt

Tektonisch wird der zweigeschossige Bau durch die geometrische
Figur des Oktogons bestimmt, architektonisch durch die Absicht, das
Äußere als Wehrbau, das Innere als Palast zu gestalten. Die Masse der
äußeren turmbewehrten Erscheinung wird lediglich durch zwei
Portale, ein umlaufendes Gesims, das Unter- und Obergeschoß
trennt, und durch verhältnismäßig kleine Fenster gegliedert. Der
Innenhof wird im Untergeschoß durch drei Portale und mehrere
Rundfenster aufgelockert; im Obergeschoß erfolgt die Gliederung
durch eine über alle acht Seiten umlaufende Blendarkade mit drei
romanischen Fenstertüren oder einteiligen Fenstern bzw. Schieß-
scharten. Die oktogonale Figur wiederholt sich außer im Gesamt-
grundriß auch in dem des Innenhofs und dem der Ecktürme. Die je
acht Räume der beiden Geschosse mußten in Folge dieser konse-
quenten Anordnung eine trapezoide Form annehmen. Sie sind im
Mittelteil des Trapezes kreuzrippen-, in den seitlich verbleibenden

dreieckigen Zwickeln tonnengewölbt. Gewölbekonstruktionen und spezifische Details wie Halbsäulen, Konsolen (z. T. mit figürlichen Darstellungen) und Kapitelle verweisen auf französische Anregungen.
Die Ausstattung der Innenräume, vor allem derjenigen des Obergeschosses, muß jedoch orientalischen Eindrücken gefolgt sein. Für die damit verbundene Wohnqualität lassen sich immer noch eine Reihe von Hinweisen finden: Verschiedene Marmorarten dienten einer kostbaren Verkleidung der Wände, bildeten Säulenschäfte und Fensterrahmungen. Von dem Fußbodenmosaik ist noch ein Rest im Untergeschoß erhalten. Wiederherstellungsarbeiten der jüngsten Zeit haben das verzweigte Röhrensystem der sanitären Anlagen sichtbar gemacht, die aus Wasserbehältern in den oberen Turmabschlüssen gespeist wurden.

Zur Bedeutung

In der Vergangenheit wurde immer wieder davon gesprochen, daß es sich bei Castel del Monte um das Jagdschloß Friedrichs II. handelte. Es bleibt aber zu bezweifeln, ob Friedrich II. eine solche Anlage allein zu seinem Jagdvergnügen errichtet hat. Viel wahrscheinlicher ist es deshalb wohl, daß Castel del Monte auf Grund seiner außerordentlichen landschaftlichen Lage, seiner Bauform und seines äußeren anschaulichen Charakters als eine der wichtigsten Wehrbauten in dem Verteidigungssystem Friedrichs II. funktionierte. Daß das Kastell gleichzeitig beliebter Aufenthaltsort des Kaisers war und auch bei festlichen Anlässen und Staatsakten oder zur Jagd genutzt wurde und eine entsprechende Innenausstattung erhielt, muß dieser Funktion nicht widersprechen.

Castel del Monte: Grundriß von Ober- und Untergeschoß

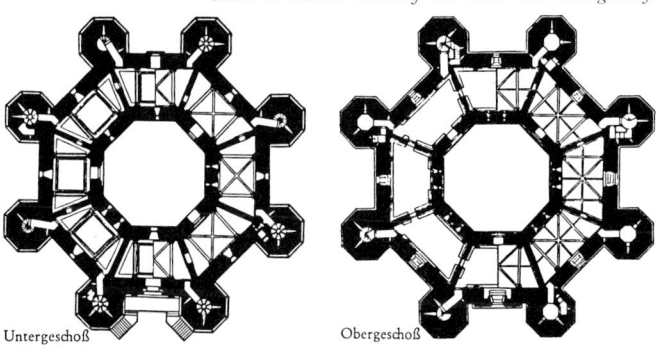

Untergeschoß

Obergeschoß

Castel del Monte: Hofansicht und Decke

1249 feierte man in Castel del Monte die Hochzeit von Friedrichs II.
Tochter Violanta mit Richard Graf von Caserta. Nach dem Sieg
Karls I. von Anjou über die Hohenstaufen (1266) wurden in Castel del
Monte Heinrich, Friedrich und Enzio, die Söhne Manfreds, mehr als
dreißig Jahre lang gefangen gehalten. 1308 fand hier die Hochzeit der
Beatrix von Anjou mit Bertrando del Balzo statt, 1326 die des französischen Dauphins Humbert de Vienne mit Maria del Balzo. Castel
del Monte kam später in den Besitz der Familien del Balzo, Consalvo
di Cordoba und – von dieser verkauft – in den der Carafa; es wurde
meist als Gefängnis benutzt. Als 1665 in Andria die Pest ausbrach,
diente es den vornehmsten Familien der Stadt als Zuflucht. Seit 1799
und dem Einmarsch Napoleons verfiel der Bau. Erst nachdem Castel
del Monte 1876 in Staatsbesitz gekommen war, konnte der Verfall
aufgehalten und seit 1928 auch mit Wiederherstellungsarbeiten
begonnen werden.

Geschichte: Die Umgebung von Altamura ist seit aeneolithischer Zeit besiedelt. Gräberfunde des 8. Jh. v. Chr. verweisen auf Siedlungen der Bronze- und Eisenzeit. Reste der Stadtmauer deuten darauf hin, daß der Ort später auch eine bedeutende peuketische Siedlung war. Danach finden sich Spuren urbaner Besiedlung erst wieder zu Beginn des 13. Jh. Etwa um 1230 ist Altamura unter der Herrschaft Friedrichs II. über den Resten einer ehemaligen Akropolis als Neugründung mit einer Bevölkerung lateinischer, griechischer und jüdischer Herkunft entstanden. Die Kathedrale ist deutliches Denkmal dieser Zeit. Nach dem Ende der staufischen Herrschaft in Apulien (1266) wurde der Ort unter Karl I. von Anjou befestigt und Ludovico da Belloloco, später dann Sparano da Bari als Lehen überlassen. 1431 gehörte Altamura zum Fürstentum Del Balzo und erhielt 1485 von Innozenz VIII. Stadtrechte. Unter Karl V. gelangte die Stadt Anfang des 16. Jh. an Ottavio Farnese. 1748–1799 war Altamura Sitz einer Universitas Studiorum. 1799 schloß sich die Bevölkerung begeistert Napoleon an, bewies während des Risorgimento viel Patriotismus und wurde nach der Gründung des Königreiches (1861) vorläufiger Sitz der apulischen Regionalverwaltung. Altamura ist Bischofssitz.

Kathedrale Santa Maria Assunta

Geschichte: Neben der Basilika in Murgo bei Lentini (Sizilien) ist die Kathedrale von Altamura die einzige Kirche, die auf den ausdrücklichen Befehl Kaiser Friedrichs II. errichtet und größtenteils auch von ihm finanziert wurde. Er wies ihr den Status einer Ecclesia Palatina zu, erwirkte vom Papst ihre Exemption von der Jurisdiktion des Bischofs von Gravina und ihre direkte Weisungsbefohlenheit durch den Heiligen Stuhl in Rom. Für sich selbst nahm der Kaiser das Recht in Anspruch, mit Richard von Brindisi ihren Erzpriester zu bestellen. Die Kathedrale wurde 1220 begonnen und 1231/32 geweiht. Nach einem Erdbeben (1316) mußte sie jedoch größtenteils erneuert werden. Der Wiederaufbau wurde, wie auf dem südlichen Seitenportal inschriftlich bezeugt ist, im Auftrag König Robert des Weisen von Neapel von den Söhnen des Meisters Consiglio da Bitonto ausgeführt.

Der Außenbau

Die *Fassade* wird von zwei Türmen bestimmt. Sie entstanden 1500–1522 bzw. 1551–1555; die barocken Turmhauben stammen von 1729. Zwischen den beiden Türmen öffnet sich eine barocke *Loggia* mit der Figur der Assunta; darüber die Statuen der Ap. Petrus und Paulus. Unter der Loggia öffnet sich ein Rosettenfenster (14. Jh.). Das zweiteilige Fenster im linken Teil der Fassade ist noch aus staufischer Zeit (um 1230) erhalten; es zierte ehemals die Mittelapsis des 1534 abgebrochenen dreiapsidialen Ostchores. Das *Portal* entstand im 14. Jh. Tympanon: Madonna mit Kind zwischen zwei adorierenden Engeln; Architrav: Abendmahl; am äußeren Bogen des Portalgewändes Darstellungen aus dem Leben Jesu: Verkündigung (Gabriel links, Maria rechts), Wanderung nach Jerusalem, Geburt, Anbetung der Könige, Jesus im Tempel, Hochzeit zu Kanaan, Erweckung des Lazarus, Verurteilung Christi, Geißelung, Kreuzigung, Auferstehung,

Altamura: Santa Maria Assunta

Christus erscheint Maria Magdalena, Thomas, Himmelfahrt, Pfingstwunder. Ein stilistischer Vergleich zwischen den Darstellungen auf dem Portalgewände und denen im Tympanon läßt die künstlerische Auseinandersetzung mit der Tradition byzantinischer Vorbilder (Strenge, Frontalität, Fläche) und abendländischer Figurenauffassung (Bewegtheit, Plastizität) erkennen.

Die südliche Langhausseite hinterläßt noch deutlich den Eindruck vom ursprünglichen Bau des 13. Jh.: An Stelle der großen Spitzbogenfenster waren ähnlich wie in S. Nicola und S. Sabino in Bari (Nr. 13) oder S. Valentino in Bitonto (Nr. 18) ursprünglich Arkadennischen, die erst später anläßlich des Einbaus von Kapellen geschlossen wurden. Durch eine Baunaht an der südlichen Langhausseite setzt sich der nach dem Abbruch des Ostteils (1543) angebrachte Neubau mit geradem Chorschluß deutlich von dem übrigen Kathedralbau ab.

Das Innere

Im Inneren ist trotz der Umbauten des frühen 19. Jh. noch die Struktur der dreischiffigen Emporenbasilika zu erkennen. Auffallend ist der Stützenwechsel, der statt mit einem (S. Nicola, Bari; Nr. 13.1) mit zwei Mittelschiffpfeilern die Säulenreihe im Wechsel rhythmisiert (a–b–a–b–a). Die Anordnung der Emporen und der Obergaden folgen diesem Rhythmus. Die Höhe der Arkadenzone und des Obergadens stehen in Kontrast zu der relativ geringen Größe der (begehbaren) Emporen. Eine Auflösung der Mittelschiffwand (S. Sabino, Bari; Nr. 13.2) wird rückgängig gemacht. Zwischen den Emporenöffnungen bleiben Wandpfeiler stehen; die Schwibbögen wurden später hinzugefügt, um den Druck der Emporen zu halten.

Trotz des Einflusses zisterziensischer Gotik in Süditalien hält man in Altamura an dem Vorbild von S. Nicola in Bari fest. Der eigentliche Grund für dieses »bewußte Anknüpfen« an die Form der »Palastkirche der normannischen Vorfahren« könnte der Wunsch Kaiser Friedrichs II. gewesen sein, »daß sich etwas von der Bedeutung der Bareser Kirche auch der neuen Ecclesia Palatina mitteile« (Jacobs). Friedrich II. stellte sich mit der Stiftung der Kathedrale von Altamura in die politische Tradition seiner normannischen Vorgänger.

San Nicola dei Greci: Die Kirche wurde im 13. Jh. erbaut und ist die letzte von drei Kirchen einer ehemals blühenden griechischen Kolonie, die Friedrich II. im Zuge der Neugründung der Stadt hier angesiedelt hatte. Sie ist Beweis der Glaubenstoleranz des Kaisers; nach 1601 fand kein Gottesdienst im griechischen Ritus mehr statt. Die Kirche ist heute außen wie innen völlig verändert. Lediglich das Portal ist mit den Darstellungen aus dem Alten und Neuen Testament noch aus der Ursprungszeit der Kirche erhalten.

24 Gravina in Puglia

Geschichte: Die Umgebung der heutigen Stadt, am Rande ausgedehnter Erosionsschluchten mit zahlreichen Grotten gelegen, die eiszeitliche Gießbäche in dem Kalkmassiv der Murge hinterlassen haben, war bereits in der Bronzezeit besiedelt und – wie Gräberfunde bewiesen haben – unter dem Namen *Sides* oder *Sidion* ein Zentrum der Peuketier. In römischer Zeit befand sich dort das antike *Silvium*, ein Handelsposten an der Via Appia von Rom nach Brindisi. Als das römische Silvium von den Goten zerstört wurde, suchte die Bevölkerung in den nahegelegenen Grotten, den *gravine*, Schutz und gab so der im 5. Jh. entstandenen neuen Stadt ihren Namen. Seit dem 9. Jh. war Gravina Bischofssitz des Erzbistums Otranto. 983 wurde die Stadt im Anschluß an byzantinische und langobardische Auseinandersetzungen von den Sarazenen zerstört. Bereits 1041 gehörte Gravina zum normannischen Herrschaftsbereich, seit 1266 zu dem der Anjou. 1420–1807 war Gravina Grafschaft im Besitz der Familie Orsini.

San Michele dei Grotti: Die Grottenkirche zu Ehren des Erzengels Michael war ursprünglich die Hauptkirche Gravinas, ist wahrscheinlich im 10. Jh. entstanden und gehört zu den wenigen Beispielen byzantinischer Kunst aus vornormannischer Zeit. Sie ist mit dem durch Pfeiler in fünf Schiffe unterteilten Langhaus und dem gleich breiten Presbyterium mit vier Apsiden in das Tuffgestein hineingegraben worden. Von der früheren Ausmalung sind an den Wänden und den Pilastern nur mehr Fragmente von Fresken in schlechtem Erhaltungszustand übrig geblieben.
Über der Grottenkirche befinden sich noch Reste der *Grotta di San Marco.*

Dom: Die Baugeschichte des Domes reicht vom Ende des 11. bis zum Ende des 18. Jh. 1092 als romanische Kirche begonnen, erfuhr der Bau 1420 eine gotische Erweiterung. 1447 durch einen Brand zerstört, folgte seit 1428 ein weiterer Um- und Wiederaufbau. Der Campanile entstand 1698 durch eine Stiftung Kardinal Pietro Francesco Orsinis aus Gravina (1649–1730), der 1724 als Papst Benedikt XIII. die Cathedra Petri bestieg.

Museo Pomarici Santomasi (Via Lelio Orsini, Palazzo Pomarici Santomasi): Das Museum enthält interessante archäologische Funde, wie beispielsweise Keramiken der Bronzezeit, Münzen und Medaillen. Im Erdgeschoß wurde die *byzantinische Krypta* der Kirche *San Vito Vecchio* rekonstruiert. Einige der besterhaltenen, abgenommenen Fresken der ehemals reich bemalten Krypta vom Ende des 13. Jh. sind hier ausgestellt.

Die Ruinen des Kastells Friedrichs II.

Lage: Etwa 30 Minuten vom Zentrum entfernt auf einem Hügel gegenüber der Stadt gelegen. Schlüssel im Museo oder Palazzo del Comune.

Der rechteckige Grundriß des Kastells wurde in der Vergangenheit mit der befestigten Herberge und *Karawanserei Kirgöz Hani bei Antalya* in Anatolien verglichen. Ein direktes Vorbild kann darin aber nicht gesehen werden, höchstens die Wiederkehr eines bis dahin längst standardisierten Grundschemas, das, von lokalen Modifikationen abgesehen, weit verbreitet war.

Im Inneren sind an der Schmal- und Langseite noch die Fundamente zahlreicher Räume und Stallungen zu sehen. Auf der gegenüberliegenden Seite reichen die Außenmauern z. T. noch bis zum Dachansatz hinauf. In diesem Trakt muß die in einem von 1309 erhaltenen Dokument genannte *Sala di falconiera* gelegen haben, was beweisen würde, daß der Kaiser das Kastell auch zur Falkenjagd nutzte. Ehe das Kastell verfiel, diente es der römischen Familie Orsini, bis 1807 Grafen von Gravina, als Sitz der Verwaltung ihrer Güter in Apulien. Darüber hinaus sind noch einige Skulpturen erhalten, die meisten leider jedoch nur in Fragmenten. Sie stammen aus Kirchen und Konventen der Stadt oder ihrer näheren Umgebung und geben einen Eindruck von der Kunst der Romanik, Renaissance und des Barock in Gravina.

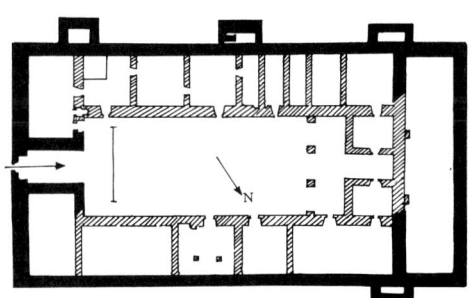

Kastell Friedrich II., Gravina
Grundriß

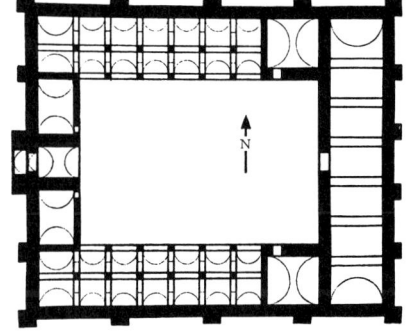

Kirk-Göz-Hani, Türkei
Karawanserei, Grundriß

25 Acquaviva delle Fonti

Der Ort, von dessen früherer Geschichte keine Nachrichten bekannt sind, war im 7. Jh. offensichtlich so bedeutend, daß er mehrmals von den Sarazenen erobert und zerstört wurde. Erst viel später, im 12. Jh. schien er unter der Herrschaft Rogers II. dann wieder an Bedeutung gewonnen zu haben. Im 14. Jh. war der Ort Lehen der Familie del Balzo, der Grafen Acquaviva di Conversano, in der 1. Hälfte des 16. Jh. gehörte er zum Besitz von Prospero Colonna, später zu dem Spinellis. 1664 hat die Genueser Bankiersfamilie de Mari die Rechte über die Stadt erhalten, nachdem sie sich den Titel der Fürsten von Acquaviva erworben hatten. 1799 wurde der Ort von den Truppen Kardinal Ruffos eingenommen und gehörte ab 1810 als Lehen zu dem von J. Murat verwalteten Königreich Neapel.

Das Städtchen (ca. 16 000 Einw.) bildet heute ein landwirtschaftliches Zentrum der Murge und ist wegen seiner Kathedrale sehenswert.

Kathedrale: Die ursprünglich aus dem 12. Jh. stammende Kathedrale wurde wahrscheinlich unter Roger II. (1130–1154) begonnen und in der Spätrenaissance durch einen Neubau ersetzt (1529–1594).

26 Gioia del Colle

Geschichte: Grabfunde zeigen, daß die nähere Umgebung von Gioia del Colle bereits in neolithischer Zeit besiedelt war. Die heutige Stadt, deren Name sich von *Joha* herleitet, entwickelte sich aus einer ehemaligen byzantinischen Festungsanlage. Sie wird erstmals 1071 erwähnt. Nachdem sie zunächst unter normannischer, dann unter staufischer Herrschaft gestanden hatte, gehörte sie später zum Fürstentum Tarent, Conversano und Acquaviva. Seit Gründung der Republik entwickelte sich die gegenwärtig knapp 30 000 Einwohner zählende Stadt zu einem bescheidenen landwirtschaftlichen und industriellen Zentrum.

Castello

Die Baugeschichte des Kastells, dessen Türme die Stadt eindrucksvoll überragen, kann im einzelnen nicht mehr nachvollzogen werden. Sicher ist nur, daß es Anfang des 12. Jh. von Richard Siniscalco (1081–1115), einem Sohn Drago de Hautevilles und Bruder Robert Guiscards, erbaut wurde. Möglicherweise handelte es sich bei diesem Bau nur um den Südostturm, in jedem Fall aber nicht um die Anlage heutigen Ausmaßes. Spätere Ausbauten folgten unter Roger II. Ob Friedrich II. (vielleicht 1230) ebenfalls Baumaßnahmen durchführen ließ, bleibt umstritten. Auf Grund von zwei Beschreibungen des 17. Jh. steht fest, daß das Kastell ursprünglich eine Vierflügelanlage mit vier Ecktürmen war. Veränderungen des Baus gehen sowohl auf ein Erdbeben des Jahres 1773, bei dem die ganze Nordseite einbrach, als auch auf die Eingriffe der verschiedenen Besitzer zurück. Zunächst war es die Familie der Acquaviva d'Aragone, dann mehr als hundert Jahre lang die Genueser Bankiersfamilie Mari, die später den

Titel Fürsten von Acquaviva erwarb. Der letzte Besitzer, der seinen schöpferischen Ideen freien Lauf ließ, war seit 1901 Marchese Orazio de Luca Resta. 1967 gelangte das Kastell in Staatsbesitz und konnte 1975 einer gründlichen Untersuchung und Restaurierung unterzogen werden. Man bestimmte es zum zukünftigen Sitz der *kommunalen Bibliothek* und des *Archäologischen Museums* mit einer kleinen Sammlung von Grabungsfunden aus Nekropolen der näheren Umgebung.

Die Ausgrabungen am Monte Sannace

Lage: Man folgt der Straße von Gioia del Colle nach Putignano, biegt nach etwa 2 km in Richtung Turi ab und erreicht bald darauf die archäologische Zone.

Seit 1957 wurden auf dem Monte Sannace Reste einer großen Stadt freigelegt, die in der Frühgeschichte Apuliens zu den bedeutendsten Zentren der Peuketier gezählt haben dürfte. Über den Namen des Ortes besteht noch keine Klarheit. Die verbliebenen Reste machen aber anschaulich, daß bereits in vorgeschichtlicher Zeit eine Siedlung bestand, die sich vor allem im 6.–4. Jh. v. Chr. zu einer größeren Stadt entwickelte. Als die Römer im 3. Jh. v. Chr. nach Süditalien vordrangen, wurde die Stadt aufgegeben. Die Schmuck- und Keramikfunde werden in den Museen von Gioia, Bari und Tarent aufbewahrt.

27   Valenzano

Zahlreiche Gräberfunde beweisen, daß der kleine Ort (8 000 E.) im 5.–3. Jh. v. Chr. eine bedeutende Siedlung der Peuketier war. Reste des im 17. Jh. erweiterten Kastells stammen aus normannischer Zeit. Aus dem 16. Jh. blieb die Kirche S. Rocco (Portal 1585) erhalten; an das 17. Jh. erinnert die Kirche S. Maria di S. Luca (1606) mit einem Campanile von 1774.

Das bedeutendste Kunstdenkmal ist jedoch die etwa 2 km entfernt liegende Allerheiligenkirche *(Chiesa d'Ognissanti)*. Sie gehörte zu dem heute zerstörten ehemaligen Kloster, das zusammen mit S. Benedetto in Conversano (Nr. 28) zu den bedeutendsten Benediktinerabteien dieser Gegend zählte. Sie wurde um 1080 von dem Bareser Pfarrer Eustachius gegründet, der 1105 die Nachfolge Elias in S. Nicola in Bari (Nr. 13.1) antrat. Da die Abteikirche in Conversano (Nr. 28) in ihrer romanischen Form nicht mehr erhalten ist, stellt die Allerheiligenkirche in Valenzano das *ursprünglichste Beispiel einer apulischen Dreikuppelkirche* mit tonnengewölbten Seitenschiffen dar. Das einfache Äußere wird lediglich durch einen Zahnschnittfries unter dem Dachansatz der Langhauswände und wenigen skulptierten Fenster- und Portalrahmungen geziert. Von der ehemaligen Vorhalle mit drei großen und mit den Portalen korrespondierenden Arkadenöffnungen ist nur ein Teil erhalten geblieben. Das Innere überrascht durch die überzeugende architektonische Klarheit und ein daraus resultierendes Raumvolumen.

28 Conversano

Geschichte: Reste der Stadtmauer und Grabfunde des 4.–3. Jh. v. Chr. zeigen, daß der Ort, der damals wahrscheinlich *Norba* hieß, an der Straße von Bitonto nach Egnazia ein bedeutendes Zentrum der Peuketier war. Im 7. Jh. gelangte das damalige *Cupersanum* aus byzantinischem Besitz in den der Langobarden aus Benevent. 899 wurde es von den Byzantinern zurückerobert. Seit Beginn der normannischen Herrschaft im 11. Jh. wurde es von Gottfried de Hauteville, einem Neffen Robert Guiscards, verwaltet. Die Überreste des Kastells erinnern noch an diese Zeit. Der Ort wechselte später mehrmals den Herrscher und gehörte zeitweilig zum Hause der Brienne, der Luxemburger, der Orsini und schließlich bis 1806 und der Neugründung des Königreiches Neapel durch Napoleon zum Besitz der Acquaviva d'Aragone. Seit Ende des 11. Jh. ist Conversano Bischofssitz.

Benediktinerabtei San Benedetto

San Benedetto gehörte im Mittelalter zu den mächtigsten Benediktinerabteien Apuliens. Der Überlieferung nach soll es von den hll. Maurus und Placidius gegründet worden sein; im 10. Jh. wird es erstmals glaubwürdig erwähnt. Im 11. Jh. genossen die Bewohner der Abtei unter normannischer Herrschaft das Privileg, Herren von Conversano zu sein; 1110 wurden sie der direkten Weisung des Papstes unterstellt. Nach dem Untergang des staufischen Reiches (1266) mußten die Benediktiner fliehen und die Klosteranlagen der Verfügbarkeit feudalherrschaftlicher und klerikaler Ansprüche überlassen werden. Erst 1809 wurde durch J. Murat, dem napoleonischen Statthalter im Königreich Neapel, das Kloster wieder in seine alten Rechte eingesetzt und dem Bischof von Conversano unterstellt.

Die Klosterkirche: Die gleichnamige Kirche des Klosters wurde über den Resten einer von den Sarazenen bis auf die Krypta zerstörten Kirche von Gottfried de Hauteville gestiftet, um 1085 begonnen und 1108 geweiht. Wie das heutige Aussehen der Kirche zeigt, muß sie in der Vergangenheit aber grundlegende Veränderungen erfahren haben: Ein dreiapsidialer Ostchor wurde abgebrochen, der Glockenturm 1655 angebaut, die mittlere der drei Kuppeln über dem Mittelschiff im 16. Jh. überhöht, das Innere im 16. und 17. Jh. umgebaut. Nur an der linken, nördlichen Langhausseite sind noch einige Reste aus romanischer Zeit sichtbar geblieben. Bauuntersuchungen und

Rekonstruktionen des ursprünglichen Baus haben ergeben, daß die Kirche Vorbild der Allerheiligenkirche in Valenzano (Nr. 27) war und ein ähnliches Aussehen gehabt hat.

Bemerkenswert ist auch der kleine Glockenturm, dessen innere Gewölbekuppel an die der Tomba dei Rotari auf dem Monte Sant'Angelo (Nr. 7.2) erinnert.

Im Süden der Kirche schließt sich der *Kreuzgang* an. Er ist zwischen dem 10. und 14. Jh. entstanden bzw. umgebaut worden. An den nördlichen und westlichen Arkaden sind noch eine Reihe romanischer Triforen mit einfachen, aber reich geschmückten Kapitellen zu sehen. Sie erinnern zum Teil an jene des Kreuzganges von S. Benedetto in Brindisi (Nr. 34.9).

Vom Kreuzgang aus führt ein Gang in die zweischiffige *Krypta*, die aus der Zeit der ursprünglichen Klostergründung im 7.–8. Jh. erhalten ist.

Kathedrale: Der Bau der Bischofskirche entstand Ende des 11. oder Anfang des 12. Jh. unter normannischer Herrschaft. 1358–1379 folgte ein Umbau. Das Innere der dreischiffigen Kirche wurde im 18. Jh. barockisiert. 1911 kam es durch einen Brand zu großen Schäden. Die Kanzel ist eine Nachahmung von 1927.

Santa Catarina (etwa 1 km nordöstlich des Ortskernes, jenseits der Eisenbahn): Die Kirche entstand wahrscheinlich im 12. Jh. und ist über kleeblattförmigem Grundriß mit Zentralkuppel auf achteckigem Tambour errichtet. Ihre Vorbilder dürften in Syrien zu suchen sein; der Plan zu einer solchen Kirche ist wahrscheinlich in Folge der Kreuzzüge hierher gelangt.

Santa Catarina

29 Castellana Grotte

Castellana Grotte ist ein kleiner Ort, etwa 15 km westlich von Monopoli, der durch die in der Nähe gelegenen Tropfsteinhöhlen bekannt geworden ist. Der Ort selbst wird im 10. Jh. erstmals erwähnt und gehörte später zum Territorium der Benediktinerabtei in Conversano (Nr. 28). Im Ort sind eine Reihe von *Palazzi des 17. und 18. Jh.* erhalten. In der *Chiesa Matrice* sind Skulpturen und Gemälde des 16.–18. Jh. zu sehen.

Grotte di Castellana

Die Grotten von Castellana gehören zu den *großartigsten Tropfsteinhöhlen Italiens*. Sie erstrecken sich in etwa 60 m Tiefe über eine Länge von ca. 2 km von Südwesten nach Nordosten. Die mit Stalagmiten und Stalaktiten reich verzierten Säle und Gänge der Tropfsteinhöhlen wurden durch den Lauf eines unterirdischen Flusses ausgehöhlt. Ihren bildhaften Erscheinungen entsprechend, tragen die Höhlen deshalb phantastische Namen wie etwa die ›Grotte der Denkmäler‹ *(Grotta dei Monumenti)*, ›Engelsgang‹ *(Corridoio dell'Angelo)*, ›Tempelschiff‹ *(Navate del Tempio)*, ›Wüstengang‹ *(Corridoio del Deserto)* u. a. Allesamt zeigen sie eindrucksvolle Steinbildungen, die man ›Turm von Pisa‹ *(Torre di Pisa)*, ›Mailänder Dom‹ *(Duomo di Milano)* oder anders nannte. Den Höhepunkt bildet am Ende des Höhlensystems die ›Weiße Grotte‹ *(Grotta Bianca)*.

Die Tropfsteinhöhlen waren der einheimischen Bevölkerung wohl schon immer bekannt. Jedenfalls wurden sie früher als eine Art Mülldeponie benutzt. Bereits Ende des 18. Jh. wurden sie erstmals erforscht, aber erst 1938 systematisch erschlossen und für Besucher

Orientierungsplan

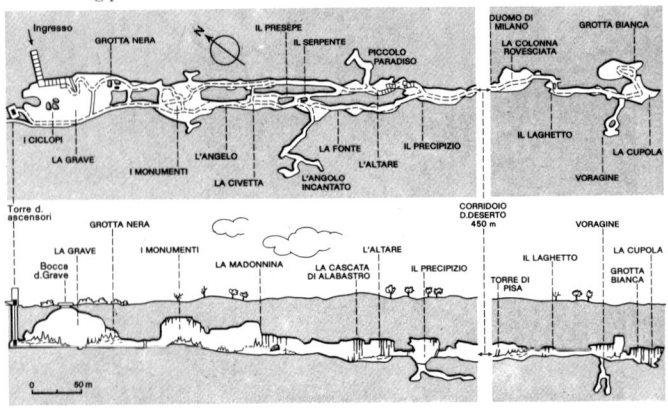

Castellana Grotte

zugänglich gemacht. Die Führungen beginnen stündlich; im Sommer von 8–19 Uhr, im Winter von 9–17 Uhr. Der kurze Rundgang umfaßt etwa 1 km Länge und dauert 1 Stunde; der große Rundgang umfaßt etwa 3 km Länge und dauert 2 Stunden. In der Höhle herrscht eine konstante Temperatur von ca. 15 °C.

Alberobello und Locorotondo sind kleine malerische Orte auf der ca. 420 m hoch gelegenen Ebene der *Murge*, die wegen der *Trulli*, einer außerordentlichen, nur in dieser Gegend Apuliens bekannten Bauform der Häuser besonderen Ruf genießen und einen Abstecher lohnen.

Die Trulli

Das Charakteristikum der Trulli besteht in der Dachkonstruktion und in einer additiven Raumfolge. Überall auf der hügeligen Ebene der Murge sind immer wieder solche Trulli zu sehen, die als Scheunen, Feldhütten, Stallungen oder als Wohnhäuser dienen. In Alberobello und auch in Locorotondo fügen sich solche Bauten sogar zu ganzen Straßenzügen zusammen. Für jede dieser verschiedenen Bauaufgaben ist derselbe kragkuppelgewölbte Raumtyp verwendet. Eine Unterscheidung besteht nur darin, das ein Trullo einzeln oder zu einer Gruppe verbunden gebaut ist; je größer eine Familie ist, um so mehr Trulli sind aneinandergefügt.

Über nahezu quadratischem Grundriß werden aus Kalksteinen etwa 0,8 bis 1 m dicke Wände von ca. 1,6 m Höhe mit ausgesparten Nischen, Fenstern und Eingang errichtet und mit einer Kuppel überdacht, die aus horizontalen, stetig nach innen vorkragenden, ringförmig und mörtellos verbundenen Steinschichten gebildet ist (Kragkuppel). Sind mehrere Trulli aneinanderzufügen, werden die Durchgänge der Raumverbindungen durch lastabtragende Bögen überwölbt. Auf der Höhe von ca. 1,6 m werden quer zu den Ecken der Wände größere Steine gelegt, auf denen die runde Kuppelkonstruktion aufliegt, deren Radius Steinlage um Steinlage kleiner wird, bis die Kuppel endlich geschlossen ist. Darüber wird dann eine etwa 10 cm dicke regenabweisende Schicht aus Steinplatten gelegt, die der Kuppel nach außen den Eindruck eines Kegels gibt und bekrönt ist. Ebenso wie die Außenmauern ist auch die Dachbekrönung geweißt und bildet so einen Kontrast zu dem naturfarbenen, dunkleren Dachkegel; zusammen mit den oft in weißer Farbe auf den Dachkegel aufgemalten Symbolen dient sie gleichzeitig auch einer Individualisierung eines einzelnen Baus in einer solchen Trullosiedlung.

Das Prinzip einer solchen Kragkuppelkonstruktion ist schon in den monumentalen Grabbauten früher Kulturen überliefert (Schatzhaus des Atreus in Mykene). Und auch in manchen anderen Gegenden Südeuropas, Asiens, Afrikas und Südamerikas sind kleine Kragkuppelbauten als einfache Behausungen anzutreffen. Warum diese Bauform jedoch gerade in diesem regional begrenzten Gebiet Apuliens eine solche Ausprägung erfuhr, ist im einzelnen nicht mehr nachvollziehbar. Ein Kern von Wahrheit dürfte vielleicht in der Anekdote zu suchen sein, die im 17. Jh. mit Gian Girolamo II., dem

Trulli in Alberobello

Feudalherren dieser Gegend, verbunden ist: Ein königliches Edikt hat alle Landesherren aufgefordert, künftige Bauvorhaben zur steuerlichen Ermessensgrundlage anzumelden. Als Gian Girolamo um 1635 als Feudalherr auf der Ebene dieses Teils der Murge eine Besiedlungsaktion durchführte, soll er deshalb im Interesse seiner eigenen Steuerersparnis die Siedler seinerseits gegen das Angebot einer Steuervergünstigung aufgefordert haben, ihre Häuser mit mörtellosen Dachkonstruktionen zu errichten. Beim Erscheinen eines königlichen Steuerprüfers hätte man die Häuser schnell einreißen und in einen Steinhaufen verwandeln können. Tatsache ist jedenfalls, daß diese seit der Frühgeschichte bekannte Bauform als ebenso einfaches wie billiges Behausungsmittel der Besiedlungspolitik Gian Girolamos entgegenkam und deshalb wohl im 17. Jh. gerade in dieser Gegend eine so große Verbreitung fand (Lipollis).

31   Mola di Bari

Wie viele andere Städte entlang der adriatischen Küste Apuliens war auch Mola di Bari in der Zeit der Kreuzzüge als Einschiffungshafen nach Palästina von Bedeutung. Nach dem Sieg Karls I. von Anjou über die Staufer (1266) wurde Mola zerstört, später jedoch von den neuen Herrschern in Apulien mit dem Kastell befestigt (1277). Alfons I. von Aragon überließ die Stadt Landolfo Maramaldo und später Niccolò Tovaldo zu Lehen. Im 16. Jh. kam Mola in den Besitz der Familie Carafa, 1583 in den der Familie Tolfa. Der malerische Kern und der kleine Fischerhafen der heute etwa 25 000 Einwohner zählenden Stadt erinnern noch an diese Vergangenheit.

Kathedrale San Nicola: Die Kathedrale wurde an Stelle eines früheren Baus aus der 2. Hälfte des 13. Jh. von Francesco und Giovanni da Sebenico und Giovanni da Corfu 1545–1564 errichtet. Das Rosettenfenster der Fassade stammt noch von dem Vorgängerbau, während die übrigen Teile Elemente der Renaissance-Architektur aufweisen und stilistisch auch von der Nähe der kleinen Hafenstadt zur dalmatinischen Küste zeugen. Das Innere der Kirche präsentiert sich dem Betrachter als dreischiffige Anlage, die durch Säulen mit korinthischen Kapitellen und weiten Arkaden gegliedert ist. Von der Ausstattung sind eine ›Pietà‹ aus dem 16. Jh. (2. Altar rechts), eine unter byzantinischem Einfluß entstandene ›Madonna mit Kind‹ aus dem 14. Jh. (1. Altar links) und einige Holzskulpturen des 15. und 16. Jh. zu erwähnen.

Santa Maria di Loreto: Die kleine Kirche wurde 1588 erbaut. Im Inneren ein venezianisches Tafelgemälde des 16. Jh. mit einer Darstellung der Madonna mit Kind.

Chiesa dell'Ospedale: Im Inneren der Spitalskirche sind eine Pietà des 15. Jh., Fresken des 16. Jh. und Altarbauten des 18. Jh. zu sehen.

Castello: Die Anlage wurde 1278 im Auftrag Karls I. von Anjou von dem französischen Festungsbaumeister Pierre d'Angicourt angelegt, 1530 dann im Auftrag Karls V. durch Evangelista Menga erweitert.

32 Polignano a Mare

Die Gründung des auf einem zerklüfteten Felsen über der Küste des Meeres gelegenen Städtchens geht wahrscheinlich auf griechische Einwanderer zurück. Aus Münzfunden geht hervor, daß es ursprünglich wohl *Neapolis*, später *Polisnea* und *Polineanum* hieß. Im Mittelalter war der Ort eine Grafschaft, später Fürstentum. Seit 1506 gehörte Polignano zu der Reihe venezianischer Besitzungen an der süditalienischen Küste, die Ferdinand der Katholische der Serenissima als Pfand überlassen hatte.
In die Felsenküste Polignanos hat das Meer tiefe Grotten gehöhlt. Die bekannteste von ihnen ist die *Grotta Palazzese*. Sie ist auf einem Fußweg von der Stadt aus erreichbar. Die übrigen Grotten liegen etwa 2 km nordöstlich der Stadt und sind nur mit dem Boot zu erreichen.

Santa Maria Assunta: Die Kirche wurde 1295 geweiht, später aber wiederholt verändert. Das Portal stammt aus der Spätrenaissance. Die Umbauten des Inneren der dreischiffigen Kirche wurden im 16. und 17. Jh. vorgenommen. Das Chorgestühl entstand 1611. In der Sakristei ist ein Polyptychon aus der Werkstatt B. Vivarinis zu sehen (um 1470).

Benediktinerabtei San Vito (etwa 4 km von der Stadt entfernt in der Nähe der Straße Richtung Bari gelegen): Die Kirche wird im 9. Jh. erwähnt und war später Besitz der Benediktiner von Conversano. 1266 wurde sie den Zisterziensern überlassen. Trotz späterer Umbauten des 14.–18. Jh. ist die ehemals romanische Struktur der dreischiffigen Kirche noch zu erkennen. Die drei Kuppeln über dem Mittelschiff dürften in der Kirche des ehemals mächtigen Benediktinerklosters in Conversano (Nr. 28) ihr Vorbild haben.

33 Monopoli

Geschichte: Der Name Monopoli läßt einen griechischen Ursprung vermuten; im übrigen beweisen Gräberfunde, daß die Stadt in frühgeschichtlicher Zeit auch ein bedeutendes Zentrum der peuketischen Bevölkerung war. Wie weit Monopoli mit dem antiken *Daria* identisch ist, das bei Plinius und in anderen Intinerarien Erwähnung findet, bleibt zweifelhaft. Den Byzantinern, Normannen und Staufern diente Monopoli vor allem während der Kreuzzüge als wichtiger Hafen. Nicht zuletzt wegen seiner handelspolitisch und strategisch günstigen Lage geriet Monopoli 1456 in den Besitz der Venezianer, 1509 in den der Spanier. Das *Kastell*, das die Stadt gegen türkische Übergriffe sichern sollte, stammt aus dieser Zeit. Seit dem 11. Jh. ist Monopoli Bischofssitz.

Santa Maria Amalfitana: Die Kirche entstand zu Beginn des 12. Jh. über einer Basilianergrotte, die amalfitanische Seeleute 1059 zum Dank für einen glücklich überlebten Schiffbruch der Santa Maria della Grazia geweiht hatten. In den nachfolgenden Jahrhunderten hat die Kirche eine Reihe von Umbauten erfahren, so daß heute nur noch der Ost- und der Nordteil an die ehemalige äußere Struktur der romanischen Kirche erinnern. Das Innere bildet in strenger Gliederung eine dreischiffige Pfeilerbasilika ohne Querhaus. Im rechten Seitenschiff führt ein Zugang zur *Krypta* (Basilianergrotte).

Kathedrale: Sie wurde 1107 gegründet, 1742–1770 jedoch völlig umgebaut. In der Sakristei werden Reste des *Portals* der romanischen Kirche aufbewahrt. Von den Ausstattungsstücken im Kircheninneren ist eine *Ikone* mit der Darstellung der Madonna (um 1280) besonders erwähnenswert.

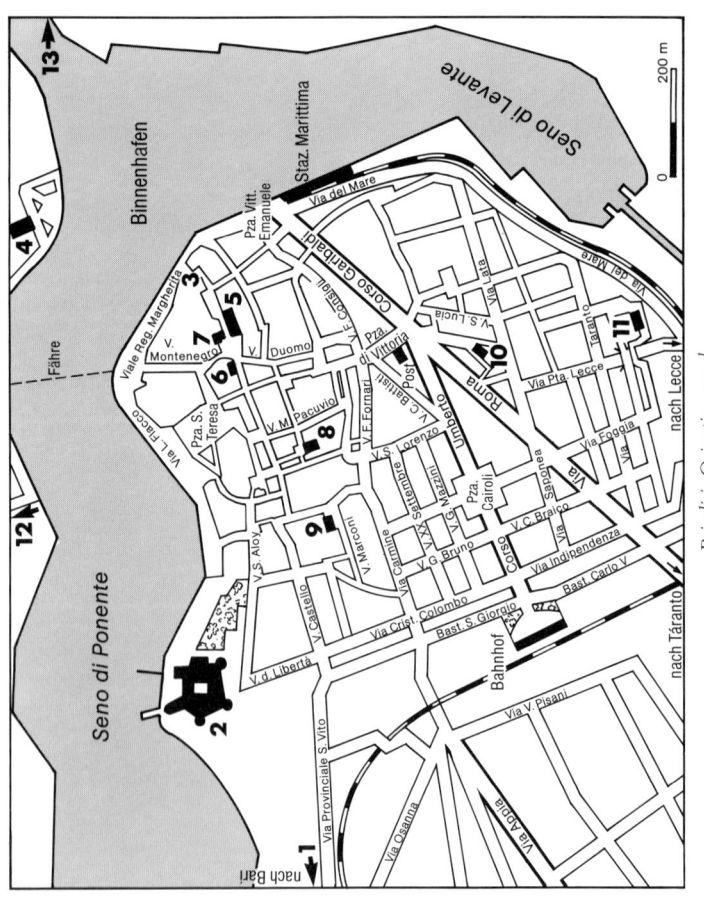

Brindisi: Orientierungsplan

34   Brindisi

Geschichte

Brindisi verdankt seine Entstehung dem Naturhafen, der noch heute zu den schönsten und größten des Mittelmeeres zählt. Er besteht aus den zwei Becken des Binnenhafens *(Seno di Ponente* und *Seno di Levante)*, der die Stadt im Norden und Osten umfaßt, sowie aus dem *Canale Pigonati*, der sich nordöstlich dieser beiden Becken erstreckt und mit dem Außenhafen verbindet. Wegen der geweihähnlichen Form des Binnenhafens gaben im die Messapier den Namen *Brunda* oder *Brendon* (Hirschkopf), woraus sich später das griechische *Bretesion*, das lateinische *Brundisium* und schließlich das italienische *Brindisi* entwickelte. Zahlreiche Kunstdenkmäler geben noch heute von der mehr als 2 000jährigen Geschichte einer der *bedeutendsten Hafenstädte Süditaliens* Nachricht.

Obwohl die Messapier schon im 7. und 6. Jh. v. Chr. Handelskontakte mit Griechenland unterhielten, gelangten Stadt und Hafen erst unter den Römern zu größerer Bedeutung. Seit dem 2. Jh. war die Stadt Endpunkt der Via Appia Traiana, die Rom über den Hafen Brindisis mit den Anrainerstaaten des östlichen Mittelmeeres verband. Eine der beiden Marmorsäulen an der Kaimauer des Binnenhafens erinnert als anschaulicher Zeuge noch an diese Vergangenheit. Cäsar und Cicero (Literae Brundisinae) hielten sich hier auf; Vergil starb im Jahre 19 in Brindisi.

Nach dem Zusammenbruch des weströmischen Reiches war Brindisi vom 7.–10. Jh. abwechselnd in der Gewalt der Goten, Langobarden, Sarazenen und Byzantiner. Seit 1071 gehörte die Stadt zum normannischen Besitz Robert Guiscards. Kurze Zeit später wurde das angeblich seit dem 2. Jh. christianisierte Brindisi zum Sitz eines Erzbischofs. Seitdem Urban II. im französischen Clermont 1089 die Christenheit zur Befreiung Jerusalems aufgerufen hatte, wurde Brindisi schon bald darauf zum Nutznießer der Kreuzfahrtpolitik. Die Stadt entwickelte sich nicht nur zum wichtigsten Einschiffungs- und Nachschubhafen der Kreuzfahrer, sondern in zunehmendem Maße auch zu einem der bedeutendsten Umschlagplätze im ständig wachsenden Ost-West-Verkehr im Mittelmeer. Unter Friedrich II. erhielt die Stadt Befestigungsanlagen und Münzrecht: In Brindisi wurden die *Augustalen* geprägt, die nach Jahrhunderten als erste Goldmünzen des Abendlands wieder in Umlauf kamen. Unter angiovinischer Herrschaft war Brindisi Stützpunkt gegen Byzanz. Im 15. Jh. ließ Ferdinand I. von Aragon wegen der ständig drohenden

Türkengefahr neben der Stauferburg eine zweite Hafenfestung anlegen. Karl V. verstärkte 1550 die Stadtbefestigung durch Wehrtürme. Aufstände der Bevölkerung gegen die spanische Herrschaft (1554, 1647) mißlangen; die spanische Krone behielt die Macht, ließ aber die Stadt verfallen. Erst 1775 erfuhr Brindisi unter Ferdinand IV. von Bourbon mit der Wiedererstellung der Hafenanlagen neuen Aufschwung.

Seit der Eröffnung des Suez-Kanals (1869) war Brindisi einer der Häfen auf der Strecke London–Bombay, was der Stadt bis 1914 zu einigem Wohlstand verhalf. Während des 2. Weltkriegs war Brindisi nach der anglo-amerikanischen Invasion in Süditalien von September 1943 bis Februar 1944 (Salerno) Sitz der italienischen Exilregierung Vittorio Emanueles III. Heute ist das ca. 87 000 Einwohner zählende Brindisi als Hauptstadt einer vorwiegend landwirschaftlich strukturierten Provinz wichtiges Verteilerzentrum für den See-, Luft- und Eisenbahnverkehr. Zahlreiche Fährlinien verkehren mit Griechenland, der Türkei, Zypern, Israel und Ägypten. Seit 1960 wurde im Osten der Stadt eine der größten Erdölraffinerien Europas und eine Kunststoffindustrie aufgebaut, die maßgeblich zu der wirtschaftlichen Verbesserung dieser süditalienischen Provinz beitrug.

Fontana di Tancredi (1): Angeblich soll sie 1192 durch Tankred von Lecce, dem letzten normannischen Herrscher, zur Erinnerung der Hochzeit seines Sohnes Roger mit Irene von Byzanz errichtet worden sein. An ihr sollen die Kreuzfahrer noch einmal ihre Pferde getränkt haben, bevor sie sich im Hafen nach Palästina einschifften.

Castello Svevo (2): Das Kastell wurde 1227 von Friedrich II. über einer Wehranlage aus vorstaufischer Zeit errichtet und ist später von Ferdinand I. von Aragon (1481) und Karl V. (1550) erweitert worden. Von dem ursprünglich staufischen Bau sind noch die Anlagen des über rechteckigem Grundriß errichteten Innenhofes und die vier Ecktürme erhalten. Das Kastell ist heute Sitz des Marinekommandos.

Colonne Romane (3): Von den ehemals zwei römischen Säulen an der nördlichen Seite des Binnenhafens ist nur noch eine erhalten. Die Reste der anderen Säule, die 1528 in Folge eines Erdbebens einstürzte, wurde den Leccesern überlassen, dort 1666 auf der Piazza Sant'Oronzo wiederaufgestellt und mit der Statue des Stadtpatrons von Lecce bekrönt (Nr. 41). Die beiden Säulen sollten wahrscheinlich das Ende der Via Appia anzeigen, deren Bau 321 v. Chr. unter Appius Claudius von Rom aus begonnen und 190 v. Chr. bis Brindisi weitergeführt wurde. Die noch erhaltene 19 m hohe Säule entstand im 1. oder 2. Jh. n. Chr., besteht aus orientalischem Marmor und zeigt auf dem Kapitell Halbbüsten von Jupiter, Neptun, Minerva, Mars

Brindisi: Colonna Romana. Ende der Via Appia

und acht Tritonen. Auf der Säulenbasis wurde im 10. Jh. eine Inschrift angebracht, die an den byzantinischen Katapan Lupo Protospata erinnert, der Brindisi nach der Zerstörung durch die Sarazenen wiederaufgebaut hat.

Monumento al Marinaio d'Italia (4) Auf der gegenüberliegenden Seite des Hafenbeckens erhebt sich das Monument zu Ehren der Italienischen Marine, das 1933 in Form eines Steuerruders errichtet wurde. Von seiner Spitze genießt man den Rundblick über Hafen und Stadt.

Dom (5): Der heutige Dom entstand seit 1746 über den Resten zweier Vorgängerbauten. Der erste wurde 1089 von Urban II. geweiht, aus bisher unbekannten Gründen wenig später jedoch so stark zerstört, daß Erzbischof Baillardus mit Unterstützung Roger II. bereits 1140 einen Neubau beginnen mußte. Eine in der Sakristei eingelassene Inschrift erinnert noch an diesen Neubau. Nachdem dieser zweite Bau dann 1743 durch ein Erdbeben nahezu völlig zerstört wurde, folgte 1746 der Bau des heutigen Domes. Von dem ursprünglichen Dombau sind nur noch Reste der durch Blendarkaden und Lisenen gegliederten Apsiden des Chorabschlusses erhalten, die von einem kleinen Hof neben der Sakristei zu sehen sind. Im Inneren sind von dem 1178 im Auftrag Erzbischof Wilhelms entstandenen Mosaikfußboden ebenfalls nur noch Reste hinter dem Hauptaltar und im linken Querschiff erhalten. Da von dem Fußboden bis zu dem Erdbeben von 1854 allerdings noch verhältnismäßig große Teile erhalten waren,

Brindisi: Kathedrale

die durch die Zeichnungen des Franzosen Millin (1812) und die
Beschreibungen von H. W. Schulz (1834) überliefert sind, ist festzustellen, daß der Fußboden in Brindisi in Komposition und Darstellung demjenigen der Kathedrale von Otranto (Nr. 43) nachfolgt. Die
Darstellung der Rolandsage ist darin begründet, daß der Auftraggeber, Erzbischof Wilhelm, französischer Herkunft war. 1225 wurde
im Dom von Brindisi Friedrich II. mit Isabella von Brienne, seiner
2. Ehefrau und späteren Erbin des Königreichs Jerusalem, vermählt.

Portico dei Cavalieri Templari/Loggia dei Crociati (6): Die zwei-
jochige Vorhalle an der linken Seite des Domes wurde Anfang des
14. Jh. errichtet. Inwieweit die Entstehung der Vorhalle trotz der
Namensgebung mit den Kreuzfahrern und den Templerrittern in
direktem Zusammenhang gebracht werden kann, bleibt unsicher, da
die Mitglieder des 1119 gestifteten geistlichen Ritterordens (Bernhard
von Clairvaux) auf Veranlassung Phillipps IV. bereits 1307 verhaftet
und 1312 die Gemeinschaft endgültig aufgehoben wurden.

Museo Archeologico Provinciale Francesco Ribezzo (7): Das 1958 eröffnete Museum birgt eine reiche und sehenswerte Sammlung frühgeschichtlicher, griechisch-apulischer, messapischer und römischer
Grabungsfunde bzw. Kunstdenkmäler der Provinz Brindisi (*geöffnet:* tgl. außer Sa und So von 9.00–12.00 Uhr und 15.30–18.00 Uhr).

Brindisi: Portico dei Cavalieri Templari

San Giovanni al Sepolcro (8): Trotz neuerer Grabungen und Untersuchungen ist über die Entstehungsgeschichte der kleinen, über nahezu halbrundem Grundriß errichteten Kirche nur wenig bekannt. Sicher ist nur, daß San Sepolcro im 13. Jh. im Besitz der Ritter vom Hl. Grab war und bereits im 12. Jh. Umbauten erfahren hat (Portal). Die Annahme, daß ein ursprünglicher Bau San Sepolcros im 7. oder 8. Jh. über den Ruinen eines antiken Tempels errichtet wurde, läßt sich ebenso wenig sichern wie die Behauptung, daß die Kirche im Besitz der Templerritter war. Da von der alten Bedachung der Kirche keine Reste mehr erhalten sind, bleibt umstritten, ob sie ursprünglich überkuppelt war.

San Benedetto (9): Die Benediktinerkirche wurde 1080 gegründet und war bis zu den Umbauten des 16. Jh. ähnlich wie San Francesco in Trani (Nr. 16) oder Ognissanti in Valenzano (Nr. 27) eine *Dreikuppelkirche*. Der blockhafte Bau ist im Osten und Süden durch kleine Fensteröffnungen und Lisenen gegliedert. Der Architrav des Südportals mit Darstellungen der Kämpfe zwischen Mensch und Drache ist anschauliches Beispiel, wie sehr die apulische Skulptur von byzantinischen Einflüssen gespeist wurde. Durch die Sakristei gelangt man in den Kreuzgang, dessen zum Innenhof sich öffnende Vierpaßbögen durch Säulen mit z. T. fein skulptierten Kapitellen geschmückt sind.

Santa Lucia (10): Die ursprünglich romanische Kirche hat im Laufe der Zeit eine Reihe von Veränderungen erfahren und bewahrt nur noch an der rechten Langhausseite Reste der ehemaligen Aufgliederung der Außenwand durch Lisenen und Blendarkaden. Im Inneren der dreischiffigen, kreuzrippengewölbten Kirche sind noch Reste von Fresken des 13. und 14. Jh. mit Darstellungen aus der Heiligengeschichte zu erkennen. Im rechten Seitenschiff führt eine Treppe in die Krypta, die im 8.–10. Jh. ursprünglich als Basilianergrottenkirche entstanden ist und im 13. Jh. verändert wurde. Von den erhaltenen Fresken stammen die Darstellungen der thronenden Madonna und der Maria Magdalena vom Ende des 12. Jh., die Darstellung der Heiligen aus dem 13./14. Jh.

Chiesa del Christo (11): Die Kirche wurde 1232 errichtet; als Baumeister wird der Ordensbruder Nikolaus Paglia aus Giovinazzo genannt. Die in farbigem Wechsel ausgeführten Steinlagen wurden wahrscheinlich zum Vorbild für Santa Maria del Casale. Die Rose des Giebelfeldes und die Reste einer Archivolte über dem Portal zeigen den Einfluß der Gliederungsschemata apulischer Romanik. Das einschiffige Innere der Kirche mit offenem Dachstuhl verweist auf frühfranziskanische Hallenkirchen.

Santa Maria del Casale (12; nördlich des Binnenhafens Seno di Ponente): Philipp Anjou, Fürst von Tarent, ließ 1320 die Kirche errichten, die heute zu den wenigen, während der Herrschaft der Anjou entstandenen gotischen Bauten in Apulien zählt. Die Kirche zeichnet sich durch eine hochstrebende Schlankheit aus und wird durch Lisenen, die bis zum Dachansatz hinaufreichen, den Dreiecksgiebel der Fassade, den von Säulen und Pfeilern getragenen, gestreckten Portalvorbau und schmale, hohe Spitzbogenfenster gegliedert. Die ganz mit geometrischen Mustern aus mehrfarbigem Stein überzogene Fassade ist typisches Merkmal der sog. Anjou-Gotik. Das Innere der einschiffigen Kirche ist fast vollständig mit *Fresken des frühen 14. Jh.* ausgemalt. Neben den Einflüssen frühgotischer Malerei sind deutliche Merkmale der lokalen, an der byzantinischen Tradition orientierten Malweise zu erkennen. Auf der Eingangswand ist in vier Feldern die Darstellung des Jüngsten Gerichts zu sehen, das von Rinaldo von Tarent signiert ist. Auf den Langhauswänden sind Szenen des Neuen Testamentes und aus der Heiligengeschichte dargestellt. In den Seitenschiffen und im Presbyterium: Grablegung, die Marien am Grab, Hochzeit zu Kanaan, Abendmahl, Verkündigung. In der Apsis: Thronender Christus zwischen Engeln.

Castello Alfonsino/Isola Sant'Andrea (13; Außenhafen): Das Kastell wurde 1445 zur Sicherung von Stadt und Hafen im Auftrag Alfons I.

von Aragon erbaut und 1481 nach Nordosten erweitert. Von der Benediktinerabtei, über deren Resten die Hafenfestung auf der Insel errichtet wurde, ist bis auf wenige Kapitelle im Museo Archeologico kaum noch etwas erhalten. Charakteristikum dieses Kastells ist der kleine Hafen, der sich innerhalb der Mauern befindet, die 1577 zur weiteren Befestigung angelegt wurden. Das Kastell ist heute in Marinebesitz.

35   Fasano · Egnazia

Etwa 8 km östlich von dem Städtchen Fasano, einer auf dem Hochplateau am Rand der *Murge* gelegenen beliebten Sommerfrische *(Selva di Fasano)* mit zahlreichen Landhäusern in Form der Trulli (vgl. Alberobello/Locorotondo, Nr. 30), befinden sich in unmittelbarer Nähe des Meeres bei der kleinen Ortschaft *Torre Egnazia* die Ruinen einer antiken Stadt, die von den Griechen *Gnathia* genannt wurde. Seit 1912 wird sie systematisch ausgegraben und untersucht.

Die Grabungsergebnisse verweisen auf die Vergangenheit einer Hafenstadt, die bereits in frühgeschichtlicher Zeit als ein bedeutsames Handelszentrum an der Grenze zwischen Messapien und Peuketien bekannt wurde, später römisches Municipium und seit der Christianisierung Sitz eines Erzbischofs war. Die Umstände des Untergangs der Stadt im frühen Mittelalter sind nicht bekannt.

In dem Ruinenfeld sind noch deutlich die Reste des *römischen Forums* und einer *Rednertribüne* zu erkennen. Nördlich davon, am ehemaligen Hafen, der durch den Handel mit den östlichen Mittelmeerländern der Stadt zu Reichtum verhalf, sind Reste einer *Markthalle* aus dem 4. Jh. v. Chr. zu sehen. Die im Osten der Grabung erhaltenen Reste eines Bauwerks mit ovalem Grundriß stammen wahrscheinlich von dem ehemaligen *Amphitheater*. Südlich des Forums wurde die Stadt von der *Via Appia Traiana* durchquert, die 312 v. Chr. in Rom begonnen und 190 v. Chr. bis Brindisi (Nr. 34) weitergeführt wurde und die Verkehrsverbindungen Roms mit dem östlichen Mittelmeer sicherstellte. Südlich davon stößt man auf die Reste einer frühchristlichen Basilika. Die Reste der teilweise noch aus messapischer Zeit stammenden Stadtmauer datieren in das 4.–3. Jh. v. Chr.

In dem 1976 eingerichteten *Antiquarium* am Rande der archäologischen Zone sind in 10 Sälen die Grabungsfunde ausgestellt. Sehenswert sind vor allem die *Keramikwaren* des 4. und 3. Jh. v. Chr., die dem antiken Egnazia zu künstlerischem und handwerklichem Ruhm verhalfen. Die Keramiken dieser Produktion zeigen auf schwarzgelber Glasur geometrische Motive, Pflanzen, Theatermasken und Musikinstrumente, die in weißer, gelber und blauer Farbe aufgemalt sind.

Ostuni

Das am Rand der Murge etwa 218 m hoch gelegene Städtchen (ca. 30 000 Einw.) läßt sich durch Gräberfunde auf eine messapische Gründung zurückführen. In römischer Zeit ist die Stadt möglicherweise mit dem bei Plinius genannten *Stulnium* identisch. Obwohl der Ort im Mittelalter unter dem Namen *Astunium* bekannt war, möchte die Lokalforschung den heutigen Namen Ostuni von *Astu Neon*, d. h. Neue Stadt, hergeleitet wissen. Im 10. Jh. geriet die Stadt unter byzantinische Herrschaft, ehe sie seit 1071 dem normannischen Besitz zufiel. 1194–1218 gehörte der Ort zur Grafschaft Lecce, 1294–1463 zum Fürstentum Tarent, 1507–1557 zum Besitz des Herzogs von Bari. Seit 1639 war Ostuni für mehr als hundert Jahre Lehen der Familie Zevallos, danach bis 1806 der Familie Lopez y Rojo.

Auf dem höchsten der drei Hügel, auf dem sich die Altstadt erhebt, befindet sich die *Kathedrale*. Sie wurde 1435 begonnen, zwischen 1470 und 1495 vollendet und zeichnet sich durch eine bemerkenswerte spätgotische Fassade aus. Das Innere wurde im 18. Jh. barockisiert. – Die kleine Kirche *Santo Spirito* an der Piazza XX Settembre wurde 1637 vollendet. In der Lünette des Renaissanceportals: Tod Mariens; im Tympanon: Krönung Mariens und Verkündigung. – Das *Kastell* wurde 1198 im Auftrag Gottfrieds Graf von Lecce errichtet und 1559 zerstört. – Von der kleinen Straße entlang der Stadtmauer genießt man den Blick auf die etwa 7 km entfernt liegende Küste.

Carovigno: Die Reste der megalithischen Stadtmauer im Norden und Osten des Ortes stammen von dem ehemals messapischen *Carbina*, das etwa 460 v. Chr. von tarentinischen Eroberern zerstört wurde. Die Gebäude des Stadtkerns sind aus dem 14.–18. Jh. erhalten. Das Kastell wurde im 14. und 15. Jh. als Festungsanlage errichtet (1906 restauriert).

San Vito dei Normanni   Nr. 36

Da im Mittelalter ein Teil der Bevölkerung des kleinen Ortes (ca. 19 000 Einw.) slawischer Herkunft war, trug er bis 1863 den Namen *San Vito degli Schiavoni*. Erst danach erinnerte man sich wieder seiner Geschichte und seines Ursprungs in normannischer Zeit und gab dem Ort seinen heutigen Namen.

Das *Kastell* wurde im 12. Jh. von dem Normannen Boemund von Hauteville errichtet und seit dem 15. Jh. umgebaut. Die Pfarrkirche *Santa Maria della Vittoria* wurde Ende des 16. Jh. in Erinnerung an die Schlacht von Lepanto (1571) erbaut und während des 18. Jh. im Inneren umgestaltet.

In der Nähe des Ortes sind zwei Grottenkirchen der griechisch-

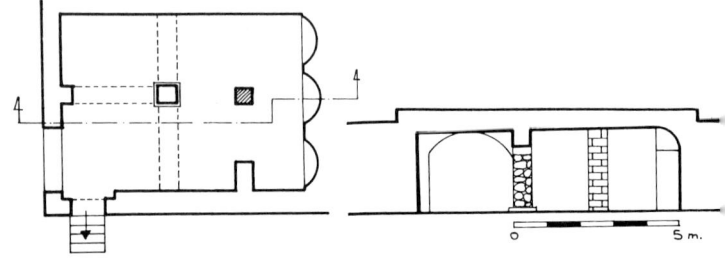

Grotta di San Giovanni: Grundriß

orthodoxen Klostergemeinschaft der Basilianer gelegen. Man folgt dazu der Straße in Richtung Mesagne bis km 101,5, zweigt links in einen Feldweg ab und erreicht nach ca. 1,5 km die *Grotta di San Biagio*, die vor allem wegen ihres *Freskenzyklus* berühmt ist. Eine Inschrift über dem Portal schreibt die Fresken einem Meister Daniel (1197) zu; ein Teil von ihnen entstand jedoch erst im 13./14. Jh. Im Zentrum der Decke ist Christus Pantokrator, im Kanon byzantinischer Darstellungen von den Evangelistensymbolen sowie Daniel und Ezechiel umgeben, zu sehen. In den äußeren Feldern folgen: Flucht nach Ägypten, Darstellung im Tempel, Verkündigung, Einzug in Jerusalem. Rechte Wand: Hl. Andreas, der Evangelist Johannes, Hl. Blasius, Herodes und die Hl. Drei Könige, Hl. Nikolaus (Ende 13./Anfang 14. Jh.). Rückwand: Hl. Georg, Hl. Demetrius, Geburt Christi und Anbetung der Könige, Hl. Sylvester, Hl. Stefan.

Auf die Hauptstraße zurückgekehrt, zweigt man etwa bei km 102,5 unmittelbar vor dem Bahnübergang rechts in einen Weg zur *Grotta di San Giovanni* ab. Auch in dieser Basilianergrotte sind bemerkenswerte *Fresken* des 12. und 13. Jh. zu sehen. An den Wänden: Maria, Johannes d. T., Hl. Clemens. In den Apsiden: Christus zwischen Maria und Johannes dem Täufer. Ikonostase: Erzengel Michael in kaiserlichen Gewändern (Anfang 12. Jh.).

37 Cisternino · Ceglie Messapico

Cisternino: Der kleine Ort mit den weiß gekalkten Häusern mutet fast orientalisch an. Römischen Ursprungs, stand er im frühen Mittelalter unter dem Einfluß der Basilianermönche, später unter dem des Bischofs von Monopoli (Nr. 33). 1505–1513 war Cisternino venezianischer Besitz. Die Kirche *San Nicola* ist ursprünglich romanischen Ursprungs, wurde aber später erweitert und umgebaut. Im Inneren befindet sich eine 1517 von dem Bildhauer Stefano da Putignano geschaffene Darstellung der Madonna mit Kind.

Ceglie Messapico: Der Ort ist insbesondere wegen der Reste seiner *Stadt-mauer* des 4./3. Jh. v. Chr. bekannt, die – im Volksmund *paretone* genannt – mit einem Umfang von etwa 5 km die Akropolis der messapischen Stadt *Caelia* umschloß. Von der Akropolis selbst ist nichts mehr erhalten. Über ihren Resten erhebt sich heute das malerische Städtchen, das ähnlich wie Cisternino fast orientalisch anmutet. Die *Chiesa matrice* wurde 1521 erbaut, 1795 erneuert. Das *Kastell* wurde über normannischen Resten im 15. und 16. Jh. von der Familie Sanseverino, den Fürsten von Ceglie, errichtet.
Etwa 3 km von Ceglie entfernt liegt an der Straße nach Francavilla die kleine Kirche *San Michele* mit byzantinischen Fresken des 14. Jh.

38   Mesagne

Bei den Messapiern als wichtiges Handelszentrum unter dem Namen *Messania* bekannt, in römischer Zeit Handelsposten an der Via Appia, diente die Stadt seit dem Mittelalter dazu, den westlichen, über den Landweg möglichen Zugang des etwa 15 km entfernt liegenden Brindisi zu überwachen.
Die *Chiesa del Carmine* entstand 1305; das Innere des einschiffigen Baus wurde später barockisiert. Das *Kastell* wurde ab 1062 unter Robert Guiscard errichtet. Als 1254 die mit Manfred von Hohenstaufen alliierten Sarazenen die Stadt eroberten und zerstörten, wurde auch die Festung geschleift, zwei Jahre später aber im Auftrag von Manfred selbst wieder aufgebaut. Im 15. und 17. Jh. folgten weitere Umbauten. Die benachbarte Kirche *Sant'Anna* entstand ab 1690. Die *Chiesa Madre* auf der Piazza III Novembre wurde 1653 über den Resten eines Vorgängerbaus aus angiovinischer Zeit (Krypta) erbaut. Im *Museo Civico* (Rathaus) sind frühgeschichtliche und römisch-antike Funde aus der Umgebung von Mesagne zu sehen. Bemerkenswert sind die *Keramik-funde* aus messapischen Nekropolen des 7.–2. Jh. v. Chr. Die benachbarte Kirche *Santa Maria in Betlemme* entstand 1738. Außerhalb der Stadt befindet sich die kleine Kirche *San Lorenzo*, deren Entstehung ins 7. Jh. datiert wird.

39   Francavilla

Die Umgebung von Francavilla war sowohl in frühgeschichtlicher Zeit als auch während der römischen Herrschaft in Apulien von Messapiern bewohnt. Die heutige Stadt verdankt ihre Entstehung Phillip I. von Aragon, Fürst von Tarent. 1364 wurde die Stadt im Auftrag Phillips II. von Aragon mit einer *Stadtmauer* umgeben, die später von Raimondello del Balzo Orsini erweitert wurde. 1450 begann unter Giovanni Antonio Orsini der Bau eines *Kastells*. 1517 wurde Francavilla Roberto Bonifacio zu Lehen gegeben, 1563 der Familie Borromeo, ehe die Stadt 1572 von der Genueser Familie David Imperiali erworben wurde, in deren Besitz sie bis 1782 blieb.
Der 1450 im Auftrag von Giovanni Antonio del Balzo Orsini begonnene Bau des *Kastells* wurde 1536 von Bernardino Bonifacio verändert; Anfang des 18. Jh. entstand daraus im Auftrag der Genueser Familie Imperiali der heutige *Palazzo Imperiali*.
In der Nähe des Palazzo (Via Umberto I.) stehen zwei weitere Paläste des 18. Jh.: Der *Palazzo Bottari-Margarita* und der *Palazzo Forleo-Brayda*.
Auf der Piazza Chiesa Matrice erhebt sich der *Dom*. Er wurde 1743 nach den Plänen des römischen Architekten Filippo Barigioni (1690–1753) als Zentralbau mit einer imponierenden Barockfassade über den Resten eines angiovinischen Vorgängerbaus errichtet.

40   Oria

Zahlreiche Grabfunde, Vasen, Münzen und Inschriften lassen erkennen, daß das frühgeschichtliche *Hyria* oder *Uria* Königsstadt der Messapier war. Glaubt man den Berichten Strabos, waren der messapische Königspalast und ein Saturntempel zu Lebzeiten des griechischen Geographen (etwa 63 v. Chr.–23 n. Chr.) noch erhalten. In römischer Zeit erhielt die Stadt Munizipalrechte und schloß sich kurzfristig Hannibal an, als dieser 216 v. Chr. in der Schlacht bei Cannae (vgl. Nr. 17) das römische Heer besiegt hatte. Nach dem Untergang des römischen Reiches ließen sich in Oria viele jüdische Gelehrte nieder. Die *Giudecca*, das jüdische Viertel, ist noch heute zu sehen. Auf Grund seiner strategisch interessanten Lage wurde die Stadt 569 von den Langobarden, 867 von Ludwig II. und 926/927 von den Sarazenen annektiert. 1060 wurde Oria von den Normannen erobert, gehörte später zum staufischen Territorium Friedrichs II. und Karls I. von Anjou. Im 16. Jh. war Oria Teil des Fürstentums Tarent. 1500–1557 war die Stadt Lehen der Familie Bonifacio; 1562 schenkte Philipp II. von Spanien das Marchesat Oria seinen Verwandten, den Fürsten Borromeo von Mailand, in deren Besitz es bis 1572 blieb. Danach wurde der Besitz von Carlo Borromeo, dem römischen Kardinal, für 40 000 Dukaten an die Genueser Familie Imperiali verkauft, die bis 1789 Besitzer blieb.

Castello und Kirche SS. Crisante e Daria

Das über dreieckigem Grundriß errichtete Kastell erhebt sich an der Stelle der ehemaligen messapischen Akropolis, wurde 1227–1233 im Auftrag Friedrichs II. erbaut, unter Karl I. von Anjou erweitert und 1934–1937 von Giovanni Martini Carissimo restauriert.
Aus staufischer Zeit sind nur noch der quadratische Turm *(Torre Quadrata)* und die unmittelbar daran angrenzenden Gebäude im Südwesten der Anlage erhalten. Das heutige Aussehen des Kastells wird weitgehend durch den Umbau Karls I. von Anjou bestimmt.

Oria

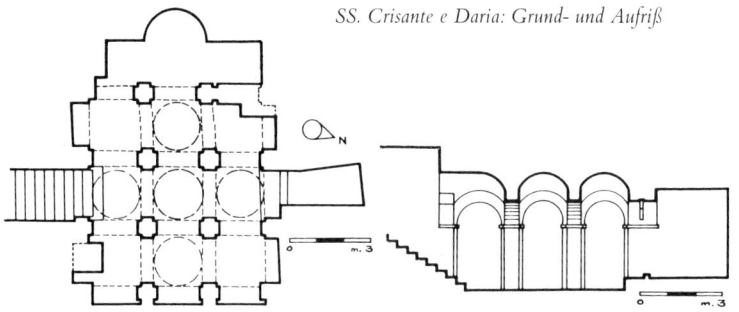

Aus dieser Zeit stammen die beiden durch eine Schildmauer verbundenen südlichen Rundtürme, die *Torre del Cavaliere* und *Torre del
Salto*. Ein weiterer Ausbau fand unter Gian Antonio Orsini, Fürst
von Tarent, hinsichtlich der Eheschließung seiner Nichte Isabella di
Chiaramonte mit Ferdinand I. von Aragon Ende des 15. Jh. statt *(Torre
dello Sperone)*. Während der *Haupteingang* des staufischen Kastells
ursprünglich im Südwesten gelegen war, betritt man den Innenhof,
die *Piazza d'Armi*, heute von Süden.
Unter der Torre del Salto befindet sich die Kirche *Santi Crisante e
Daria*. Sie ist das älteste erhaltene Baudenkmal Orias und präsentiert sich im Grundriß als dreischiffige Basilika mit halbrunder Apsis.
Wie Bauuntersuchungen ergeben haben, handelte es sich bei dieser
Kirche ursprünglich um die einzige in Apulien anzutreffende sog.
Basilica aperta, was bedeutet, daß bis auf den Chorraum alle Außenwände aus Arkadenbogenöffnungen bestanden. Die nachträgliche
Vermauerung der Arkaden ist noch zu erkennen. Obwohl immer
wieder von einer *Grottenkirche* gesprochen wird, steht heute fest,
daß die Kirche nicht in den Berg gegraben, sondern mit Mauerwerk
aufgeführt wurde. Es ist deshalb anzunehmen, daß der Bau die *Unterkirche eines byzantinischen Kirchenbaus des 9. Jh.* war. Die Gebäudereste
über dem heutigen Hofniveau stammen allerdings wahrscheinlich
von einer Kirche, die an Stelle des ehemals byzantinischen Baus
nach der normannischen Eroberung (1060) dort als erste römisch-
katholische Bischofskirche Orias errichtet wurde. Möglicherweise
wurden schon damals – vielleicht aus statischen Gründen – ein Teil
der Arkadenöffnungen der Unterkirche vermauert und das Boden-
niveau angehoben. Als Friedrich II. 1227 den Ausbau des Kastells in
Angriff nahm, wurde die Kirche abgerissen und die Unterkirche
zugeschüttet.

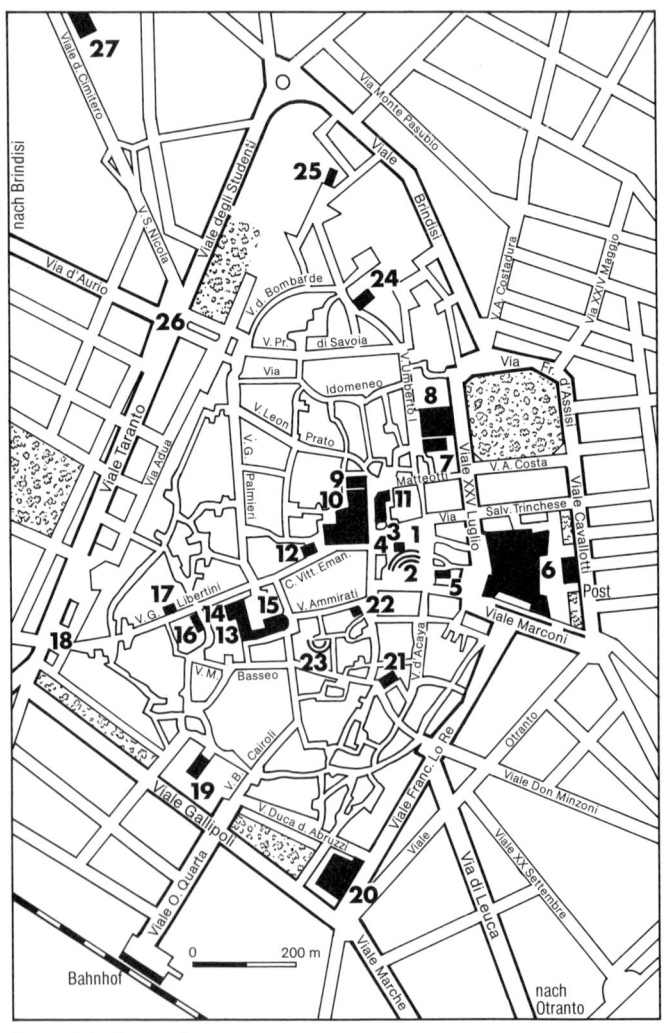

Lecce: Orientierungsplan

4I Lecce

Lecce, die Hauptstadt der südlichsten Provinz Apuliens, liegt auf der sog. *Salentinischen Halbinsel* und ist vor allem wegen der Barockbauten und einer wissenschaftlich bedeutenden Vergangenheit berühmt. Lecce erhielt dafür sogar den Beinamen ›Florenz des Barock‹ (›Firenze del barocco‹) bzw. ›Athen Apuliens‹. Trotz moderner Entwicklung hat die heute ca. 90 000 Einwohner zählende Universitätsstadt ihren Charakter und ihr altes Stadtbild weitgehend bewahren können.

Geschichte: Sybar, wie Lecce in der Frühzeit hieß, gehörte zu einer Reihe messapischer Städte, die sich mit Erfolg gegen die griechische Expansion Tarents wehren konnten. Erst im 3. Jh. v. Chr. mußte die Stadt nach der römischen Invasion ihre Selbständigkeit aufgeben. Das römische *Lupae* (noch heute trägt Lecce eine Wölfin im Wappen), etwa 3 km nordöstlich des heutigen Stadtkerns gelegen, wurde schon bald über die Straßenverbindung mit Brindisi dem römischen Städtesystem eingegliedert und erhielt Munizipalrechte. Indizien eines zunehmenden Wohlstandes sind das im 2. Jh. erbaute Theater bzw. Amphitheater und der Anschluß zu dem ca. 10 km östlich gelegenen Hafen *Adriano,* dem heutigen *San Cataldo,* der neben Brindisi der größte römische Hafen am Adriatischen Meer war. Nach dem Untergang des weströmischen Reiches (476) war Lecce wiederholt in die Kämpfe zwischen Goten und Byzantinern verwickelt, wurde 549 zerstört, gehörte später wieder zum byzantinischen Reich, verlor aber dennoch im frühen Mittelalter zunehmend an Bedeutung.

Das Schicksal Lecces wendete sich erst wieder im Zuge der normannischen Erboberungen des 11. Jh. Gottfried de Hauteville erhob die Stadt 1053 zum normannischen Hof- und Gerichtssitz in Südapulien, der Terra di Otranto. *Litium,* wie die Stadt damals hieß, war jetzt eine der Hauptstädte des normannischen Reiches in Apulien. Friedrich II., der Foggia zu seiner Residenz ernannt hatte, überließ die Verwaltung Lecces zunächst einem Administrator (vicecomes), später seinem unehelichen Sohn Manfred. Unter den Anjou (seit 1266) wurde die Grafschaft Lecce der Familie Brienne, 1356 der Familie Enghien zu Lehen gegeben. 1446 gelangte die Grafschaft in den Besitz von Orsini del Balzo, des Fürsten von Tarent.

Seinen Ruf als bedeutendes Wissenschaftszentrum begründete Lecce im 15. Jh., als die Stadt 1463 zum Territorium des aragonischen Königshauses gehörte. Da Lecce seit dem 16. Jh. wie andere apulische Städte auch immer wieder von türkischen Angriffen bedroht war, ließ Karl V. die Stadtmauer erweitern und ein Kastell erbauen. Aber trotz dieser Aufwertung hinsichtlich militärischer und strategischer

Bedeutung, konnte Lecce seinen kulturellen Anspruch bewahren. Vor allem unter der spanischen Herrschaft des 17. Jh. entstanden zahlreiche profane und sakrale Bauten, die heute unter der Etikette ›Lecceser Barock‹ Erwähnung finden. Andererseits war Lecce 1647/48 aber auch das Zentrum einer antispanischen Bewegung, die jedoch von der spanischen Regierung niedergeschlagen wurde. Bei den Aufklärern des 18. Jh. genoß die Schule von Lecce den Ruf, eine hervorragende mathematische, rechtswissenschaftliche und politische Ausbildung zu garantieren. Die sozialen Konflikte, wie sie sich vor allem zum Ende des 18. Jh. ausprägten, blieben jedoch bestehen. Erst im Zuge der Französischen Revolution, deren Taten und Gedanken 1789 das royalistische Europa erschüttert hatten, und in Folge der napoleonischen Herrschaft gelangten die Lecceser Bürger zu wirtschaftlichem und damit auch politischem Einfluß, von dem sich 1848 jedoch die Landbevölkerung dominiert sah. Auch die Maßnahmen der Regierung des Königreichs Italien (1861) und die der Republik (1946) konnten an diesen Konflikten und dem sozialen Gefälle zwischen der Stadt- und Landbevölkerung bis in die jüngste Vergangenheit nur mit Mühe etwas ändern: Die Provinzhauptstadt Lecce zählt nach wie vor zu den *bedeutendsten Universitätsstädten Italiens* und hat ihren traditionellen intellektuellen Charakter bewahrt, während derjenige der umliegenden Städte von Landwirtschaft und Industrie bestimmt ist.

Piazza Sant'Oronzo (1): Bei der antiken Säule handelt es sich um Teile einer der beiden Endsäulen der Via Appia aus Brindisi (Nr. 34). Nachdem die Säulen in Brindisi infolge eines Erdbebens 1528 zusammengestürzt waren, wurden die Reste einer der Säulen den Bürgern von Lecce überlassen, die sie 1666 hier aufgestellt und mit der Statue des hl. Orontius, des Bischofs und Stadtpatrons von Lecce, bekrönt haben.

Römisches Amphitheater (2)

Lage: Piazza Sant'Oronzo.

Die Reste des römischen Amphitheaters wurden 1938 freigelegt. Eine genaue Datierung für die Entstehung der Anlage ist nicht bekannt, kann aber für die 1. Hälfte des 2. Jh. n. Chr. angenommen werden. Die ausgegrabenen Teile lassen auf Außenmaße von 102 × 83 m und eine Arena von 54 × 34 m schließen. Die Anlage bot 25 000 Zuschauern Platz und zählt zu den Amphitheatern mittlerer Größe, wie sie vergleichbar in Salona, Nîmes, Arles, Pula oder Verona anzutreffen sind. Das 80 n. Chr. in Rom eingeweihte Kolosseum besaß eine Ausdehnung von 156 × 185 m und konnte 85 000 Menschen fassen. Das älteste Beispiel dieses durch die römische Ingenieurkunst neu entstandenen Bautyps ist das 80 v. Chr. erbaute Amphitheater in Pompeji.

Lecce: Römisches Amphitheater

Römische Amphitheater, die sportlichen Wettkämpfen, Tier- und Gladiatorenkämpfen dienten, bildeten rings um eine ovale Arena geschlossene Sitzreihen aus. Die konzentrischen Gänge in den Substruktionen der Sitzreihen wurden mit Ringtonnen überwölbt, Radial dazu verlaufende Stichgänge wechselten mit Treppen ab, die an zahlreichen Stellen im Zuschauerraum mündeten, so daß eine rasche Füllung bzw. Leerung der einzelnen Zuschauersektoren erreicht wurde. Das Amphitheater konnte ganz oder teilweise mit Sonnensegeln abgedeckt werden, die an Masten befestigt wurden, die in der oberen Umfassungsmauer verankert waren.

Das römische Amphitheater ist Ausdruck des imperialen Macht- anspruchs der Kaiserzeit und zeugt von der Bedeutung Lecces in römischer Zeit. Die Expansion des römischen Weltreiches folgte dem Grundsatz, in die eroberten Gebiete nicht nur eine zentral gelenkte Regierungsform, sondern auch Errungenschaften der rö- mischen Kultur zu exportieren. Da das Dramentheater allein dem Anspruch auf Macht- und Prachtentfaltung jedoch nicht genügen konnte, sollten, wo immer die römischen Legionen Fuß faßten, die Spiele (circenses) im Amphitheater für Ablenkung sorgen und die Einstellung der römischen wie die der Bevölkerung der eroberten Gebiete günstig stimmen. Das Publikum des römischen Amphi- theaters verlangte ›kein geistiges Kräftemessen‹. Es wollte die ›Schau‹ und jubelte demjenigen zu, der dort seine Popularität zu gewinnen suchte (Berthold).

Palazzo del Seggio oder Sedile (3; Piazza Sant'Oronzo): Der an der Rückseite des Amphitheaters gelegene pavillonartige Palazzo wurde 1592 unter Bürgermeister Pietro Mocenigo erbaut und diente bis 1851 der kommunalen Verwaltung. Heute finden in dem Palazzo zuweilen kleinere Kunstausstellungen statt.

Chiesa di San Marco (4; Piazza Sant'Oronzo): Die kleine, dem Palazzo del Seggio benachbarte Kirche wurde 1543 von venezianischen Kaufleuten gestiftet. Der Markuslöwe im Tympanon des Renaissanceportals weist darauf hin, daß die Kirche dem venezianischen Stadtheiligen geweiht ist. Architekt der Kirche war Gabriele Riccardi, der im selben Jahr auch den Umbau von San Francesco (25) besorgte.

Santa Maria delle Grazie (5; Piazza Sant'Oronzo): Die Kirche wurde im letzten Jahrzehnt des 16. Jh. nach den Plänen des aus dem Veneto stammenden Theatinermönchs Michele Coluzio erbaut und folgt der Anregung von Sant'Irene (12). Es ist nicht ausgeschlossen, daß Grimaldi, der Architekt von Sant'Irene, in die Planung eingegriffen hat. S. M. delle Grazie ist neben der Chiesa del Gesù (9) und Sant' Irene die letzte der Lecceser Kirchenbauten der Spätrenaissance. Im Inneren der einschiffigen, über dem Grundriß des lateinischen Kreuzes errichteten Kirche, sind ein *Holzkruzifix* von Vespasiano Genuino vom Ende des 16. Jh. und *Fresken* mit einer Darstellung der Madonna mit Kind erhalten. Die Leinwandbilder mit der Darstellung im Tempel, der Geburt Christi und Mariä Himmelfahrt stammen von Oronzo Tiso (1726–1800).

Castello (6; Viale XXV Luglio): Das Kastell wurde 1539–1549 im Auftrag Karls V. von Gian Giacomo dell'Acaja über unregelmäßig trapezoidem Grundriß errichtet. Die Bastionen, der viereckige Turm im Inneren des Kastells und Teile des inneren Hofes stammen noch von Vorgängerbauten, die bereits in normannischer und angiovinischer Zeit als Befestigungsanlage dienten.

Santa Croce (7)

Lage: Via Umberto I.

Die Kirche S. Croce und der angrenzende *Palazzo del Governo*, der *ehemalige Zölestinerkonvent*, sind die interessantesten Bauten des sog. ›Lecceser Barocks‹ (vgl. S. 31). Die Baugeschichte der 1582 geweihten Kirche erstreckt sich von 1549 bis 1646 und ist durch eine Reihe von Planänderungen und einem Wechsel der ausführenden Architekten bestimmt. Der Bau des ehemaligen Zölestinerkonvents wurde 1659 begonnen und 1695 vollendet.

Der untere Teil der zweigeschossigen *Fassade* wurde 1606 von Francesco Antonio Zimbalo (erw. 1567–1615) begonnen, der obere Teil 1646 von Cesare Penna (1607–1697) nach den Plänen von Giuseppe Zimbola gen. Zingarello (1620–1710) vollendet. Das untere Geschoß wird

Santa Croce: Fassade

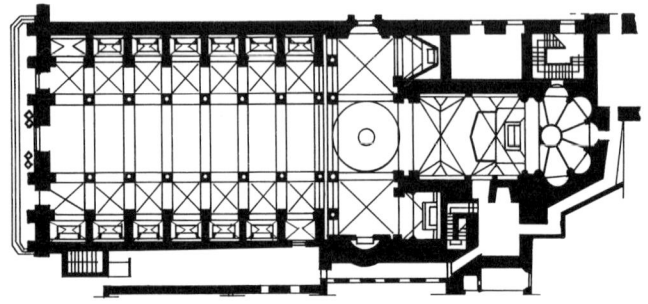

Santa Croce: Grundriß

durch Dreiviertelsäulen gegliedert, über denen ein verkröpftes
Gebälk aufliegt, das Dekorationsmotive des 16. Jh. nachahmt. Der
Bogenfries folgt Anregungen aus dem romanischen Kathedralbau.
Das Hauptportal wird von kleineren Doppelsäulen flankiert, die
auf übereckgestellten Sockeln ruhen und ein ebenfalls verkröpftes
Türgebälk tragen. Der obere Teil der Fassade wird durch die vorkragende Balustrade, das Rosettenfenster, vier Dreiviertelsäulen und
monumentale Skulpturen, ein stark verkröpftes Gebälk und einen
geschweiften Giebel bestimmt. Das Rosettenfenster ist eine direkte
Übernahme des romanischen Fenstertyps, wie er bei der Kirche
SS. Niccolò e Cataldo (27) anzutreffen ist. Die Konsolplastiken
der Balustrade gehen ebenfalls auf mittelalterliche Formen zurück
(z. B. Bari, Nr. 13; Castel del Monte, Nr. 22), sind aber auch noch in
der sizilianischen Architektur des 17. Jh. anzutreffen (Noto). Die mit
Flachreliefs verzierten Säulen tragen Zierleisten von Lotosblättern
und ahmen ein Dekorationsmotiv nach, das Anfang des 16. Jh. in
Norditalien verwendet wurde, bis zum 17. Jh. jedoch ungebräuchlich
geworden war. Die Uneinheitlichkeit der Fassade, die den Eindruck
einer an den eigentlichen Kirchenbau herangeschobenen Schauwand erweckt, wird durch eine ungleich gewichtete Anwendung,
Vielfalt und Dichte von Architektur- und Dekorationselementen
verursacht. Im Gegensatz zu dem unteren Teil der Fassade werden
im 2. Geschoß und im Frontispiz verbleibende Freiflächen mit plastischen, ornamentalen Dekorationselementen gefüllt.

Das *Innere* der Kirche ist Ende des 16. Jh. vollendet worden und
gehört der früheren Bauphase an. Die Struktur von Grund- und Aufriß, die den Innenraum in eine dreischiffige Anlage mit seitlichen
Wandpfeilern sowie eine zweigeschossige Mittelschiffhochwand
über Säulenarkaden gliedert, geht sicherlich auf die Planung
Gabriele Riccardis (erw. 1524, † 1582/86) zurück. Auffallend ist auch

Santa Croce: Innenraum

hier, wie mit den Säulenarkaden ein altes Motiv des romanischen Kathedralbaus in Apulien wiederkehrt (z.B. S. Sabino, Bari, Nr. 13). Im Gegensatz zur Gestaltung der Fassade werden im Inneren die Dekorationselemente jedoch viel sparsamer verwendet und lediglich an einigen Stellen appliziert, so daß die Wandfläche nur an wenigen Punkten akzentuiert ist und verhältnismäßig große freie Wandfelder erhalten bleiben.

Insgesamt wird an dem Bau von S. Croce mit der Abfolge der Bauphasen, die sich seit 1549 von der Gestaltung des Innenraumes über den unteren Teil der Fassade (1609) bis zur Vollendung des 2. Fassadengeschosses (1646) erstreckt, eine Entwicklung erkennbar, bei der die Dekorationselemente immer mehr der anfänglich noch architektonisch gegliederten Wandfelder für sich beanspruchen, und diese damit zu einem Dekorationsträger degradieren. Die architektonische Gestaltung der Wand weicht einer zunehmend dekorativen Gestaltung, wobei Fläche durch Plastizität ersetzt wird.

Palazzo del Governo (8; *ehem. Zölestinerkonvent*): Die erste Planung des ehemaligen Konventgebäudes geht auf Giuseppe Zimbalo gen. Zingarello (1620–1710) zurück, wurde dann aber nach einer Änderung wahrscheinlich durch Giuseppe Cino (1644–1722) und Cesare Penna (1607–1697) ausgeführt. Der Eindruck der zweigeschossigen, mit Pilastern gegliederten Rustikafassade wird von dem Hauptportal und den Fensterrahmungen bestimmt. Das Motiv der gekurvten und gesprengten Giebel ist aus der römischen Architektur des 16. und vor allem des 17. Jh. bekannt, wird in Lecce jedoch als eine besondere, die Fensteröffnungen rahmende Zierform verwandt. Auch hier ist zu beobachten, wie anstelle einer Wandgliederung ein betont plastisches Rahmengerüst erstellt wird und die Wandschichtung von plastischen Elementen bestimmt wird. Der einfach gegliederten Wandfläche wird ein primär plastisches Rahmengerüst appliziert.

Chiesa del Gesù (9)

Lage: Via Francesco Rubbichi.

Die Jesuitenkirche wurde 1575–1579 von dem Jesuitenpater Giovanni De Rosis erbaut. Sie zeugt von der schnellen Verbreitung des Ordens der Gesellschaft Jesu, der 1540 von Paul III. im Zuge der Gegenreformation bestätigt wurde und 1568–1584 durch Vignola und G. della Porta mit dem Bau von Il Gesù in Rom seine Hauptkirche erhielt. Die Chiesa del Gesù ist neben Sant'Irene (12) und S.M. delle Grazie (5) der erste Kirchenbau in Lecce, der Vorgaben der römischen Architektur des 16. Jh. aufnimmt.

Im Inneren des einschiffigen, über dem Grundriß des lateinischen

Kreuzes errichteten Baus sind eine Reihe von Ausstattungsstücken des späten 16. und 17. Jh. erwähnenswert, die von Künstlern des sog. ›Lecceser Barocks‹ geschaffen wurden: Der erste Seitenaltar links ist der Madonna di Loreto geweiht und wird Francesco Antonio Zimbalo (erw. 1567–1615) zugeschrieben. Die Darstellung der Verkündigung am 4. Seitenaltar links stammt von Girolamo Imparato (1597). Der Altar zu Ehren der Madonna del Buon Consiglio im linken Querschiff entstand Anfang des 17. Jh. und führt auf Francesco Antonio Zimbalo zurück. Der prachtvolle Hauptaltar soll von Giuseppe Cino geschaffen worden sein (1699). Die Dekoration des Altares im rechten Querschiff wird Giuseppe Zimbalo gen. Zingarello (1620–1710) zugeschrieben.

Der heutige *Palazzo di Giustizia (10)* neben der Chiesa del Gesù wurde 1577 als Jesuitenkolleg erbaut; die Fassade wurde 1868 verändert. – Der *Palazzo Comunale (11)* auf der gegenüberliegenden Straßenseite entstand 1764–1771 über den Resten eines Klosterbaus des 16. Jh.

Sant'Irene oder Chiesa dei Teatini (12)

Lage: Corso Vittorio Emanuele.

Die Theatinerkirche entstand 1591–1639. Planung und Baubeginn gehen auf Francesco Grimaldi zurück; die endgültige Fertigstellung besorgten Antonio Rienzo und Giovanni Battista Perulli. Ebenso wie bei der Jesuitenkirche (9) erinnern auch bei der Theatinerkirche Grundriß und Fassadengestaltung an römische Kirchenbauten des 16. Jh. Da Sant'Andrea della Valle, die Hauptkirche des Theatinerordens in Rom, aber ebenfalls erst 1591 begonnen wurde und die Pläne der Kirche dem Theatinermönch Grimaldi erst später bekannt geworden sind, wird als unmittelbares Vorbild des Lecceser Baus die kleine Kirche Sant'Andrea delle Dame (1585–1590) in Neapel angesehen, die ihrerseits wieder auf römische Kirchenbauten des 16. Jh. zurückgeht. Die Statue der hl. Irene über dem Portal stammt von Mauro Manieri (1717). Die Altäre werden Francesco Antonio Zimbalo (erw. 1567–1615) zugeschrieben. Das Gemälde mit der Darstellung der hl. Irene schuf Giuseppe Verrio. Andere Gemälde, wie der ›Transport der Arche‹ (1759), der ›Hl. Vinzenz‹ oder die ›Hl. Familie‹ stammen von Oronzo Tiso (1726–1800), ›Die Steinigung des hl. Stephanus‹ von Antonio Verrio d. Ä. (ca. 1620–1668).

Piazza del Duomo: Der weiträumig und hofartig wirkende Platz wurde im Laufe des 17. Jh. angelegt und wird durch den Blickfang des nördlichen Domportales, der Fassade des Bischofspalastes und der des Seminargebäudes bestimmt. – Der *Bischofspalast (13; Palazzo Vescovile)* wurde 1420–1428 errichtet, 1632 jedoch umgebaut und im

Lecce: Kathedrale und Piazza del Duomo

18. Jh. restauriert. Bestimmendes Element der Fassade ist die Verbindung des Mittelrisalits mit einem über erhöhtem Sockel durch offene Pfeilerarkaden, denen Halbsäulen vorgeblendet sind, gestalteten Untergeschoß. Das Obergeschoß tritt neben dem Mittelrisalit zurück. – Das *Seminargebäude (14; Palazzo del Seminario)* wurde zwischen 1694 und 1709 nach den Plänen Giuseppe Cinos ausgeführt, der Campanile 1661–1682 von Giuseppe Zimbalo gen. Zingarello erbaut.

Der Dom (*Santa Maria dell'Assunta*) **(15)**

Der Dombau geht auf eine Stiftung aus dem Jahre 1114 zurück, wurde aber 1659–1670 von Giuseppe Zimbalo gen. Zingarello in der heutigen Form umgestaltet.

Die zweigeschossige *Hauptfassade*, die an den Bischofspalast angrenzt, wird durch jeweils vier Pilaster gegliedert und in der Mittelachse mit Portal, Fenster und im Giebel mit einem querovalen Fenster durchbrochen. Die übrigen Wandfelder werden durch Nischenfiguren gefüllt. Die Hauptfassade ist nur dem Mittelschiff der dreischiffigen Basilika vorgelagert, setzt sich aber, ebenfalls mit Fenstern durchbrochen, über die Front des linken, nördlichen Seitenschiffes fort; der Front des rechten, südlichen Seitenschiffes ist rechtwinklig der ehemalige Bischofspalast vorgebaut.

Das *Nordportal*, sicherlich der auffälligste Bestandteil des Außenbaus, ist ebenso wie die Hauptfassade über zwei Geschosse angelegt und erreicht nahezu dieselbe Höhe. Instrumentierung und Gliederung bewirken jedoch einen wesentlich plastischeren Eindruck, der neben der vertikalen Gliederung durch Pilaster und Nischenfiguren und einer horizontalen Gliederung durch die Balustrade vor allem durch die zusätzliche Verwendung der Säulen, die die Aedikula des Portals flankieren, die Applikate von Dekorationselementen auf den Pilastern und Wandfeldern, den freistehenden Figuren und dem Giebelschmuck hervorgerufen wird. Da diese Nordfassade die Seitenschiffwand nahezu um das doppelte übersteigt, gleichzeitig aber, trotz der plastischen Wirkung, sehr dünn erscheint, kann von einer dem Portal des mittelalterlichen Baus applizierten Schauwand gesprochen werden, die der Inszenierung des Platzes dient.

Das *Innere* der dreischiffigen, über dem Grundriß des lateinischen Kreuzes errichteten Basilika wird mit Pilastern und Halbsäulen gegliedert. Die bemalte Holzdecke des Mittel- und Querschiffs datiert von 1685. Die Altarbauten gehen auf Cesare Penna und Giuseppe Zimbalo gen. Zingarello zurück. Die Krypta entstand 1517 (1956 restauriert).

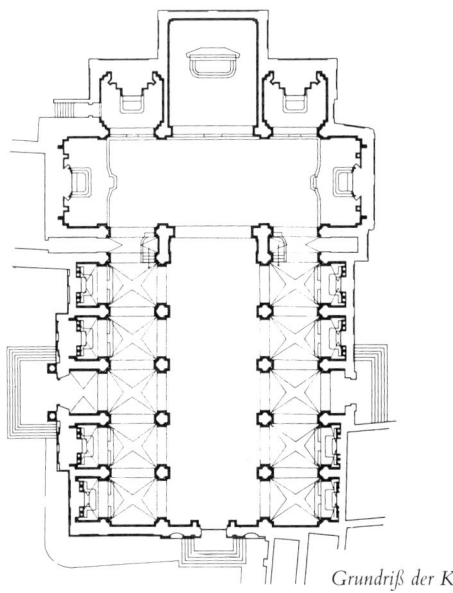

Grundriß der Kathedrale

Santa Teresa · Chiesa del Rosario (16; Via Giuseppe Libertini): Die Kirche *S. Teresa* gehört ebenfalls in die Reihe der Bauten des sog. ›Lecceser Barocks‹ und wurde zwischen 1620 und 1630 für den Orden der Barfüßigen Karmeliter errichtet. – An der *Chiesetta dell'Assunzione* (1519) und der kleinen Kirche *Sant'Anna* vorbei, erreicht man nach etwa 300 m die *Chiesa del Rosario*. Sie ist das letzte Werk des Lecceser Architekten Giuseppe Zimbalo gen. Zingarello, wurde 1691 begonnen und 1728 vollendet. Neben der Kirche steht der im 18. Jh. erbaute *ehem. Konvent der Dominikaner*, der heute als Schule genutzt wird.

Palazzo della Direzione Compartimentale Coltivazioni Tabacchi (17; Via Giuseppe Libertini): Der gegenüber der Chiesa del Rosario gelegene Renaissance-Palast, der heute der Direzione Compartimentale Coltivazioni Tabacchi als Geschäftssitz dient, wurde 1548 nach Plänen von Gian Giacomo dell'Acaja als Krankenhaus erbaut. Er ersetzte einen Vorgängerbau, den Giovanni d'Aymo 1392 als Heilig-Geist-Spital (Ospedale dello Spirito Santo) den Dominikanern überlassen hatte.

Porta Rudiae (18; Via Giuseppe Libertini/Viale Taranto): Das an der Straße nach Rudiae gelegene Stadttor wurde 1703 errichtet und wird von den Statuen der hll. Orontius, Domenikus und Irene bekrönt. Die vier Steinbüsten verweisen auf die Gründer von Lecce und zeigen: *Malennio*, den salentinischen König und ersten Gründer der Stadt; *Dauno*, seinen Sohn und Nachfolger; *Euippa*, die Schwester Daunos, die mit *Idomeneo*, dem zweiten Stadtgründer verheiratet wurde.

Chiesa del Carmine (19)

Lage: Piazza Tancredi.

Die Kirche wurde 1711–1717 von Giuseppe Cino über den Resten eines Vorgängerbaus des 16. Jh. errichtet und zählt neben S. Croce (7), S. Matteo (21) und den umgestalteten Bauten des Domes (15) und SS. Niccolò e Cataldo (27) zu den wichtigen Bauten des sog. ›Lecceser Barocks‹.

Die Fassade wird durch kannelierte Pilaster, denen jeweils ein Gebälk aufliegt, über drei Geschosse gegliedert, die im unteren Teil fünf, im mittleren drei und im oberen ein Joch beanspruchen. Die übrigen Wandfelder werden in der Mittelachse von Portal und Fenster durchbrochen oder durch eine Giebelbekrönung und Figurennischen betont. Applizierte Zierformen sorgen für eine plastische Rahmung dieser Elemente und werden zur Dekoration der Wandfläche. Auch hier erweckt die ihrer Struktur nach einfach gestaltete Fassade den Eindruck einer an den Kubus des eigentlichen Kirchbaus herangeschobenen Schauwand.

Obgleich über dem Grundriß des lateinischen Kreuzes errichtet, vermittelt das Innere der einschiffigen Kirche den Eindruck eines zum Oval tendierenden Raumes. Ein Ovalraum, wie er seit den Kirchenbauten Borrominis in der römischen Barockarchitektur gebräuchlich ist, wird damit jedoch noch nicht erreicht; der Einfluß der Bauten Borrominis ist deshalb auch wohl nur mittelbar vorauszusetzen.

Eine unmittelbare Anregung für die Raumlösung der Chiesa del Carmine ist viel eher in San Matteo (1667 ff.) zu sehen, während die ebenfalls von Cino erbaute Kirche S. Chiara (1687–1691) die Auseinandersetzung mit diesem Problem vorwegnimmt.

Museo Provinciale *(Museum der Provinz Lecce)* (20)

Lage: Via Duca d'Abruzzi.

Die Gründung des Museums geht auf Herzog Sigismondo Castromediano da Cavallino aus dem Jahre 1868 zurück. Den Kern der Sammlung bilden Exponate aus den archäologischen Grabungszonen der Provinz Lecce, vor allem in Rudiae. Neben messapischen und attischen Vasen sind ein Ephebenkopf der scopadeischen Schule und ein Amazonentorso hervorzuheben. Sehenswert sind weiterhin ein Psaltereinband des frühen 13. Jh. aus der ehemaligen Abtei S. Nicola di Casale (Otranto) sowie Gemälde der Venezianer Jacobello di Bonomo (2. Hälfte 14. Jh.), Antonio Vivarini (1415/20–1476/84) und des Leccesers Oronzo Tiso (1726–1800).

San Matteo (21)

Lage: Via dei Perrone

Mit dem Bau der Kirche wurde 1667 im Auftrag Bischof Pappacodas begonnen. Die Fassade war 1700 vollendet. Da die Skulpturen im Inneren der Kirche 1691/92 datiert sind, ist vorauszusetzen, daß der Hauptteil der Bauarbeiten etwa zwischen 1670 und 1690 stattfand. Die zweigeschossige *Fassade* alterniert in einem Wechsel konkaver und konvexer Schwingung, wobei Säulen, Pilaster und plastisch gerahmte Fenster dieses kontrapostische Bewegungsmotiv unter-

Lecce: San Matteo. Grundriß

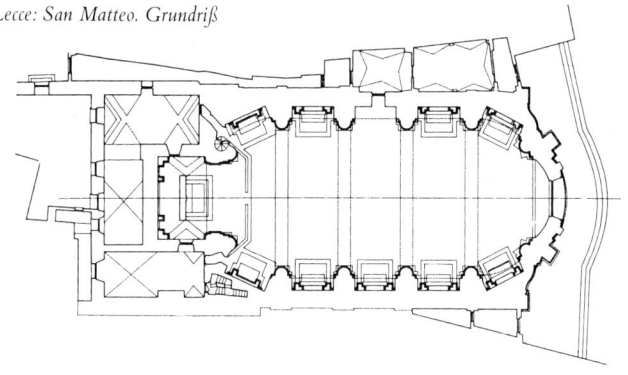

stützen. Der Grundriß des Innenraumes gibt die Tendenz zu einem langgestreckten Oval wieder. Der Architekt Achille Carducci, von dem kaum mehr als sein Name und seine ungefähren Lebensdaten bekannt sind (ca. 1644–1712), nimmt damit Motive auf, wie sie seit Borromini in Rom bekannt sind. Vor allem die Fassade scheint an diejenige von San Carlo alle quattro Fontane in Rom (1662 ff.) anzuschließen. Tatsächlich jedoch bleibt das Konkave und Konvexe des Lecceser Baus nur eine erweiternde Bereicherung einer an sich ebenen Fassade, was der tieferen Absicht Borrominis widerspricht, in dessen Fassade es keine festgehaltene Grundebene mehr gibt. Als unmittelbares Vorbild für den Bau von S. Matteo werden deshalb nicht die Arbeiten Borrominis selbst anzusehen sein, sondern Projekte seines Schülers Guarino Guarini, wie dieser sie in seinem Architekturtraktat für die Porta del Po oder das Innere von San Lorenzo in Turin publiziert hat. Auch die mittlerweile zerstörte Chiesa dell'Annunziata in Messina, die Guarini während seines Aufenthaltes in Sizilien (1655–1666) erbaut hat, könnte eine Anregung gewesen sein. Trotzdem bleibt fraglich, inwieweit dieser Bau der Barockkunst römischer Provenienz im engeren Sinne zugerechnet werden kann. Auch S. Matteo wird auf die Bezeichnung des sog. ›Lecceser Barocks‹ (S. 31) angewiesen bleiben.

Santa Chiara (22)

Lage: Piazza Vittorio Emanuele.

Der Bau der Kirche wurde 1687 begonnen und 1691 vollendet. Die Planung wird Giuseppe Cino (1644–1722) zugeschrieben. Die plastische Dekoration der zweigeschossigen Fassade nimmt die Gestaltung der 1694–1709 ebenfalls von Cino errichteten Fassade des Seminargebäudes auf der Piazza del Duomo (14) vorweg. Die Lösung des Innenraumes ist sicherlich durch diejenige der Kirche San Matteo (21; 1667 ff.) angeregt, spiegelt die Auseinandersetzung mit einem nicht mehr rechtwinkligen Grundriß wider und geht Cinos Lösung des Innenraumproblems der Chiesa del Carmine (19; 1711 ff.) voraus. Inwieweit angesichts des oktogonal anmutenden Grundrisses neben S. Matteo auch hier Projekte Guarinis als Anregung berücksichtigt werden müssen, bleibt zu prüfen.

Die Altarbauten mit z. T. polychromen Skulpturen im Inneren der Kirche werden ebenfalls G. Cino oder seiner Schule zugeschrieben. Von den Gemälden sind über dem Eingang eine Darstellung mit dem ›Tod des hl. Joseph‹ (Neapel, Anf. 18. Jh.) und in der Sakristei die einer ›Hl. Agnes‹ von Solimena (1630–1716) zu erwähnen.

Römisches Theater (23)

Lage: Via Arte della Cartapesta.

Die Entstehung des 1929 ausgegrabenen und verhältnismäßig gut erhaltenen Römischen Theaters wird in der 1. Hälfte des 2. Jh. n. Chr. angenommen. Die Abmessung der Anlage beträgt 40 m und bot 5000 Zuschauern Platz.

Während die Griechen ein Theater so in die Landschaft eingefügt haben, daß die Sitzreihen auf dem natürlichen Gelände aufruhen konnten, wie beispielsweise in Epidauros, haben die Römer ihre Theater ohne Rücksicht auf das Gelände inmitten einer Stadt errichtet, so daß die Sitzstufen durch Umgänge und Treppenanlagen unterbaut werden mußten. Das Bühnenhaus wird als *Scenae frons* in gleicher Höhe wie die Sitzränge ausgebaut und mit diesen rechts und links durch die Paraskenien verbunden, so daß ein ringsum geschlossenes Gebäude entsteht. Im Gegensatz zum griechischen Theater ist der Platz, auf dem gespielt wird, nicht mehr die *Orchestra*, sondern die der Scenae frons vorgelagerte und von den Paraskenien seitlich begrenzte Bühne, das *Proscenium*. Die Schauwand der Scenae frons wurde in mehreren Stockwerken durch Säulen, Nischen, Aedikulen, Gebälk und Gesimse gegliedert. In der Renaissance wurde die Grundkonzeption des römischen Theaterbaus wie etwa bei Palladios Teatro Olimpico in Vicenza oder dem Teatro Farnese in Parma wieder aufgenommen.

Während das griechische Theater von der religiös-theatralischen Kultfeier zu Ehren der Götter ausging und der Aufführung von Tragödie oder Komödie diente, an der das Publikum aktiv teilnahm, war das römische Theater der Kaiserzeit durch die Darbietung von Komödien zur Unterhaltung des Volkes bestimmt. Ausgangspunkt waren die in der Nähe von Amphitheatern aufgeschlagenen Bretterbühnen der Possenspieler, die später zur Voraussetzung der Straßenszenen der Komödiendichter Plautus (254–184 v. Chr.) und Terenz (190–159 v. Chr.) wurden. Aber noch 154 v. Chr. war in Rom durch Senatsbeschluß verboten worden, feste Theater zu errichten. Erst 55 v. Chr. konnte mit dem Bau des Teatro Pompeio in Rom die Grundkonzeption des römischen Theaters ihren festen Ort erhalten.

Sant'Angelo (24; Piazzetta SS. Addolorata): Die Kirche ist ebenfalls unter die Beispiele der sog. Lecceser Barockbauten einzureihen. Ihr Baubeginn datiert 1663. Architekt war wahrscheinlich Giuseppe Zimbalo gen. Zingarello.

San Francesco di Paola oder **Santa Maria degli Angeli** (25; Piazza dei Peruzzi): Die Renaissance-Kirche wird Baldassare Peruzzi zugeschrieben und soll 1525 errichtet worden sein. 1543 erfolgte ein Umbau, in dessen Zusammenhang auch das Portal entstanden sein soll. Als Architekt wird Gabriele Riccardi angenommen.

Lecce: SS. Niccolò e Cataldo

Porta Napoli oder **Arco di Trionfo (26):** Das mehr als 20 m hohe *Stadttor* wurde 1548 zu Ehren Karls V. erbaut. Als Architekten vermutet man Gian Giacomo dell'Acaja. Das Tor war ursprünglich Teil der Stadtbefestigung, die Karl V. 1540 zum Schutz gegen die türkischen Überfälle anlegen ließ, und von der noch einige Reste zu sehen sind. – Der stadtauswärts gelegene *Obelisk* wurde 1822 zu Ehren von Ferdinand I. von Bourbon errichtet. Er sollte an die Loyalität der Lecceser Bürger gegenüber dem spanischen König erinnern, nachdem die antispanische Bewegung von 1820 beruhigt worden war. – Links daneben befindet sich das *Hauptgebäude der Universität* Lecce.

SS. Niccolò e Cataldo (27)

Lage: Viale del Cimitero.

Die etwas außerhalb der Stadt gelegene Kirche blieb als einziger Sakralbau Lecces aus normannischer Zeit erhalten. Wie aus der Widmungsschrift auf dem Architrav des Hauptportals und auf dem Türsturz des Seitenportals hervorgeht, wurde die Kirche 1080 von Tankred, Graf von Lecce, gestiftet. Die Westfassade wurde 1716 von Giuseppe Cino angefügt und ist dem sog. ›Lecceser Barock‹ zuzurechnen.

Bei der Neugestaltung der *Westfassade* hatte Cino auf Vorgaben des romanischen Baus Rücksicht zu nehmen, was zu dem Ergebnis führte, daß die romanische Fassade mit neueren Architektur- und

Skulpturenelementen einfach überblendet wurde. Pilastergliede-
rung und Gebälk sowie die vollplastischen Figuren werden ebenso
wie die einzelnen Zierformen der flachen, romanischen Westwand
appliziert und zeigen den Charakter von Dekorationselementen.
Das *Innere* des romanischen Kirchenbaus gibt den Kompromiß
zwischen den Grundrißformen eines Zentral- und eines Longitudi-
nalbaus wieder. Die drei verhältnismäßig hohen Kirchenschiffe,
denen sich ein wenig prononciertes Querhaus anschließt, werden
von einer ovalen Kuppel über oktogonalem Tambour überhöht.
Indem einerseits ein basilikales Kirchenbauschema, andererseits der
orientalische Zentralkuppelbau Berücksichtigung findet, wird das
Motiv einer Kuppelbasilika angestimmt.
Das *Grabmal* im rechten Seitenschiff wurde 1634 für den Lecceser
Dichter *Ascanio Grandi* errichtet. Die Gemälde der Seitenaltäre
stammen von dem Neapolitaner Giovanni Bernardo Lama (ca. 1506–
1598) und stellen die ›Erscheinung des hl. Benedikt‹ und die ›Hll. Niccolò und Cataldo‹ dar. Fresken mit Darstellungen aus der Franziskus-
legende sind in Resten erhalten. Die Wandfresken im Chorraum entstanden Anfang des 16. Jh.

Scavi di Rudiae *(Archäologische Grabungszone)*   **Nr. 41**

Lage: Von der Porta Rudiae aus folgt man der Via Diaz stadtauswärts in Richtung Gallipoli. Nach etwa 3 km verläßt man die Staatsstraße und biegt rechts
in die Straße nach S. Pietro in Lama ab.

Rudiae, ursprünglich eine messapische Stadt, war später römisches Munizipium und wird bei vielen antiken Autoren erwähnt. Sie war Heimat des römischen Dichters *Qintus Ennius* (3.–2. Jh. v. Chr.). Anfang des 12. Jh. wurde die
Stadt von Wilhelm I., dem normannischen König von Sizilien, zerstört. In der
Grabung wurden u. a. messapische Gräber des 3.–4. Jh. v. Chr., Reste von
Gebäuden, eines Amphitheaters und einer unterirdischen Wasserleitung der
römischen Stadt freigelegt. Grabfunde, wie Vasen, Schmuck, Gebrauchsgegenstände etc. werden im Museo Provinciale Lecce aufbewahrt.

42   Martano · Carpignano Salentino

Martano: Die kleine Stadt (ca. 8 400 E.) wurde im 8. Jh. von Griechen gegründet, woran heute noch der griechisch beeinflußte Dialekt erinnert, der
hier gesprochen wird. Das *Kastell* stammt aus dem 15. Jh. In der *Pfarrkirche
(Parrochiale del Rosario)* ist ein Hochaltar mit einer Darstellung der Grablegung Christi zu sehen, die wohl von einem anonymen Nachfolger des
Venezianers Palma il Giovane (1544–1628) geschaffen wurde.

Carpignano Salentino: Bedeutender ist jedoch das etwa 3 km entfernt, in
Richtung Otranto liegende Carpignano (ca. 3 300 E.), das ebenfalls auf eine
griechische Gründung zurückblicken kann und in der Cripta SS. Marina e
Cristina die *ältesten bisher in Apulien bekannt gewordenen Fresken* bewahrt.

Cripta SS. Marina e Cristina: Man betritt die Krypta von der Piazza Madonna delle Grazie aus. Die in den Tuffstein gegrabene Krypta besteht über nahezu gleichmäßig rechteckigem Grundriß aus zwei verschieden großen Raumteilen, die durch Pfeiler unterteilt sind. Der linke Raumteil ist der hl. Marina geweiht, der rechte der hl. Cristina. Die Fresken mit den Darstellungen des hl. Theodor, des hl. Nikolaus und der hl. Cristina auf einem der Pfeiler datieren ins 11. Jh. Bedeutender sind jedoch die Fresken in den beiden kleinen Apsiden in der rechten Seitenwand: Sie zeigen jeweils einen Thronenden Christus. Datierung und Signatur der griechischen Inschriften schreiben die Entstehung dieser Fresken 959 Theophilaktos und 1020 Eustathios zu. Die angrenzend erhaltene Darstellung der Verkündigung dürfte ebenfalls aus dem 10. Jh. stammen.

Der *Palazzo Orsini*, der sich im Zentrum des Ortes erhebt, wurde im 14. Jh. als befestigter Stadtpalast angelegt, später jedoch vielfach verändert. Die *Pfarrkirche* entstand 1574. Im Inneren sind ein Altar von Placido Buffelli (1670) und ein Taufbecken (1594) zu sehen.

43 Otranto

Otranto ist die *östlichste Stadt Italiens* am sog. *Kanal von Otranto*, der 82 km breiten Durchfahrt des adriatischen Meeres zwischen den Küsten Italiens und Albaniens. Die gegenwärtig ca. 4 000 Einwohner zählende Bischofsstadt ist griechischen Ursprungs und hieß damals wegen des kleinen Flusses Idro, an dessen Mündung der Ort gegründet wurde, *Hydruntum.* Später römisches Munizipium, diente der Hafen, vor allem in republikanischer Zeit, der Verbindung mit dem griechischen Festland. Im frühen Mittelalter zählte Otranto zu den wichtigsten Städten der Byzantiner auf der Salentinischen Halbinsel und war Sitz eines griechischen Bischofs; die Hauptstadt gab der Region ihren Namen: *Terra d'Otranto.* 1054–1068 gehörte Otranto zusammen mit Bari und Tarent zu den letzten byzantinischen Stützpunkten im Kampf gegen die Normannen. 1070 wurde die Stadt von Robert Guiscard erobert. Im 11. und 12. Jh. besaß Otranto als Hafenstadt für den Handelsverkehr mit Venedig, Konstantinopel, den Städten an der dalmatinischen Küste und für die Kreuzzüge wieder Bedeutung. 1480 war Otranto einem schweren türkischen Angriff Mehmed II. ausgesetzt, der nach 15 Tagen Belagerung die Stadt schließlich eroberte und unter den überlebenden Christen ein schreckliches Blutbad anrichtete. Ein Jahr später, 1481, konnte Alfons, Fürst von Kalabrien, der Bruder des neapolitanischen Königs Ferdinand I. von Aragon, die Stadt zurückerobern. Durch die Erweiterung der Befestigungsanlagen konnte sich Otranto weiteren türkischen Angriffen (1537, 1638) erfolgreich widersetzen. Dennoch verlor die Stadt zunehmend an Bedeutung, die Hafenanlagen versandeten, und an der Küste breitete sich die Malaria aus.

Kathedrale Santa Maria Annunciata

Die Kathedrale S. Maria Annunciata ist das weithin sichtbare Wahrzeichen der Stadt. Nach der Eroberung Otrantos durch die Normannen ließ Boemund 1080 mit dem Bau der Kirche beginnen. 1088 folgte

die Weihe der Krypta und des Querhauses, das ursprünglich von einem Vierungsturm überragt werden sollte. Das Langhaus dürfte der Datierung des Fußbodens zufolge in der Mitte des 12. Jh. vollendet worden sein. Im August 1480 ereignete sich nach der türkischen Eroberung der Stadt die Ermordung zahlreicher christlicher Überlebender, die in der Kathedrale Schutz gesucht hatten. Die Märtyrerkapelle und der Hinrichtungsstein unter dem Hauptaltar erinnern noch heute an diesen Sacco d'Otranto. Ende des 15. Jh. folgte unter den Aragonen eine teilweise Erneuerung der zerstörten Kathedrale. Die Fassade entstand 1674. Die barocke Innenausstattung des 17. und 18. Jh. wurde in jüngster Zeit entfernt.

Das *Innere* der dreischiffigen Basilika überrascht durch seine Raumwirkung, die durch die rechts und links über 14 Säulen errichteten Arkaden und die Wirkung des Lichtes, das durch die Obergaden eindringt, hervorgerufen wird. Die Kassettendecken entstanden Ende des 17. Jh. Rechts und links vom Eingang sind Fresken mit Darstellungen des hl. Antonius und der Madonna aus dem 17. und 18. Jh. erhalten. Das rechts vom Eingang gelegene Grabmal wurde wahrscheinlich von Nicola Ferrando (erw. 1481–1514) für Erzbischof Serafino da Squillace errichtet. An der linken Wand des rechten Seitenschiffes ist ein spätromanisches Fresko mit der Darstellung einer Madonna mit Kind erhalten. Die Silberarbeiten des Hauptaltares entstanden im 18. Jh. in Neapel. Rechts vom Presbyterium öffnet sich die *Märtyrerkapelle*, die an die Hinrichtung zahlreicher Christen Otrantos nach dem türkischen Überfall 1480 erinnert.

Das Fußbodenmosaik

Der Mosaikfußboden der Kathedrale gehört zu den *großen Kostbarkeiten der Kunst in Apulien*. Er wurde 1163–1166 von *Pantaleon* geschaffen und diente wahrscheinlich als Vorbild für das mittlerweile zum größten Teil zerstörte Fußbodenmosaik des Domes in Brindisi (Nr. 34.5). Die Bedeutung des Fußbodenmosaiks ist im einzelnen noch nicht vollständig entschlüsselt. In seiner Gesamtheit weist es jedoch auf eine Darstellung der Mächte des Bösen, der Versuchung des Menschen und der Erlösung im Sinne christlicher Heilslehre hin. Im *Mittelschiff* ist von Westen nach Osten über dem Rücken zweier Elefanten ein mächtiger Stamm dargestellt, der sich rechts und links vielfältig verzweigt. Lebewesen aller Art bevölkern dieses Geäst. Neben Pferd, Esel, Hase, Hund, Fuchs und Wolf, Fischen und Vögeln sind Fabelwesen wie Drachen, Greifen oder Sphingen und dämonische Wesen zu sehen. Auf der rechten Seite des Stammes wird *Alexander d. Gr.* aus der Mitte solcher dämonischer Wesen befreit und gen Himmel getragen. Als Bedeutung geht dieser Darstellung im Mittelalter das Verständnis voraus, daß Alexander die Welt eroberte, um sie zu zivilisieren und in einem brüderlichen Imperium zu vereinigen. Über dieser Glorifikation Alexanders sind Deukalion und Pyrrha zu sehen, die eine Vision der Sintflut verbildlichen. Bei Pantaleon werden die beiden Figuren der Mythologie

Detail des Fußbodenmosaiks

aber nicht in einer Kiste, sondern auf einem Delphin sitzend gerettet. Daneben sieht man, wie Jonas von dem Walfisch verschlungen wird. Auf der linken Seite folgt eine Darstellung der griechischen Göttin Diana, die hier als Symbol des Götzendienstes anzusprechen ist und einen Hirsch erlegt, der Christus symbolisiert. Darüber folgt die Darstellung von vier Löwenleibern, die sich zu einem Menschenantlitz zusammenfügen; der untere Löwe hat seine Krallen in den Leib eines Drachen geschlagen, der eine Schlange herauswürgt. Weiter oben ist der Turmbau von Babel dargestellt. Andere Darstellungen zeigen Szenen aus der alttestamentarischen Geschichte Noahs, der den Weinstock pflanzt, mit Gott spricht und das Holz für die Arche zuschneiden läßt. Daran anschließend sind Szenen vom Ende der Sintflut ausgeführt. Vor dem Hauptaltar werden in zwölf Kreisen *Monatsdarstellungen* gezeigt, die für den Monat jeweils typische Arbeiten darstellen. Darüber folgt eine Darstellung Adam und Evas, Kain und Abels sowie König Artus' auf dem Pferd, das von einer Bestie angegriffen wird, während rechts darüber ein nackter Mann gezeigt ist, den man als Darstellung Parzivals zu identifizieren versuchte.

Das Fußbodenmosaik der *Vierung* bringt Hinweise auf die Erbsünde und Erlösung des Menschen. Neben dem Baum der Erkenntnis ist Eva zu sehen, die der Versuchung durch die Schlange erliegt; daneben Adam, der das Gebot Gottes mißachtet. Rechts links und oberhalb dieser Szene folgen Bestiendarstellungen, die nach mittelalterlicher Auffassung Laster und Tugenden symbolisieren: der Büffel die materielle Macht, Boemoth, das größte aller Tiere, die teuflischen Geister, Pardel und Fuchs die Wollust und Verschlagenheit, der Elefant die Keuschheit, Leviathan den Teufel, das Dromedar den Hochmut, der Wildesel die Ketzerei, der Bogenschütze die Leidenschaft und rohe Gewalt, die Sirenen die Verführerin zur Wollust und der Phönix die Auferstehung. Den Abschluß bilden König Salomon und die Königin von Saba.

Im Fußbodenmosaik der *Mittelapsis* folgen weitere Darstellungen alttestamentarischer Szenen und symbolhafter Tierdarstellungen. In der Mitte symbolisiert Jonas, der von dem Walfisch verschlungen und dann wieder ausgespieen wird, die Auferstehung. Die Darstellung Samsons mit dem Löwen und der rote Drache, der einen Hirsch umschlungen hält, symbolisiert den Kampf Satans mit der christlichen Seele.

Die Fußbodenmosaiken in den *Seitenschiffen* verbildlichen die Vorstellungen von *Paradies* (links) und *Hölle* (rechts). Im *linken Seitenschiff* ist ein belaubter Baum dargestellt, in dessen verzweigten Ästen zwei Menschen zu sehen sind. Das Bild wurde als das paradiesische Dasein der ersten Menschen, die dort in friedlicher Eintracht lebten, interpretiert. Darüber sind Jakob, Isaak und Abraham dargestellt. Den oberen Abschluß bildet ein springender Hirsch als Symbol für den Ablauf des christlichen Lebens. – Die Darstellung der Hölle im *rechten Seitenschiff* beginnt mit Charon, dem Totenfährmann in die Unterwelt, und dem Höllenhund Zerberus mit einem Ruder in der Hand. Darüber der Teufel, der auf einer Waage die Seelen der Verdammten abwägt; daneben ein Simonist, der zur Strafe kopfüber in einem Bottich mit siedendem Öl steckt. In östlicher Richtung folgen dann die Bilder eines Geizigen, dem die Schlange an der Gurgel sitzt; Verschwender und Betrüger werden von einer Bestie verschlungen. Veruntreuer sind von Erinnyen, dem Symbol des schlechten Gewissens, umgeben. Der Teufel wird als Herr der Hölle auf einer dreiköpfigen Schlange sitzend dargestellt. Die darüber folgenden Tierdarstellungen symbolisieren Wollust (Bär), Habgier (Wolf) und Hochmut (Löwe). Sphinx und Harpyie symbolisieren das Unbegreifliche und die Gefräßigkeit. Die riesige rote Schlange, die gerade ein Opfer verschlingt, ist das Bild des Teufels. Der junge Löwe, der sie angreift, symbolisiert Juda, wie es der Segen Jakobs verheißt (Gen. 49,9). Die menschliche Gestalt mit der Schriftrolle wird durch eine Beischrift als der Prophet Samuel, der letzte Richter Israels und Begründer der Königsherrschaft bezeichnet. Den Abschluß bilden die Darstellungen des Giganten Anteus, Efialtus, Atlas und Nembrot. Die Bedeutung der rechts folgenden, nur noch teilweise sichtbaren Gestalt, zwischen deren gespreizten Beinen eine kleine menschliche Gestalt mit erhobenem rechten Arm steht, ist unklar.

San Pietro: Die Kirche ist die einzige in Apulien unverändert erhalten gebliebene *byzantinische Kreuzkuppelkirche.* Sie ist ein deutliches Indiz dafür, wie sich auch nach der Vertreibung der byzantinischen Herrscher im 11. Jh. griechische Kultur noch über Jahrhunderte halten konnte. Die Kirche dürfte im 10. und 11. Jh. erbaut sein und ist in ihrem Inneren mit *Fresken* ausgemalt. Die ältesten dieser Fresken entstanden um die Wende vom 11. zum 12. Jh. und im 13. Jh. Die übrigen Fresken sind im 15. und 16. Jh. als Erneuerung von zerstörten Wandmalereien angebracht worden. Dargestellt sind Bildnisse von Heiligen und Kirchenvätern, Szenen aus dem Leben Christi sowie Sündenfall, Vertreibung aus dem Paradies und Auferstehung. In der Mittelkuppel ist Christus als Weltenrichter dargestellt.

Castello: Das Kastell wurde über den Resten einer staufischen Befestigungsanlage 1485–1498 unter Ferdinand I. von Aragon nach der Befreiung Otrantos von den Türken (1481) über dem Grundriß eines unregelmäßigen Pentagons angelegt. 1578 folgte eine Erweiterung. Über der Bastion sind die Wappen von Pedro da Toledo und Antonio

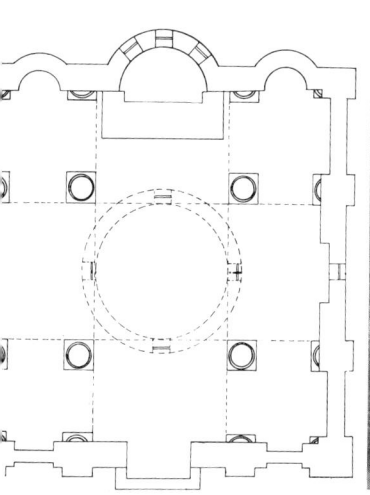

San Pietro mit Grundriß

de Mendoza, Vizekönig der Terra d'Otranto zur Zeit des spanischen Königs Philipp II., angebracht. Über dem Haupteingang ist das Wappen Karls V. zu sehen.

Die Meeresgrotten: Südlich von Otranto, entlang der Küstenstraße nach Castro, liegen die berühmten Grotten, die schon in vorgeschichtlicher Zeit bewohnt waren. Die bedeutendsten sind die *Grotta dei Cervi*, die *Grotta Romanelli* und die *Grotta Zinzulusa*. In der Grotta Romanelli entdeckte 1879 Paolo Emilio Stasi Steinzeichnungen aus megalithischer Zeit. Die meisten der Grotten sind nur vom Meer aus zu erreichen und mit einer Erlaubnis der Soprintendenza alle Antichità della Puglia zu besichtigen. Im Hafen von *Castro* liegen jedoch immer Boote bereit, die gegen Bezahlung eine Fahrt zur Grotta Zinzulusa möglich machen. Ein Besuch der 9 m über dem Meeresspiegel gelegenen und wegen ihrer Tropfsteine und Fauna bekannten Grotte lohnt sich.

44 Maglie · Muro Leccese · Giurdignano

Maglie

Im Zentrum der etwa 14 000 Einwohner zählenden Stadt steht die Kirche *Madonna delle Grazie*. Sie wurde 1624–1648 errichtet und mit einem Barockportal ausgestattet. Die benachbarte *Pfarrkirche*, die sich durch eine konvexe Barockfassade auszeichnet, stammt aus dem

18. Jh. Der Campanile erinnert an den des Domes von Lecce (Nr. 41). Beide Bauten sind im Zusammenhang des sog. ›Lecceser Barocks‹ zu sehen.

Das *Museo Comunale di Paleontologia* wurde 1965 eingerichtet und vereint eine Sammlung von Versteinerungen pleistozener Fauna, die in den Steinbrüchen von San Sidero gefunden wurden, mit zahlreichen Funden aus der Grotta Romanelli, Grotta Cardamone und anderen Fundorten aus der Zeit des Neolithikums (vgl. Nr. 43, Meeresgrotten). Das Museum ist vor allem für Besucher mit paläontologischen, prähistorischen und zoologischen Interessen von Bedeutung.

Die Menhire von Maglie

In der Umgebung von Maglie sind noch zwei Menhire erhalten: der eine im Nordosten der Stadt, an der Straße nach Melpignano, unmittelbar bei der Tangentiale, die um Maglie herumführt, der andere im Südosten, an der alten Straße nach Muro Leccese.

Ein Menhir, was im Keltischen soviel bedeutet wie langer Stein, ist eine im Bereich der westeuropäischen Megalithkultur, zu der auch die Gräberkultur der Dolmen gehört (Giurdignano; Bisceglie, Nr. 15), verbreitete symbolische Denkmalform des späten Neolithikums und der frühen Bronzezeit. Die aufgerichteten länglichen unbehauenen Steine, wie sie auf der Iberischen Halbinsel, in der Bretagne, in Großbritannien und Irland, in Belgien und im Rhein-Main-Gebiet, aber auch in Italien und Malta zu finden sind, haben im allgemeinen eine Höhe von 2–7 m. Der Men-er-H'roeck bei Locmariaquer in der Bretagne hatte vor seiner Zerstörung sogar eine Höhe von mehr als 20 m. Die größten Anlagen der meist in Kreis- bzw. Alleeform aufgerichteten Menhire finden sich in Stonehenge und Avebury in England bzw. in Corasac in der Bretagne. Bearbeitung und Transport der Menhire setzten eine beachtliche Stufe kultureller und gesellschaftlicher Organisation voraus. Die aufragende und monumentale Form der Menhire hat oft über weite Entfernungen als orientierendes oder kultisches Zeichen gewirkt. Aber auch wenn sicher ist, daß Menhire nicht als Grabstelen verwendet wurden, so bleibt ihre tatsächliche Bedeutung immer noch unklar. Die Forschung interpretiert sie als Opferpfähle, Ahnengedenksteine, Stätten der Fruchtbarkeitskulte o. ä. Hinsichtlich der Anthropomorphisierung des aufgerichteten Steins ist der Menhir auch im Zusammenhang einer Entwicklung zu figürlich abbildender Plastik zu sehen.

Muro Leccese, 4 km südöstlich von Maglie gelegen, besitzt beachtliche *megalithische Mauerreste*, bei denen große Vierkantblöcke zementlos aneinandergefügt sind.

Giurdignano: Der kleine Ort, etwa 15 km östlich von Maglie unweit der Straße nach Otranto gelegen, lohnt wegen einiger *Dolmen* (vgl. Bisceglie, Nr. 15) und *Menhire* (vgl. Maglie) sowie der *Cripta del Salvatore* und der Ruinen einer *Basilianerabtei* einen Abstecher. – Die Cripta del Salvatore liegt etwas außerhalb des Ortes. Über trapezoidem Grundriß bildet sie eine dreischiffige Anlage mit drei linsenförmigen Kuppeln über dem Presbyterium. Sie reicht mit ihren ältesten Teilen bis ins 8. Jh. zurück. – Die Ruinen der ehemals weitläufigen Basilianerabtei Centoporte befinden sich im Nordosten des Ortes, die Dolmen und Menhire, die zu den bedeutendsten dieser Gegend zählen, im Westen, an der Straße zur Masseria Quattro Macini, und im Ort selbst bei den Häusern Nr. 22 und Nr. 28, andere beim südlichen Ortsausgang.

45 Capo Santa Maria di Leuca

Das Kap, an dem Adriatisches und Ionisches Meer zusammenkommen, bildet den *südlichsten Punkt der Salentinischen Halbinsel*. Schon die Messapier siedelten auf diesem Vorgebirge, das die Römer später *Iapygium promontorium* oder *Sallentinum promontorium* nannten. Auf der 102 m hohen *Punta Meliso* erhebt sich der Leuchtturm, von dessen Plattform aus man eine einzigartige Fernsicht genießt.
Die *Wallfahrtskirche Santa Maria di Leuca* wurde 1720 errichtet und 1926 mit einer neuen Fassade versehen. Sie steht an der Stelle eines römischen Minervatempels, der aus Bemerkungen des griechischen Geographen Strabon (etwa 63 v. Chr. – 26 n. Chr.) bekannt ist.

Die Grotten von Leuca: Der kleine Ort ist wegen seiner Strände und der zahlreichen in der Nähe gelegenen *Meeresgrotten* bekannt. Folgt man vom Punto Ristola aus der ionischen Küste in nordwestlicher Richtung, erreicht man bald die *Grotta del Diavolo*. Etwa 200 m weiter entfernt öffnet sich der Zugang zur *Grotta del Fiume*. 30 m weiter folgt die *Grotta del Presepio*. Nach weiteren 80 m erreicht man die *Grotta Treporte*, die in die *Grotta del Bambino* mündet. 40 m weiter nördlich liegt die *Grotta dei Giganti*, ein kleines Stück davon entfernt die *Grotta della Stella*. Etwa 1 km weiter liegt die *Grotta del Drago*. – In östlicher Richtung des Ortes Leuca folgen entlang der adriatischen Küste die *Grotta Cazzafra* und die *Grotta Grande di Ciolo*.

Patù: Etwa 7 km nördlich von Leuca liegt am Fuß der Serra di Vereto der kleine Ort Patù, der als ehemalige messapische Siedlung wahrscheinlich mit dem bei verschiedenen antiken Autoren erwähnten *Veretum* identisch ist. Das *Kastell* wurde im 16. Jh. erbaut.
Interessanter ist jedoch ein am südwestlichen Ortsausgang gelegenes Bauwerk, die sog. *Centopietre* (= hundert Steine). Was von außen wie eine steinerne Kassette wirkt und im Inneren der Länge nach durch Pilaster und Säulen geteilt ist, auf denen Steinbalken aufliegen, die zusammen mit den Seitenwänden die schweren Dachplatten tragen, ist seiner Bedeutung nach bis heute nicht geklärt. Die Forschung debattiert noch, ob es sich um ein prähistorisches Heiligtum, ein hellenistisches Mausoleum, die Grabstätte des an der Wende vom 8. zum 9. Jh. von Sarazenen hingerichteten hl. Giurdignano oder ein mittelalterliches Gotteshaus handelt, das aus vorgefundenen Steinblöcken, Platten und Spolien gebaut wurde. Sicher ist nur, daß der Bau, zu welchem Zweck auch immer errichtet, im Mittelalter als Kirche genutzt wurde; einen anderen Sinn können die byzantinischen Freskenreste des 11.–14. Jh. nicht geben.

Gallipoli, was dem griechischen Ursprung des Namens nach soviel bedeutet wie ›schöne Stadt‹ (kalè polis), liegt zum Teil auf einer Landzunge, zum Teil auf einer Insel an der Küste im Golf von Tarent. Folgt man dem Bericht des Plinius, war die Stadt bei den Messapiern unter dem Namen *Anxa* bekannt. 266 v. Chr. wurde sie von den Römern erobert, 213 v. Chr. von Hannibal zerstört, um dann neuerlich von den Römern erobert zu werden. 460 und 542 wurde das ehemals römische Munizipium von den Goten verwüstet, ehe es später zum Besitz der Byzantiner in Unteritalien zählte. 1071 wird das strategisch bedeutende Gallipoli normannisch und dem Fürstentum Tarent einverleibt. Im 13. Jh. war Gallipoli staufisch, bevor es 1266 Karl I. von Anjou zufiel, dessen Besitzanspruch sich die Bürger 1269 erfolglos zu widersetzen suchten. 1481 konnte Gallipoli erfolgreich eine türkische Belagerung abwehren, wurde aber nur wenige Jahre später, 1484, in Folge des Krieges zwischen Aragoniern und Venezianern von Condottieri, den Söldnerführern des Dogen Giacinto Marcello, kurzzeitig dem Besitz der Lagunenstadt inkorporiert. Im 16. Jh. leistete die Stadt erfolgreichen Widerstand gegen das mit den spanischen Truppen Karls V. um die Vorherrschaft in Italien ringende französische Heer Franz' I.

Castello: Schon in byzantinischer Zeit wurde an dieser Stelle eine Befestigungsanlage zum Schutz der Insel errichtet, von der heute noch der polygonale Turm im Südosten der Anlage erhalten ist. In staufischer Zeit entstanden weitere Wehrbauten, die von Karl I. von Anjou seit 1266 erweitert wurden. Auch Ferdinand I. von Aragon ließ weitere Um- und Erweiterungsbauten der Festungsanlage durchführen. Die heutige Anlage geht wahrscheinlich auf Pläne des Baumeisters Francesco da Giorgio Martini zurück, der das Kastell in den Jahren 1491/92 nachweislich begutachtet hat.

Kathedrale Santa Agata: Der Bau wurde 1629/30 im Auftrag des damals amtierenden spanischen Bischofs Colsalvo de Ruedae von den lokalen Baumeistern Giovanni Bernardino Genuino, Francesco Bischettini und Scipione Lachibari begonnen und 1696 mit der figurenreichen Fassade vollendet. Die Kirche, deren Bau sich durch eine Architekturauffassung des 16. Jh. mit applizierten Dekorationselementen auszeichnet, gehört zu einer Reihe von Beispielen des sog. ›Lecceser Barock‹ (vgl. S. 31). Das Innere der dreischiffigen Kirche birgt eine Reihe von Kunstwerken des 17. und 18. Jh.

In der Kirche *Santa Teresa* ist ein Hochaltar bemerkenswert. Die einschiffige Kirche *San Francesco* wurde im Laufe des 17. und 18. Jh. erbaut und ausgestattet. Im Inneren der *Chiesa della Purità* ist eine üppige barocke Stuckierung zu sehen. – Mehrere Paläste des 16.–18. Jh., wie etwa der *Palazzo Balsamo*, *Palazzo Tafuri*, *Palazzo Venneri* und *Palazzo Romito*, runden das Stadtbild ab.

Museo Civico (*geöffnet:* tgl. 8.30–13 und 16–18 Uhr, Mi und Sa Nachmittag geschlossen): In dem städtischen Museum werden neben einer naturgeschichtlichen Sammlung vor allem archäologische Funde gezeigt.

Bemerkenswert sind eine Reihe messapischer Sarkopharge mit Inschriften, griechische und meassapische Vasen sowie eine numismatische Sammlung.

47   Copertino · Nardo

Copertino

Der kleine, knapp 20 000 Einwohner zählende liebenswürdige Ort ist vor allem wegen seines Kastells sehenswert. Nachdem Copertino unter der Herrschaft der Anjou im 14. Jh. den Grafen Enghien gehört hatte, überließ die Familie die Grafschaft 1419 ihrer mit Tristano Chiaromonte verheirateten Tochter Caterina. 1498 belehnte Friedrich I. von Aragon die aus albanischem Fürstengeschlecht stammende Familie Castriota zum Dank für deren Hilfe im Kampf gegen die Anjou mit der Grafschaft; 1558 gelangte Copertino in den Besitz der Familie Squarciafico, später in den der Familie Pinelli und schließlich in den der Familie Pignatelli Belmonte.

Castello: Das Kastell wurde 1540 im Auftrag Alfonso Castriotas von dem Architekten Evangelista Menga über trapezoidem Grundriß als Vierflügelanlage mit einer Seitenlänge von 117 m über den Resten einer älteren angiovinischen Wehranlage erbaut. Den Haupteingang zeichnet ein Renaissance-Portal aus. Mit vielen Medaillonbüsten von Persönlichkeiten aus der Geschichte Copertinos geschmückt (der Normanne Gottfried de Hauteville, Karl I. von Anjou, Gualtiero Brienne, Karl V. und Castriota), kommt es als eine Art Triumphtor zur Wirkung. Im *Inneren* des Kastells steht die *Capella di San Marco*, die Gianserio Straffella (erw. 1560–1577) mit Darstellungen des hl. Sebastian, der hl. Katherina, der hl. Alexandra und der Evangelisten freskiert hat. Die Grabdenkmäler wurden zu Ehren von Umberto († 1562) und Stefano Squarciafico († 1569), deren Familie seit 1558 den Grafentitel von Copertino besaß, errichtet. Die Graffiti in der Krypta mit Darstellungen einer Madonna mit Kind und Christi gelten als Reste einer Ausstattung frühchristlichen Ursprungs.

Collegiata *(Madonna delle Nevi):* Der Baubeginn datiert 1088; spätere Erneuerungen fanden 1235 und 1506 statt. 1707 folgte die Barockisierung. Auf der linken Seite ist ein Renaissance-Portal zu sehen. Der Campanile wurde 1588–1603 nach Plänen von Giovanni Maria Tarantino (erw. 1573–1603) errichtet. Im Inneren: Das einfache Grabmal des Tristano Chiaramonte († 1460). Die manieristisch anmutende Darstellung der Grablegung Christi im linken Seitenschiff sowie die des hl. Petrus, des hl. Paulus, des hl. Girolamo und des hl. Zacharias rechts neben dem Hochaltar stammen von Gianserio Strafella (erw. 1560–1577). Die barocke Darstellung ›Das Martyrium des hl. Sebastian‹ schuf Angelo da Copertino (erw. 1658–1682).

Nardo: Piazza Antonio Salandra

Nardo

Das etwa 26 000 Einwohner zählende Nardo ist neben Lecce die größte Stadt der Provinz und lohnt wegen der Kathedrale und einer Reihe von Barockbauten einen Besuch.

Geschichte: Messapischen Ursprungs, war die Stadt in römischer Zeit unter dem Namen *Neretum* bekannt. Nach dem Untergang des Weströmischen Reiches (476) gehörte Nardo zum byzantinischen Bereich, ehe es 1055 von dem Normannen Gottfried de Hauteville erobert wurde. Obwohl die römische Kirche seit dem 11. Jh. versuchte, die Stadt zu latinisieren, behielt sie doch bis ins 15. Jh. den griechisch-orthodoxen Ritus bei. 1480 wurde Nardo von den Türken, 1484 von den Venezianern erobert, nachdem es bereits 1483 von Friedrich I. von Aragon an Graf del Balzo verkauft worden war. 1497 gelangte der Ort durch Friedrich III. in den Besitz Belisario Aquavivas, wodurch das Fürstentum Nardo 1595 an eine Nebenlinie der Acquaviva in Conversano (Nr. 28) gelangte. 1647/48 schloß sich die Bevölkerung Nardos der von Lecce (Nr. 41) ausgehenden antispanischen Bewegung an. Nardo ist seit 1413 Bischofssitz.

Die *Piazza Antonio Salandra* im Zentrum der Stadt ist mit einer Reihe von Barockpalästen umgeben. Hervorzuheben ist der *Palazzo della Prettura*, der 1772 nach dem Erdbeben des Jahres 1743 erneuert wurde. Das *Denkmal* zu Ehren der *Madonna Immacolata* wurde 1769 auf der Piazza errichtet.

San Domenico (Piazza San Domenico): Über die Baugeschichte der Kirche ist nur wenig bekannt. Aus einer notariellen Urkunde des Jahres 1577 geht hervor, daß die Kirche zu diesem Zeitpunkt bereits bestand. Der Baubeginn ist also vor diesem Datum anzunehmen. Durch eine Inschrift am Kloster von Muro ist zu erfahren, daß Giovanni Tarantino (erw. 1573–1603) den Bau der Kirche 1583 vollendet hat. Die Kirche fällt durch eine palastartige Fassade mit einem Relief zwischen Unter- und Obergeschoß auf. Karyatiden, Säulenpaare und Blendnischen gliedern die Mauerfläche zu beiden Seiten des reich geschmückten Portals. Im Inneren sind Gemälde des 16.–18. Jh. erhalten.

Kathedrale: Benediktiner haben über den Resten einer ehemaligen Basilianerkirche 1090 mit dem Bau der Kathedrale begonnen, die nach einem Erdbeben des Jahres 1230 teilweise erneuert werden mußte und schließlich 1715–1721 umgebaut wurde. 1892–1900 versuchte man, im Inneren den alten romanischen Zustand wiederherzustellen.

Die *Fassade* entwarf Anfang des 18. Jh. der neapolitanische Architekt Ferdinando Sanfelice (1675–1745), ein Bruder des damaligen Bischofs von Nardo. Die Ausführung besorgte ein lokaler Baumeister. Daß die ausgeführte, mit Pilastern über zwei Geschosse gegliederte Fassade dem seit dem 16. Jh. geläufigen Vorbild römischer Kirchenfassaden (z. B. S. Spirito in Sassia, Il Gesù) folgen sollte, war zwar grundsätzlich geplant, sollte aber mit einem anderen, das traditionelle Vorbild variierendem Charakter realisiert werden: Gegenüber der ausgeführten Fassade geht aus der Planzeichnung Sanfelices hervor, daß im 2. Geschoß mit einem großen, abgerundeten Fenster eine nahezu völlige Durchbrechung der Wandfläche erfolgen und Ecken und Giebel der Fassade mit Skulpturen bekrönt werden sollten, was bei den römischen Vorbildern ungebräuchlich war. Da die Fassade aber dem mittelalterlichen Bau angepaßt werden mußte und auf die Proportionen des Mittelschiffs Rücksicht zu nehmen war, kam es bei der Ausführung zu der Lösung mit den zwei kleineren Fenstern, während man gleichzeitig, möglicherweise um Klarheit der Fassadengliederung bemüht, auch auf den Skulpturenschmuck verzichtete.

Im *Inneren* stammen die Arkaden der linken Seitenschiffwand noch von dem ursprünglichen Bau des 11. Jh., die der rechten Seitenschiffwand datieren ins 13. Jh. Die Skulpturen der Barockaltäre schuf 1668 Placido Buffelli (1635–1693). Die ›Madonna del Carmine‹ auf dem 1. Altar rechts ist ein Werk des Paolo de Matteis, der ›Hl. Michael‹ auf dem 3. Altar eine Kopie nach Solimena, die ›Taufe Christi‹ auf dem 1. Altar links stammt von Olivieri. Das Kruzifix des 2. Altares links ist eine katalanische Einlegearbeit (vermutlich eines Basilianermönches) des 13. Jh. Die Fresken auf den Wänden und Pilastern datieren ins 13.–15. Jh.

Im *Bischofspalast* (links neben der Kathedrale) ist u. a. eine ›Madonna mit den hll. Petrus und Paulus‹ von Francesco Solimena (1657–1747) zu sehen. – Die *Chiesa del Carmine* (auf dem Corso Vittorio Emanuele) zeichnet sich durch ein Renaissance-Portal (1532) aus. Das Innere birgt Gemälde des 17. Jh. von Strafella und Gian Domenico Catalano. – Unweit der Piazza della Repubblica steht die 1603 erbaute sog. *Osanna-Kapelle,* die sich über einer runden Treppe von fünf Stufen erhebt. Ihre Kuppel besitzt einen kleinen pagodenartigen Aufsatz und wird von neun dorischen Säulen getragen. Bemerkenswert ist das Flächenmuster, das die durchbrochenen Wände dieses sicherlich orientalisch angeregten achteckigen Baus bilden.

48   Galatina · Soleto

Galatina ist antiken Ursprungs. Im Mittelalter war die Stadt eine byzantinische Kolonie; später gehörte sie zur Grafschaft Soleto der Fürsten von Tarent. Die etwa 28 000 Einwohner zählende Stadt stellt heute ein wichtiges Weinhandelszentrum dar. Alljährlich am 29. Juni ist Galatina Ziel einer Wallfahrt, die einer als wundertätig erachteten Quelle bei der kleinen Kirche San Paolo gilt.

Kathedrale Santa Caterina di Alessandria

Die Kathedrale wurde 1348–1391 durch eine Stiftung von Raimondello del Balzo Orsini und seinem Sohn Giovanni Antonio, Herzöge von Tarent, errichtet und zeichnet sich durch ihre auffällige Form und ihre Wandmalereien aus.

Der Eindruck der Fassade wird durch das *Hauptportal* bestimmt, das 1397 noch im Rückgriff auf ältere Gestaltungsmotive romanischer Portaltypen geschaffen wurde. Eine andere Eigenart der Kirche besteht in ihrem fast quadratischen Grundriß, der im Aufriß drei Joche mit fünf Schiffen ausbildet, wodurch der Bau im Verhältnis zur Länge eine ungewöhnliche Breite besitzt. Hinzu kommt, daß die beiden äußeren der seitlichen Schiffe breiter sind als die beiden inneren, während das Mittelschiff diese in beträchtlicher Höhe überragt. Die Seitenschiffe sind spitztonnengewölbt, das Mittelschiff ist kreuzrippengewölbt. Weiterhin fällt auf, daß die Schiffe nicht durch Arkadenbögen, sondern durch Wände getrennt sind und nur durch niedrige Spitzbogenöffnungen miteinander verbunden bleiben. Da die Kirche im Verhältnis zu ihrer Breite und der Anzahl ihrer Schiffe zu wenig Fenster besaß und der Innenraum deshalb offensichtlich zu dunkel erschien, ließ Giovanni Antonio Orsini nach dem Tod seines Vaters den durchfensterten, hellen Chorraum anschließen.

Die *Ausstattung* des Kircheninneren ist der Initiative der Maria Enghien, der Witwe des Kirchengründers Raimondello Orsini, zu verdanken. Nachdem anfänglich ein neapolitanischer Maler den Auftrag erhalten hatte, den man aber schon bald widerrufen mußte, weil man mit der Arbeit nicht zufrieden war, übernahmen Künstler

Kathedrale: Innenraum

aus Marken und der Emilia die Ausmalung. Der bedeutendste von ihnen scheint *Francesco d'Arezzo* gewesen zu sein. Er hat nicht nur die Mehrzahl der Fresken gemalt, sondern unter der Darstellung des Sant'Antonio Abate diese auch signiert und 1435 datiert. Jedes Mittelschiffjoch zeigt einen eigenen Kreis von Darstellungen: im 1. Joch Szenen aus der Apokalypse, im 2. Joch die Sakramente, eine Allegorie der Kirche und Szenen aus der Genesis, im 3. Joch Engels-chöre und Szenen aus dem Leben Mariä und Jesu. Im Chorraum schließen sich weitere Darstellungen aus dem Leben Jesu und dem der Katharina von Alexandrien an, ebenso der vier Evangelisten und der Kirchenväter. Die Ausstattung der Seitenschiffe zeigt Heilige und Szenen aus deren Legenden.

Das *Grabmal* links vom Hochaltar wurde zu Ehren des Kirchenstifters Raimondello Orsini, die *oktogonale Kapelle* an der Südseite des Chores zu Ehren seines Sohnes Giovanni Antonio Orsini errichtet.

Soleto: Gräberfunde beweisen, daß die Stadt messapischen Ursprungs und sicherlich mit dem bei Plinius erwähnten *Soletum* identisch ist. Im frühen Mittelalter stand der Ort unter dem Herrschaftseinfluß von Byzanz. Im 14. und 15. Jh. gehörte Soleto zur Grafschaft der Familie del Balzo Orsini. – Die Kirche *Santa Maria Assunta* entstand 1770–1783; der Campanile neben der Fassade geht allerdings noch auf einen Bauauftrag Raimondello Orsinis zurück, der 1397 datiert. Anfang des 15. Jh. wurde der Turm im Auftrag seines Sohnes Giovanni Antonio fertiggestellt. Im Inneren der Kirche sind eine Holzkanzel mit Intarsien von 1703 und ein Taufstein des 14. Jh. erhalten.

49 Casarano

An der Straße nach Melissano liegt südlich des Ortes die Kirche *Casaranello* oder *Santa Maria della Croce*, die als letzter Zeuge eines versunkenen, anonym gebliebenen antiken Ortes zu den Besonderheiten der Kunstdenkmäler im südlichen Apulien zählt.

Im 5. Jh. ursprünglich als Kreuzkuppelkirche erbaut, wurde später ein dreischiffiges Langhaus angefügt. Doch was diese Kirche auszeichnet, sind die kostbaren Mosaiken, mit der Kuppel und Tonnengewölbe des Presbyteriums geschmückt sind. Sie sind die *einzigen frühchristlich-byzantinischen Mosaiken Apuliens* und datieren ins 5. Jh. In der Kuppel sieht man ein Kreuz im gestirnten Himmel, im Tonnengewölbe innerhalb einer Rahmung aus geometrischen Mustern die lebhafte Darstellung von Fischen, Enten, Kaninchen und Vögeln. Die Wände des Mittelschiffs wurden im 13. Jh. mit Darstellungen aus der Geschichte der hl. Katharina und des Neuen Testamentes freskiert.

50   Taranto *(Tarent)*

Geschichte und Stadtentwicklung

Tarent, mit ca. 250 000 Einwohnern nach Bari (Nr. 13) die zweitgrößte Stadt Apuliens, ist in herrlicher Lage im Nordosten des Golfes teils auf dem Festland, teils auf einer Insel, die den Mare Grande vom Mare Piccolo trennt, erbaut und wurde 706 v. Chr. von Emigranten aus Sparta gegründet. Man nannte sie *Taras.* Dank der geographisch günstigen Lage, vor allem des in einer Bucht des Golfes gelegenen Naturhafens, erlebte die Stadt eine schnelle Entwicklung und gelangte schon bald zu wirtschaftlichem Reichtum. Auseinandersetzungen mit der benachbarten apulischen Bevölkerung, den Messapiern, wurden Anfang des 5. Jh. v. Chr. zugunsten der Griechen entschieden, Gallipoli zur ersten Kolonie bestimmt. Im 4. Jh. gehörte Taras zu den blühendsten Städten der Magna Graeca. Die Zahl ihrer Einwohner wird auf ca. 300 000 geschätzt, was die der heutigen Stadt noch übertreffen würde. In Folge des Krieges zwischen Pyrrhus und den Römern (280–275 v. Chr.) wurde die Stadt 272 v. Chr. von den Römern erobert, konnte sich aber weiterhin als griechische Stadt behaupten. Erst 209 v. Chr., nach einer neuerlichen Eroberung der kurzfristig mit den Karthagern verbündeten Stadt, mußte sie ihre Selbständigkeit aufgeben. Aus Taras wurde nun *Tarentum.*

Die älteste Siedlung auf dem Gebiet der heutigen Stadt befand sich in der Gegend des Hauptbahnhofes und reicht mit Funden der messapischen Urbesiedlung bis ins 2. Jtsd. v. Chr. zurück. Die Griechen hingegen siedelten sich auf dem Gelände der heutigen Altstadt an. Gegen Osten, etwa an der Stelle des Canale Navigabile (1481 angelegt), errichteten sie einen Mauerring. Außerhalb dieser Mauer befand sich die Nekropole. Als die Stadt auf der damaligen Halbinsel zu klein wurde, dehnte man sie im Laufe des 4. Jh. nach damals neuen urbanistischen Kriterien, wie sie Hippodamos von Milet entwickelt hat, über das Gelände der alten Nekropolen hinweg nach Osten aus, so daß sie bis zum heutigen Arsenal bzw. der Via Leonida reichte. Die neuen Nekropolen wurden außerhalb einer Mauer angelegt, die diese Neustadt umgab. In diesem Teil der Stadt, der heutigen Neustadt von Tarent, lag auch das römische Amphitheater, an das aber nur noch der Straßenname erinnert.

Nach dem Niedergang des Römischen Reiches (476) war das mittlerweile unbedeutend gewordene Tarent zum Spielball der neuen Herrscher in Süditalien geworden: 552 eroberte Justinian die Stadt, 662 folgten die Herzöge von Benevent, 803 die Byzantiner. 842–880

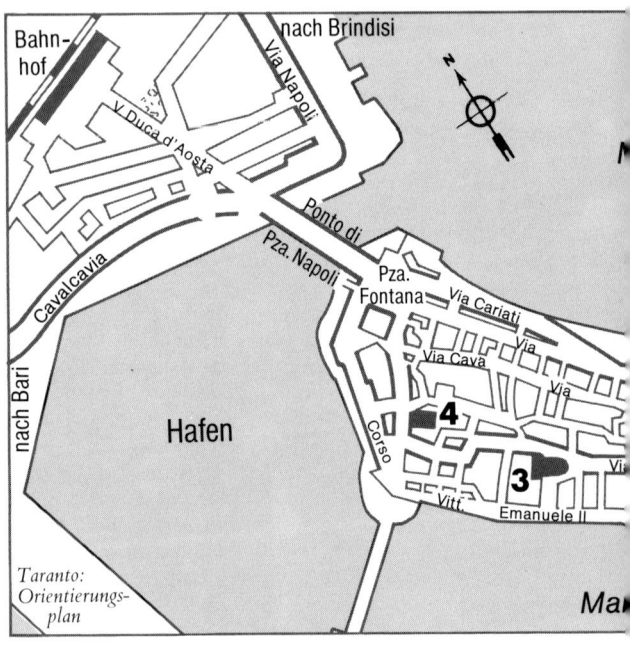

Taranto:
Orientierungs-
plan

herrschten die Sarazenen, danach wieder die Byzantiner, die aber 927
neuerlich von den Sarazenen vertrieben wurden und erst 967 wieder
zurückkehren konnten.

Wie bei den anderen Städten Apuliens auch, setzte eine Wende
dieser Entwicklung erst im 11. Jh. ein. 1063 gliederte der Normanne
Robert Guiscard die Stadt dem weströmischen Kulturkreis ein.
Unter dem Normannen Boemond de Hauteville wurde Tarent
Fürstentum. Friedrich II. von Hohenstaufen ernannte seinen unehelichen Sohn Manfred zum Fürsten von Tarent und verhalf der
Stadt zu neuem wirtschaftlichen Aufschwung, der sich unter den
Anjou, den Familien del Balzo und Orsini weiter fortsetzte. 1463
wurde Tarent wieder Krongut des Königs beider Sizilien in Neapel
und fiel dem Hause Aragon zu. 1502 wurde die Stadt von Consalvo
di Cordova erobert und Ende des 16. Jh. von Giovanni d'Austria
weiterbefestigt, um die zunehmenden türkischen Angriffe abzu-
wehren.

1801 wurde Tarent von Napoleon erobert und war 1806–1815 der wichtigste französische Mittelmeerhafen im Kampf gegen Engländer und
Russen. Seit 1861 und der Gründung des Königreiches Italien ist

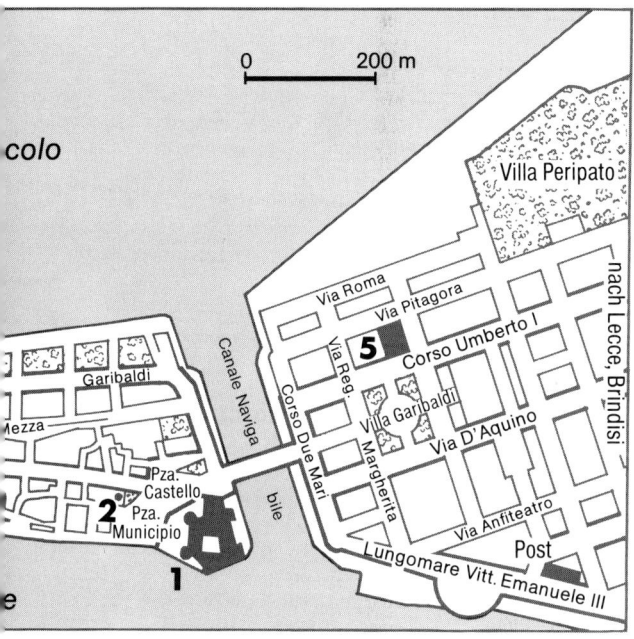

Tarent einer der größten Stützpunkte der italienischen Kriegs-
marine.

Mit der Gründung der Republik (1946) wurde Tarent Hauptstadt der
gleichnamigen Provinz. Mit etwa 250000 Einwohnern – nahezu die
Hälfte der gesamten Provinz – zählt Tarent heute zu den größten
Städten Süditaliens und ist in den vergangenen 20 Jahren zu einem
modernen Zentrum der Eisen- und Stahlindustrie, des Maschinen-
und Schiffsbaus herangewachsen, was wesentlich zur Verbesserung
der sozialen Verhältnisse im Mezzogiorno beitrug. Durch die seit
1946 jährlich im Juli stattfindende Messe ›Fiera del Mare‹ erlangte
Tarent auch im internationalen Handel Bedeutung.

Castello (1; Altstadt): Das Kastell im Südosten der Altstadtinsel wurde
1481–1492 im Auftrag Ferdinands I. von Aragon durch den Festungsbaumeister Giorgio Martini über den Resten einer byzantinischen
Befestigung des 10.Jh. erbaut. Sie sollte die Durchfahrt des 1481
zur Sicherung der Altstadt angelegten Kanals (Canale navigabile)
sichern. 1577 erfolgte eine Vergrößerung der Anlage. Im 19.Jh. baute
man das Kastell zu einem Gefängnis um. Heute dient es als Sitz des

Marinekommandos der in Tarent stationierten italienischen See-
streitkräfte.

Colonna di Poseidone (2; Altstadt): Gegenüber vom Rathaus wurden
Reste eines *dorischen Tempels* freigelegt, der im 6. Jh. v. Chr. entstanden ist und wahrscheinlich Poseidon geweiht war. Die erhaltene
Säule hat eine Höhe von 8,47 m; der Durchmesser des Säulenschaftes
beträgt am unteren Ende 1,80 m, am Säulenhals 1,55 m, was auf die
ungeheure Größe des Tempels schließen läßt. Der Tempel stand auf
dem Gelände, über dem 1886 das *Rathaus* errichtet wurde.

Dom San Cataldo (3)

Lage: Altstadt.

Der Dom wurde ca. 1070/1080 über einem früheren Kirchenbau des
10. Jh. errichtet. 1596, vor allem 1657 (Brandschäden) fanden weitere
Umbauten statt. Die Fassade wurde 1713 von Mauro Manieri umgestaltet. Der Campile entstand 1413.
Bauuntersuchungen, die im Zuge von Wiederherstellungsarbeiten
im Auftrag der Sopraintendenza ausgeführt wurden, ergaben, daß die
heutige Krypta der Kirche aus dem 10. Jh. entspricht, die nach einer Zerstörung der Stadt durch die Sarazenen erbaut worden war. Ihre Entstehung ist im Zusammenhang mit der Rückkehr der Byzantiner im
Jahre 967 zu sehen. Der Grundriß der byzantinischen Kirche des
10. Jh. hatte den Bauuntersuchungen zufolge die Form eines griechischen ›T‹. Sie war mit Halbtonnen gewölbt und über der Vierung mit
einer Kuppel bedeckt, die außen mit einem hölzernen Tambour verkleidet war.
Nachdem Tarent 1063 durch den Normannen Robert Guiscard
wieder dem weströmischen Kulturkreis eingegliedert worden war,
begann Erzbischof Drogo mit dem Bau des neuen, heutigen Domes.
Das Tonnengewölbe der alten Kirche des 10. Jh. wurde dazu durch
Kreuzgratgewölbe über kurzen Säulen ersetzt und zu einer Krypta
umfunktioniert, während der Grundriß der neuen Kirche ebenfalls
der Form eines griechischen ›T‹ entsprach. Inwieweit der Neubau
des Erzbischofs byzantinischen Einflüssen und Vorbildern verpflichtet blieb, ist beispielsweise an dem mit hohen Säulenarkaden verklei-
deten runden Tambour über der Vierungskuppel zu sehen.
In der 2. Hälfte des 12. Jh. kam es dann jedoch zu einer grundlegenden
Veränderung des Baus. Erzbischof Giraldus ließ die im Auftrag seines
Vorgängers Drogo erbaute Westapsis beseitigen; er fügte an ihrer
Stelle das Langhaus an, ließ anstelle des ehemaligen Einganges eine
neue, die heutige Apsis errichten und kehrte damit die Orientierung
der Kirche um. Der dem Langhaus im Westen angefügte Vorbau

San Cataldo: Innenraum

entstand im Zuge der Umbaumaßnahmen zwischen dem Ende des 16. und dem Anfang des 18. Jh.

Das Innere des Domes beeindruckt durch den Rhythmus der beiderseits über acht Säulen fortlaufenden Arkaden. Die Kapitelle zeigen eine bemerkenswerte Verschiedenheit an Formen und eine Vielfalt des Dekors. Auch wenn die Akanthuskapitelle als mehr oder weniger frei nachempfundene Varianten des antiken Typs zu werten sind, zeigen sie doch, wie sehr die damals in Tarent noch erhaltene griechische Kunst die Arbeit der Steinmetzwerkstätten beeinflußt hat. Andere Kapitelle, insbesondere die mit zoomorphem Dekor, lassen hingegen erkennen, inwieweit Ende des 12. Jh. auch byzantinisches Formenrepertoire immer noch gegenwärtig war.

San Domenico Maggiore (4; Altstadt): Die Kirche ist in ihrem Kern Ende des 11. Jh. entstanden, wurde aber 1302 umgebaut. Die oberhalb einer barocken zweiläufigen Freitreppe in die Höhe ragende Fassade kann mit dem Baldachin des Portals, der Fensterrose und dem Rundbogenfries als charakteristisches Beispiel des romanischen Stils in Apulien gewertet werden. 1965 hat ein Brand im Inneren der einschiffigen Kirche schwere Schäden hinterlassen, die mittlerweile jedoch weitgehend behoben werden konnten.

Bronzefigur und weiblicher Terrakottakopf aus Tarent (4. Jh. v. Chr.) ▷

Taranto: San Domenico Maggiore

Museo Nazionale (5)

Lage: Neustadt; Corso Umberto 41. – *Geöffnet:* Tgl. außer Mo 9–14 Uhr, So und Fei 9–13 Uhr.

Das Nationalmuseum von Tarent vereint neben dem Archäologischen Museum in Bari (Nr. 13.6) die *größte Sammlung frühgeschichtlicher und antiker Funde in Apulien.* Schwerpunkt der archäologischen Sammlung bilden die Funde aus Tarent, während die prähistorische Sammlung eine Reihe interessanter und wichtiger Funde aus Siedlungen und Gräbern der Messapier, aber auch der Daunier und Peuketier zeigt. Zusammen mit den Museen in Bari, Reggio di Calabria und Neapel kann das Nationalmuseum von Tarent dem Besucher einen guten Eindruck der Entwicklung von Kunst und Kultur der apulischen Bevölkerung und der griechischen Einwanderer vermitteln.

Erdgeschoß: Im Innenhof werden Totenlager aus den Nekropolen von Tarent und römische Sarkophage gezeigt. In den angrenzenden Räumen sind Keramikwaren aus Messapien (Provinzen Tarent, Brindisi, Lecce), Peuketien (Provinz Bari) und der Daunia (Provinz Foggia) zu sehen. Sie datieren von der Mitte des 6. bis ins 3. Jh. v. Chr.

I. Stock: In *Saal I* ist neben attischen Grabstelen, verschiedenen Koren ionischen Typs aus dem 6. Jh. v. Chr. und einer Athenabüste aus dem 5. Jh. v. Chr. vor allem auf eine Aphroditebüste hinzuweisen, die der Praxitelesschule zugerechnet wird und Mitte des 4. Jh. v. Chr. entstanden ist. – In *Saal II* verdient die Büste eines bärtigen Mannes Beachtung; sie wird entweder als Kopf der Figur eines Boxers oder der des Herkules von Lysipp interpretiert. – In *Saal III* werden Porträts aus einer römischen Nekropole gezeigt. An den Wänden ein Mosaik aus dem 4.–5. Jh. n. Chr. mit Darstellungen einer Jagd und Tierkämpfen. – In *Saal IV* sind Sarkophage, Reliefs und Dekorationsmalereien des 6. Jh. v. Chr. aus den Nekropolen und Kammergräbern von Tarent ausgestellt. – Die *Säle V–VIII* enthalten korinthische und attische Vasen; bemerkenswert ein Becher mit Tanzszenen *(Saal VI)* und ein Becher von Lydos mit Darstellungen von Kampfszenen sowie des Herakles und der Athene *(Saal VII)*. – In den *Sälen IX–X* werden apulische und gnathische Vasen des 4. Jh. v. Chr. aufbewahrt. – Im *Saal XI* ist eine Sammlung antiken Schmucks zu bewundern, darunter die Ausstattung des Goldgrabes von Canosa vom Anfang des 3. Jh. v. Chr. mit einem Diadem, das mit Goldblüten, Edelsteinen und Emaillen besetzt ist.

Der *II. Stock* ist der Ausstellung einer prähistorischen Sammlung vorbehalten. Zu sehen sind u. a. paläolithische Funde aus der Grotta di Santa Croce bei Bisceglie (Nr. 15) und der Grotta Romanelli bei Otranto (Nr. 43). Besondere Berücksichtigung finden jedoch die Funde aus der messapischen Siedlung Tarents, die man am Westrand der Bucht (Gelände des heutigen Hauptbahnhofes) gemacht hat.

51   Mandúria

Geschichte: Das am Fuße der tarentinischen Murge gelegene Mandúria gehörte in frühgeschichtlicher Zeit zu den wichtigsten Städten der Messapier und konnte sich lange Zeit feindlichen Angriffen widersetzen. Die Griechen aus Tarent versuchten zuletzt 338 v. Chr. vergeblich, die Stadt zu erobern und verloren dabei ihren König Archidamos von Sparta. Reste des ehemals dreifachen Mauerringes, der *mura megalitiche*, geben noch eine Vorstellung von Größe, Macht und Sicherheit der messapischen Stadt. Erst Hannibal und 209 v. Chr. dann der römische Konsul Quintus Fabius Maximus konnten den Widerstand der Messapier brechen. 547 von Totila zerstört, nach einem Wiederaufbau 924 von den Langobarden erobert, wurde die Stadt 977 von den Sarazenen endgültig niedergeworfen und vernichtet. Sogar ihr Name geriet in Vergessenheit. Die Normannen, die nach 1070 an dieser Stelle wieder eine neue Stadt gründeten, nannten diese deshalb *Casalnuovo* oder *Castelnuovo.* Erst 1789 wurde der Ort wieder mit seinem alten Namen Mandúria benannt. Zentrum der ca. 28 000 Einwohner zählenden Stadt ist die *Piazza Garibaldi,* auf der sich der 1719 im Auftrag des Fürsten Michele Imperiali erbaute gleichnamige *Palazzo Imperiali* erhebt. Auf der gegenüberliegenden Seite steht der ebenfalls im 18. Jh. errichtete *Convento del Carmine.*

Dom San Gregorio Magno: Der Dombau ist romanischen Ursprungs, erfuhr aber in der Renaissance verschiedene Umbauten. Das Portal stammt inschriftlich gesichert von Raimondo da Francavilla und wurde 1532 geschaffen. Das Taufbecken im Inneren ist 1534 datiert, die Kanzel 1608. Die 12 Heiligenfiguren in den Apsiden wurden, dem Stil der Renaissance nachempfunden, Anfang des 18. Jh. von Placido Buffelli geschaffen. Die Gemälde in den Seitenschiffen sind ebenfalls im 18. Jh. entstanden.

Fonte Pliniano: Bei der Fonte Pliniano handelt es sich um eine Quelle, die in einer im Tuff künstlich angelegten Grotte entspringt. Wann diese Grotte angelegt wurde, ist nicht sicher. Wahrscheinlich aber geht sie schon auf vorrömische Zeit zurück und war damals einer messapischen Wassergottheit geweiht. Den Namen Fonte Pliniano erhielt diese Quelle, weil sie wahrscheinlich mit dem von Plinius (Hist. Nat. III, 6) erwähnten, in der Nähe Mandúrias gelegenen ›lacus‹ identisch ist.

Mura megalitiche *(megalithische Stadtmauer)*

Megalith, was dem griechischen Ursprung des Wortes nach soviel wie ›großer Stein‹ (megas lithos) bedeutet, bezeichnet im archäologischen Sprachgebrauch große, meist unbehauene oder nur grob

Mura megalitiche

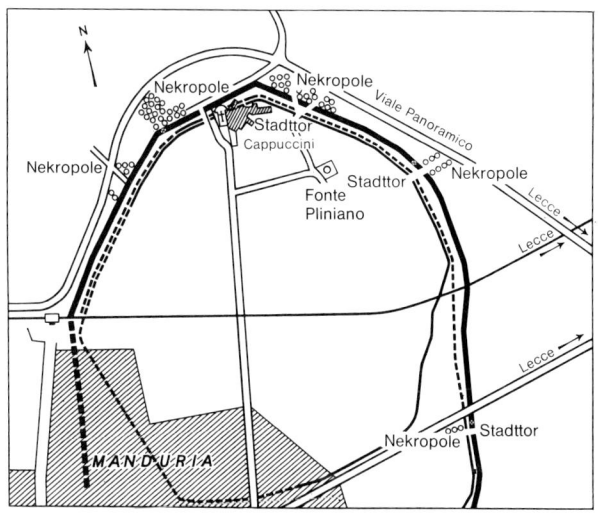

bearbeitete Steine, die für die Anlage von Gräbern (Dolmen; vgl. Nr. 15), Kultstätten (Menhire; vgl. Nr. 44) oder Stadtmauern etc. verwendet wurden und nicht nur in Europa, sondern auch in Asien, Afrika und gelegentlich auch in Amerika anzutreffen sind. Für die Errichtung solcher Bauten ist im allgemeinen eine gesellschaftlich bereits weit entwickelte, handwerklich spezialisierte Organisation vorauszusetzen. Die sog. Megalithkultur ist vor allem während des Aeneolithikums (Kupfersteinzeit) zu beobachten.

Die megalithische Stadtmauer von Mandúria ist zwischen dem 5. und 3. Jh. v. Chr. entstanden und bildet einen dreifachen Schutzring, von dem der äußere einen Umfang von ca. 5,5 km besaß. In der Nähe der Kapuzinerkirche *(Chiesa dei Cappuccini)* sind die drei Mauerringe noch gut zu erkennen. Der innere, älteste Ring entstand im 5. Jh. v. Chr. und ist aus großen, ca. 2 m langen unregelmäßigen Steinblöcken gefügt. Der mittlere Mauerring reicht ins 4. Jh. v. Chr. zurück und ist bereits aus bearbeiteten Blöcken gebaut. Vor diesem Mauerring scheiterte 338 v. Chr. der Angriff der tarentinischen Griechen. Dagegen ist der äußere, dritte Mauerring aus riesigen, bis zu 5,50 m großen Blöcken gebildet und wurde wahrscheinlich im 3. Jh. v. Chr. infolge des 2. Punischen Krieges Hannibals zur weiteren, aber vergeblichen Sicherung der Stadt angelegt.

Außerhalb der Mauern befinden sich einige *Nekropolen*. Die Gräberfunde sind im Museo Nazionale in Tarent (Nr. 50.5) aufbewahrt.

52 Grottaglie

Die Gründung der Stadt reicht in die 2. Hälfte des 10. Jh. zurück. Bald darauf gehörte Grottaglie zum Besitz der Bischöfe von Tarent und anderer Familien. Die Stadt ist vor allem durch ihre *Keramikherstellung* bekannt und Sitz der *Staatlichen Kunstschule für Keramiken*. Bei Grottaglie liegt der Flughafen Tarents, der *Aeroporto Marcello Arlotta*.

Auf der *Piazza Regina Margherita*, dem Zentrum des ca. 25 000 Einwohner zählenden Städtchens, steht die *Chiesa Matrice*. Ihr Bau wurde Ende des 11./Anfang des 12. Jh. begonnen. Die Fassade wurde 1379 wahrscheinlich von Domenico da Martina errichtet, später aber noch einmal von einem unbekannten Baumeister erhöht. Im Inneren der einschiffigen Kirche sind in der ersten Seitenkapelle rechts (1709) die Altäre zu Ehren der hll. Cirus und Francesco de Geronimo, der Stadtpatrone von Grottaglie, zu sehen. Das Gemälde mit der Darstellung der Rosenkranzmadonna stammt von Paolo de Matteis (1711). Die 1. Seitenkapelle links birgt ein Relief mit einer Darstellung der Verkündigung (16. Jh.). Die letzte Kapelle rechts ist dem hl. Joseph geweiht und stammt aus dem 17. Jh.
Das *Kastell* wurde Anfang des 14. Jh. im Auftrag der Bischöfe von Tarent erbaut. Die Fertigstellung fällt in das Jahr 1649.

53   Martina Franca

Die Entstehung der höchstgelegenen Stadt in den südlichen *Murge* (431 m) läßt sich bis ins 10. Jh. zurückverfolgen, als die Einwohner Tarents auf der Flucht vor den Sarazenen auf dem Monte San Martino Schutz suchten. Ihren Beinamen Franca erhielt die Stadt durch die wirtschaftlichen Freiheiten, die Anfang des 14. Jh. Philipp von Anjou all denen versprach, die dorthin übersiedelten.

An Stelle des 1388 zur Erweiterung der Stadtbefestigung im Auftrag Raimondello Orsinis errichteten Kastells steht heute der *Palazzo Ducale* (1668). Von der Terrasse des ehemaligen Herzogspalastes, der jetzt als *Rathaus* dient, läßt sich ein Rundblick in die umliegende Landschaft genießen.
Die Kirche des Stadtpatrons *San Martino* wurde 1747–1775 über den Resten eines Vorgängerbaus, von dem noch der Campanile des 15. Jh. erhalten ist, erbaut.

54   Massafra

Die Stadt ist rechts und links auf den Höhenrücken einer Schlucht erbaut, der *Gravina di San Marco*. Der ältere Teil der Stadt liegt am westlichen, der neuere, Borgo Santa Caterina genannt, am östlichen Rand der Schlucht. Die Stadtteile sind durch Brücken miteinander verbunden.

Die erste urkundliche Erwähnung erfährt der Ort 971. Unter Karl I. von Anjou wurde Massafra Oddone di Soliac zu Lehen gegeben; später gehörte es zum Fürstentum Tarent, seit 1484 zur Baronie von Antonio Piscicello. 1494 wurde die Stadt von den Franzosen zerstört. 1497–1633 gehörte Massafra zum Besitz der Familie Pappacoda (Lecce), danach zu dem der Imperiali (Tarent), die auch das normannische Kastell wiederaufgebaut haben. Die *Chiesa matrice* wurde im 15. Jh. erbaut und 1533 verändert. Die Kapelle *Santa Lucia* stammt aus dem 11. Jh.

Grottenkirchen: Die zahlreichen Höhlen im Tuffgestein der Schlucht dienten im Mittelalter ursprünglich der Bevölkerung des Ortes als mögliche Zufluchtstätten, wurden aber dann von Basilianermönchen als Einsiedelei genutzt und ähnlich wie im benachbarten Mottola (Nr. 54) zu Grottenkirchen (vgl. S. 20 f.) umgestaltet. Insgesamt 28 solcher Grottenkirchen sind in Massafra bekannt. Einige von ihnen sollen vorgestellt werden. Zur Besichtigung wende man sich an den Pro Loco (Touristeninformation), Via Garibaldi, 8.

Sant'Antonio Abate (Altstadt, Ospedale Matteo Pagliari, Via Vittorio Veneto): Die mit den Fundamenten des Krankenhauses überbaute Grottenkirche des 10./11. Jh. bestand ursprünglich aus zwei durch eine Zwischenwand getrennte Kulträume von ca. 12 m Länge. Beide Räume besaßen eigene Zugänge. Die linke Raumhälfte bildet ein unregelmäßiges Rechteck und stellt einen einfachen Saal mit erhöht stehendem Altar dar. Demgegenüber war die rechte Raumhälfte ur-

Massafra

sprünglich durch zwei Pilaster in Haupt- und Seitenschiff getrennt. Das Hauptschiff mündete in eine Apsis, das Seitenschiff in eine rechteckige Nische. Die beim Bau des Spitals zum großen Teil zerstörten und meist nur in Resten erhaltenen *Fresken* sind zwischen dem 12. und 18. Jh. entstanden, vor allem jedoch im 14. und 15. Jh. Hinzuweisen ist auf ein an der linken Längswand aus dem 14. Jh. erhaltenes, inschriftlich gekennzeichnetes Bildnis des ehemaligen Benediktinermönches und späteren Papstes Urban V. (1362–1370). Zwischen der 2. und 3. Nische ist Abt Antonius, dem die Kirche geweiht ist, dargestellt. Der lateinische Text der Schriftrolle besagt, daß er durch Enthaltsamkeit und Geduld die Dämonen besiegt habe.

Madonna della Scala (man folgt der Via Vittorio Veneto, dann der Via del Santuario und erreicht schließlich eine am Rand der Schlucht gelegene Terrasse. Von hier führt eine Treppe zum Heiligtum): Die Wallfahrtskirche wurde 1731 über der Laura gleichen Namens errichtet. Über dem Hauptaltar befindet sich das auf eine Felsplatte gemalte *Fresko*, das seit Jahrhunderten als Gnadenbild verehrt wird. Es stellt eine Madonna mit Kind dar, die von zwei knienden Hirschen flankiert wird. Vom Atrium des Heiligtums aus führt eine Treppe in die darunterliegende ehemalige Laura. Sie gehört zu den ältesten Grottenkirchen von Massafra und ist wahrscheinlich im 8. oder 9. Jh. entstanden. Die Laura war offensichtlich niemals bemalt; jedenfalls lassen sich keine Spuren finden, die darauf hinweisen würden. Zu sehen ist nur eine ganze Anzahl eingeritzter Kreuze und Christusmonogramme.

Neben dem Heiligtum liegt die *Cripta della Buona Nuova*, die jedoch durch den Bau der Wallfahrtskirche stark beschädigt wurde.

Von der ursprünglichen Freskierung des 13. Jh. sind nur noch Reste erhalten.

Etwa 200 m weiter entfernt liegt die sog. *Farmacia del Mago Greguro*, die aus einer Folge von Höhlen besteht. Wegen der vielen Nischen in den Wänden sollen die Höhlen – so will es die Überlieferung – den Basilianermönchen zur Aufbewahrung ihrer Heilkräuter gedient haben.

San Leonardo (Altstadt, Via del Cimitero): Die Grottenkirche wurde im 13. oder 14. Jh. angelegt und ausgestattet. Von der Freskierung sind noch die Darstellungen der hll. Andreas, Petrus, Stephan, Nikolaus von Bari, Cosmas und Damian sowie von Antonius und Paulus zu sehen. In der Apsis ist eine Deesisdarstellung erhalten (thronender Christus zwischen Maria und Johannes d. T., die für die Seelen des Alten und Neuen Bundes Fürbitte leisten).

La Candelora (Via Canali): Die Grottenkirche liegt unter einem Felsüberhang der Schlucht in einem privaten Garten. Die Wände des 8,5 × 6 m großen Innenraumes sind mit *Fresken* des 13. und 14. Jh. ausgemalt. Die an der rechten Wand gezeigte Darstellung im Tempel (13. Jh.) gab der Kirche im Volksmund den Namen: La Candelora. Die Darstellung in der folgenden Nische ist umstritten: Maria und Jesus oder Elisabeth mit Johannes bzw. einem Engel. Ein Diptychon (13. Jh.) zeigt die hll. Stephan und Nikolaus, den Pilger von Trani. Die übrigen, jüngeren Fresken zeigen die Evangelisten Markus, Matthäus, Johannes sowie die hll. Petrus, Nikolaus von Bari und Antonius. In der letzten Nische links folgt wieder eine Madonna mit Kind.

San Marco (man folgt zunächst der Via Scarano, biegt dann rechts in die Via Fratelli Bandieri ein, an deren Ende eine Treppe in die Schlucht und zur Grottenkirche führt): San Marco gehört zu den am

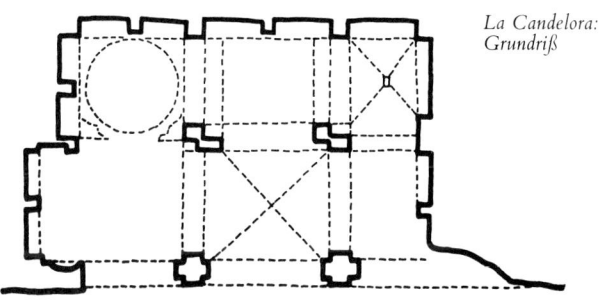

La Candelora: Grundriß

besten erhaltenen Grottenkirchen Massafras. Man betritt sie durch ein Vestibül, in dem links ein Brunnenbecken zu sehen ist, das wahrscheinlich zur Taufe diente. An der rechten Wand des Vestibüls ist der hl. Markus dargestellt. Der Hauptraum der Kirche wird durch kreuzförmige Pilaster in drei Schiffe gegliedert und erreicht eine Länge von ca. 14 m. Das Presbyterium wird durch eine Apsis abgeschlossen. Rechts davon schließt sich eine weitere, separate Apsis an. Das Fresko im Hauptraum stellt die hll. Cosmas und Damian dar (13. Jh.).

55 Mottola

Die Umgebung der heutigen, knapp 400 m hoch über dem Golf von Tarent gelegenen Stadt war bereits in frühgeschichtlicher Zeit besiedelt. Später teilte sie das Schicksal der meisten süditalienischen Städte, gehörte zum römischen Imperium, wurde von den Langobarden erobert, 846 von den Sarazenen zerstört und war schließlich byzantinische Festung, die 1102 von den Normannen zerstört wurde. Seit dieser Zeit gehörte sie dann bis ins 19. Jh. abwechselnd zum Besitz verschiedener Feudalherren. Von 1023–1818 war Mottola Bischofssitz. Ebenso wie in Massafra (Nr. 53) sind in der Umgebung von Mottola einige sehenswerte Basilianergrottenkirchen erhalten, die von einer byzantinischen Form monastischer Höhlenexistenzen Nachricht geben.

Kathedrale *(Assunta):* Die Kathedrale wurde im 13. Jh. gegründet, 1507 erweitert und später wiederholt umgebaut und restauriert. Der Eindruck der Fassade wird durch eine stilistisch venezianisch-dalmatinisch beeinflußte Bekrönung und ein Löwenportal bestimmt. Im Inneren der dreischiffigen Kirche sind ein ›Abendmahl‹ des Neapolitaners Federico Maldarelli (1826–1893) und eine ›Himmelfahrt Mariä‹ von Nicola Malinconico (Neapel; 1673–1721) zu sehen.

Die Grottenkirchen

Lage: Ca. 3 km südwestlich der Stadt, in der Nähe der Masseria Casalrotto. Man folgt von Mottola der Landstraße nach Süden in Richtung Stazione di Palagiano-Mottola. Nach etwa 4 km biegt man rechts in einen Weg ein, der zur Masseria Casalrotto führt. In der Nähe der Masseria befinden sich die ehemaligen Basilianergrottenkirchen Sant'Angelo, Santa Margherita und San Nicola.

Sant'Angelo: Die Grottenkirche besteht aus zwei übereinanderliegenden, völlig gleichen dreischiffigen Räumen mit je drei Apsiden. Eine Verbindung zwischen diesen beiden Räumen gibt es nicht. Die Ausstattungen sind weitgehend verloren.
Von den Resten der Ausstattung sind in der oberen Grottenkirche die Apsisfresken am besten erhalten: rechts ›Christus als Weltenrichter zwischen Maria und dem Apostel Jakobus‹, in der Mitte ›Christus als Weltenrichter zwischen Maria und Johannes d. T.‹. In der linken

Apsis ist noch der Rest einer Engelsdarstellung zu erkennen. Auf dem Pilaster, der das linke Seitenschiff vom Mittelschiff trennt, sind Reste eines Freskos mit Darstellungen des hl. Georg zu Pferde und des hl. Simeon zu sehen. – In der unteren Grottenkirche sind in der linken Apsis Reste einer Darstellung Christi zwischen den hll. Andreas und Basilius erhalten; auf der Unterseite der Arkade, die das Mittelschiff vom rechten Seitenschiff trennt, ist der Apostel Petrus zu erkennen. Die Fresken werden ins 14. Jh. datiert.

Santa Margherita: Die Grottenkirche (am Abhang der Gravina di San Giorgio und über eine Treppe zu erreichen) gliedert sich in zwei selbständige Raumhälften. Die linke Hälfte bildet einen fast rechteckigen Raum, der durch zwei Pilaster in eine Art Vor- und Hauptraum getrennt wird. Am gegenüberliegenden Ende des Hauptraumes schließt sich eine rechteckig geschlossene Apsis an. Durch zwei Arkadenbögen über Pilastern wird die Verbindung zu der rechten wesentlich unregelmäßiger gestalteten Raumhälfte hergestellt. Sie diente wahrscheinlich als Presbyterium. Auf den Fresken des 12. und 14. Jh. sind wiederholt Darstellungen der hl. Margarete sowie das Wunder des hl. Nikolaus, Maria mit Kind, Christus Pantokrator und des hl. Georg im Kampf mit dem Drachen zu sehen.

San Nicola: Die Grottenkirche ist über quadratischem Grundriß in den Fels gehauen. Vier Pfeiler und diese überspannende Arkaden sowie ein traversal errichteter Triumphbogen gliedern die Grotte in eine dreischiffige Anlage mit abgetrenntem Presbyterium und

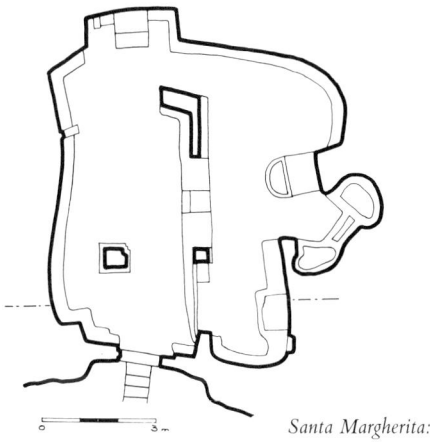

Santa Margherita: Grundriß

rechteckig geschlossener Apsis. Von der ursprünglichen Ikonostase sind nur noch Reste erhalten. Entlang der Wände ziehen sich Arkadennischen hin. Die ursprüngliche Freskierung des 11. Jh. wurde im 14. und 15. Jh. übermalt, ist durch die mittlerweile abbröckelnde spätere Bemalung an manchen Stellen aber wieder zu erkennen.

56   Castellaneta

Das ca. 15 000 Einwohner zählende Castellaneta ist malerisch an der gleichnamigen Gravina, einer Schlucht im Kalkmassiv der Murge, gelegen. Die Altstadt teilt sich in die zwei Quartiere *Sacco* und *Muricello*. Im Mittelalter war die Stadt unter dem Namen *Castanetum* oder *Castanea* bekannt und ist seit 1088 Bischofssitz.

Die *Chiesetta dell'Assunta* (bei der Via Roma) ist in ihrer ursprünglichen Form des 14. Jh. wiederhergestellt. Die Fresken im Inneren der kleinen Kirche sind im 14.–16. Jh. entstanden. – Im Inneren der Kirche *San Michele* (Largo Umberto) sind Fresken lokaler Malerwerkstätten des 16.–18. Jh. zu sehen. – Die *Kathedrale* (Assunta) wurde im 13. Jh. gegründet und im 14. Jh. fertiggestellt. Im 18. Jh. folgten Umbauten. Die Fassade datiert von 1771; der Campanile entstand im 14. Jh. – In unmittelbarer Nachbarschaft der Kathedrale steht der *Bischofspalast* mit einem Portal des 16. Jh.

57   Metaponto

Lage: Die archäologische Zone von Metapont liegt ca. 50 km von Tarent entfernt an der Westküste des Golfes, an der Grenze zwischen den Regionen Apulien und Basilikata.

Geschichte: Die von den Griechen *Metapontion*, von den Römern *Metapontum* genannte Stadt wurde Ende des 8., Anfang des 7. Jh. von Achaiern aus Sybaris (Kalabrien) gegründet. Neben dem an der Südwestküste des Golfes, ca. 120 km entfernt liegenden Sybaris (Sibari) und dem nordöstlich benachbarten Taras (Tarent), zählte Metapont zu den neuen griechischen Stadtgründungen auf dem Festland der Apenninhalbinsel. Sie war die Heimat des *Pythagoras*, der hier eine Schule eingerichtet hatte und 497 v. Chr. starb. Der Hafen der Stadt war Stützpunkt der athenischen Flotte auf dem Weg nach Syrakus, der 733 v. Chr. durch den Korinthier Archias gegründeten ersten dorischen Kolonie der Magna Graeca und mächtigsten Stadt Siziliens. Anfang des 3. Jh. v. Chr. geriet Metapont unter römischen Einfluß. Den metapontesischen Münzen war als Emblem eine Gerstenähre eingeprägt.

Die griechische Stadt erstreckte sich auf dem Gelände zwischen den Mündungen der Flüsse Basento im Süden und Bradano im Norden. Die ersten Funde der antiken Stadt machte man 1826, als man den Apollotempel entdeckte. Systematische Grabungen finden aber erst seit 1965 im Auftrag der Sopraintendenza alle Antichità della Puglia statt.

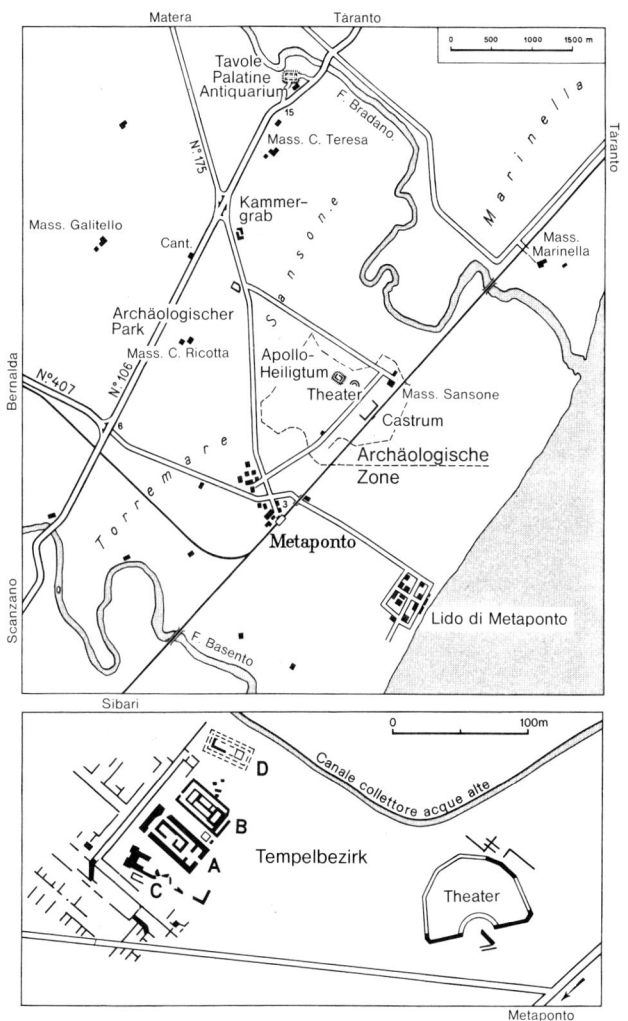

Metaponto: Orientierungsplan

Metaponto

Antiquarium *(Antikensammlung)* und **Tavole Palatine** *(Heratempel)*

Im *Antiquarium* ist nur ein Teil der archäologischen Funde aus Metapont ausgestellt; ein Neubau ist vorgesehen.

Neben dem Antiquarium sind die Reste eines *dorischen Tempels* freigelegt worden. Er lag außerhalb der Stadtmauern des antiken Metapont und war der Hera geweiht. Seine Entstehung wird um 500 v. Chr. datiert. Die Länge des Stylobats betrug 34,29 m, die Breite 13,66 m. Der Peripteraltempel zeigte an den Seiten 12, in der Breite 6 Säulen; insgesamt waren es also 32 Säulen. Die Cella maß 18,79 × 8,68 m und war in zwei Räume geteilt. Die Reste des figürlichen Schmucks werden im Museo Nazionale in Reggio di Calabria aufbewahrt.

Kammergrab, Tempelbezirk und **Theater**

Etwa 2 km weiter südlich liegt die *Tomba a Camera*, ein Kammergrab des 5. Jh. Gräber dieser Art waren meist nicht nur für eine, sondern für mehrere Bestattungen vorgesehen und konnten so zum Grabmal einer ganzen Familie werden.

2,5 km südöstlich davon wurden Reste des *Tempelbezirks* freigelegt. Die Griechen nannten diesen Tempelbezirk Temenos, bei den

Römern hieß er Kapitol. In seinem Zentrum standen mehrere Tempel, die von einer Mauer umgeben waren, an deren Innenseite Kammern oder Säulenhallen lagen. Der Tempelbezirk war durch mehrere Tore (Propylon) zugänglich.

In dem der Agora, dem Marktplatz benachbarten Tempelbezirk von Metapont war der südlichste dieser *Tempel (C)* der *Athene* oder *Aphrodite* geweiht. Ursprünglich handelte es sich wahrscheinlich um einen Megarontempel, der im 5. Jh. zu einem größeren Tempel erweitert wurde. Sein Kern zählt zu den ältesten Überresten, die man hier gefunden hat.

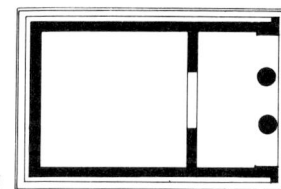

Megarontempel

Rechts daneben schließt sich der *Apollotempel (A)* an, der ebenso wie der Heratempel ein Peripteros mit insgesamt 32 6 m hohen Säulen war. Bei den Ausgrabungen wurden dorische Kapitelle, Säulentrommeln und Teile des Architravs gefunden. Die Reste des figürlichen Schmucks befinden sich im Antiquarium bzw. im Museum von Potenza (Kalabrien).

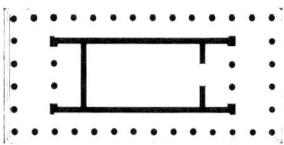

Klassischer Peripteros

Rechts daneben stand der *Heratempel (B)*, dessen Charakteristikum in einem Mittelschiff besteht, das an die Basilika von Paestum (Campania) erinnert. Die monolithischen Säulen stammten wahrscheinlich von einem bisher unbekannten früheren Tempel. Die Entstehung des Heratempels fällt zeitlich mit der des Apollotempels zusammen und wird in die 1. Hälfte des 6. Jh. v. Chr. datiert.

Rechts neben dem Heratempel wurden die Fundamente eines *Jonischen Tempels (D)* freigelegt. Seine Entstehung wird um 480 v. Chr. datiert.

Östlich dieses Tempelbezirks schlossen sich der Marktplatz *(Agora)* und das *Theater* an, von dem noch Reste zu sehen sind.

I. LAND UND LEUTE

Lage, Größe, Verwaltung

Apulien (ital. *Puglia*) bildet den ›Absatz‹ des für die Apenninhalbinsel so charakteristischen Stiefels und gehört zusammen mit Kalabrien und der Basilikata (auch Lukanien genannt) zu den südlichsten Regionen des italienischen Festlandes. Im Westen wird es vom Bergland der Abruzzen, der Campania und Basilikata, im Osten vom Adriatischen und im Süden vom Ionischen Meer begrenzt. Durch diese auf den äußersten Südosten des Landes beschränkte geographische Lage befand sich Apulien für viele Reisende aus Mitteleuropa lange Zeit abseits der traditionellen Italienroute, die meist in den großen Tourismuszentren Florenz oder Rom endete, vielleicht noch bis Neapel führte und die weiter südlich gelegenen Gebiete höchstenfalls den Durchreisenden nach Sizilien überließ. Gerade Apulien wurde so lange Zeit nur von Italienern selbst als Sommerfrische bevorzugt. Seit einigen Jahren jedoch hat sich daran einiges geändert. Der moderne Tourismus hat nun auch diese südlichen Teile der Apenninhalbinsel als Feriengebiet für Mitteleuropäer entdeckt und mit zahlreichen Hotels, besonders entlang der Küste, zu einer immer häufiger besuchten Urlaubszone ausgebaut. Dennoch garantiert eine Reise in diese Region Süditaliens immer noch weite Teile einer unberührten Landschaft. Vor allem aber bietet dieser Teil Italiens eine Vielfalt archäologisch und kunsthistorisch bedeutender Orte, wie sie – durch eine gemeinsame Geschichte verbunden – vergleichbar vielleicht nur in Sizilien zu finden ist.

Die Region Apulien umfaßt eine Fläche von 19 347 qkm, auf der nach einer Erhebung des Jahres (1971) 1976 etwa (3,5 Mill.) 3,8 Mill. Einwohner leben. Rechnerisch betrachtet entspricht dies einem Verhältnis von (186) 196 Einwohnern pro qkm. In der Reihe der Regionen Italiens steht Apulien mit seiner Größe dabei an 7., mit der Bevölkerungsdichte an 8. Stelle. Die Geburtenrate drückte sich 1975 in einem Verhältnis von 19,3 pro 1000 Einwohner aus und lag damit deutlich über dem italienischen Nationaldurchschnitt von 9,9 pro 1000 Einwohner. Die Sterbequote lag mit einem Verhältnis von 8,2 pro 1000 unter dem nationalen Durchschnitt von ebenfalls 9,9 pro 1000 Einwohnern.

Verwaltungstechnisch war dieses Gebiet vom Mittelalter bis ins 19. Jh. zunächst nur in drei Bereiche gegliedert: in die *Capitanata* im Norden, die *Terra di Bari* in der Mitte und die *Terra di Ótranto* im Süden des Landes. Durch Inkrafttreten der Verfassung der Italienischen Republik wurde dieses Gebiet 1948 zu der heutigen Region

Apulien zusammengefaßt und in fünf Provinzen mit ihren gleichnamigen Hauptstädten gegliedert: *Foggia* (FO), *Bari* (BA), *Brindisi* (BR),
Lecce (LE) und *Taranto* (TA). Hauptstadt der Region ist *Bari*.
Die Organe der Region sind der von den Bürgern gewählte *Regional-*
rat, der von dem Rat gewählte *Regionalausschuß* und der von diesem
gewählte *Präsident*. Daneben ist ein *Regierungskommissar* eingesetzt,
der die direkte Verwaltung ausübt und mit der in der Verfassung der
Republik geregelten Selbstverwaltungstätigkeit der Region ab-
stimmt. Provinzen und Gemeinden sind mit *Provinzialrat, Provinzial-*
ausschuß, Provinzialpräsident und *Gemeinderat, Gemeindeausschuß, Bür-*
germeister nach demselben System aufgebaut. Dieser Regionalismus
entspricht allerdings nicht dem Förderalismus, wie er beispielsweise
mit der Bund-Länder-Gliederung in der Bundesrepublik Deutschland gegeben ist. Und auch die indirekte Kommunalverwaltung Italiens ist mit den Möglichkeiten kommunaler Selbstverwaltung der
Gemeinden in der Bundesrepublik Deutschland nicht vergleichbar.
Bei der Verwaltung der Regionen Italiens handelt es sich vielmehr
nur um eine begrenzte Dezentralisierung der direkten Staatsverwal-
tung, die von den Zentralorganen und den ihnen nachgeordneten
Behörden in den Regionen, Provinzen und Kommunen als indirekte
Verwaltung wahrgenommen wird.

Geographie, Geologie, Klima

Die Küste Apuliens bildet mit etwa 350 km den längsten einer Region
zugehörigen Küstenstreifen auf dem italienischen Festland. Während dieser Küstenstreifen von z. T. sehr fruchtbarem Schwemmland
bedeckt wird, besteht das Innere Apuliens jedoch aus einem verkar-
steten und wasserarmen Kalksteinplateau, das als eine nur schwach
gefaltete Kalktafel dem westlich gelegenen Apennin, dem Rückgrat
der italienischen Halbinsel, angegliedert und landschaftlich in folgende charakteristische Bereiche zu teilen ist: die *Garganohalbinsel*,
die *Tavoliere*, den *Murge* und die *Terra di Bari* sowie die *Salentinische*
Halbinsel. Bemerkenswert ist dabei, daß das Kalkfelsmassiv der Garganohalbinsel, die im Norden Apuliens wie der Sporn des italienischen Stiefels in das Adriatische Meer hinausragt und z. T. noch von
dichten Wäldern bedeckt ist (Foresta Umbra), mit der Apenninhalbinsel in keinem Zusammenhang steht, sondern erdgeschichtlich mit
der dalmatinischen Küste verbunden ist. Tavoliere, Murge und in
südlicher Fortsetzung dann auch die Salentinische Halbinsel bilden
so im Anschluß an den Apennin das eigentliche Gerüst der Landschaft Apuliens. Der Name Tavoliere leitet sich dabei nicht etwa von
der Vorstellung einer Tafel her, sondern geht vielmehr auf die alte
Bezeichnung der mittelalterlichen Steuerbücher für diese Gegend,

der ›tabulae censuariae‹ zurück. Die höchsten Erhebungen dieser
Landschaften erreichen dabei weniger als 1200 m. Der *Monte Cornac-
chia* in der Tavoliere ist mit 1151 m der höchste Berg Apuliens, dann
folgt der 1065 m hohe *Monte Calvo* auf der Garganonhalbinsel. Die
Ebenen der Murge liegen auf einer Höhe von etwa 500–700 m, die
der Salentinischen Halbinsel bei etwa 200 m. Der Kreidekalk dieser
Gebiete bot übrigens durch seine geologische Beschaffenheit, die
ihn gut verarbeiten ließ, lange Zeit, insbesondere im Süden, ein
beliebtes Baumaterial, wie heute noch ganz deutlich an den Kragkuppelbauten der Trulli in Alberobello und Locorotondo (Nr. 30)
oder auch an den Kirchenbauten Lecces (Nr. 41) zu sehen ist.
Die große von Norden nach Süden verlaufende Längenerstreckung
Italiens über fast 10 Breitengrade und die starke Höhengliederung
bewirken sehr unterschiedliche Klimaverhältnisse. Während sich in
den Südalpen, der Po-Ebene und dem Nordapennin ein Übergang
vom mitteleuropäischen zum nordmediterranen Klima vollzieht,
kommt in den Gebieten südlich von Rom ein mediterranes Klima
zum Tragen. Das im äußersten Südosten gelegene Apulien wird
dabei klimatisch einerseits durch die Nähe des Meeres, andererseits
durch den an der Westgrenze der Region über 2000 m hohen Apennin bestimmt. So ist Apulien nach Westen weitgehend geschützt und
wird im Frühjahr und Sommer meist nur von den Winden aus Ost bis
Süd erreicht, die tropisch-warme und trockene Strömungen aus
Afrika oder dem östlichen Mittelmeerraum herantragen.
Das bewirkt während der Monate Mai bis Oktober im allgemeinen
lang anhaltende Schönwetterperioden, die höchstens durch lokale
Gewitter unterbrochen werden. Der Sommer ist deshalb vor allem
an der Küste sehr heiß. Die Durchschnittstemperatur liegt in den
Sommermonaten Juli/August bei 22–26 °C, was einer (min.) max.
Lufttemperatur von (13–22) 19–30 °C mit einer Wassertemperatur des
Meeres von (18) 28 °C entspricht. Im Herbst und Winter dreht der
Wind auf Süd und trägt dann auf dem Weg über das Meer und entlang der Südküste Siziliens und Kalabriens feuchtwarme Luft aus der
Wüste Nord-Afrikas *(Scirocco)* an den Golf von Tarent heran, so daß
es auch im Winter an den Küsten relativ warm ist. Während die
durchschnittliche Temperatur im Januar hier kaum unter 7 °C sinkt,
kann es in den höheren Lagen und im Gebirge allerdings auch
schneien.
Zuweilen dringen über die Adria aber auch kalte Luftströmungen
aus Nordost bis Ost ein, die von einem stürmischen Wind *(Bora)*
begleitet werden und insbesondere der Landwirtschaft schwere
Schäden zufügen können. Die Hauptregenzeit ist im November,
ansonsten sind die Niederschläge im Jahresdurchschnitt eher gering.
So entstehen östlich des Apennins, insbesondere in der apulischen

Tavoliere, Trockengebiete mit weniger als 500 mm Jahresniederschlag.

Durch diese geringen Niederschläge und die Verkarstung des Bodens stellt die ausreichende Wasserversorgung für Bevölkerung, Landwirtschaft und Industrie in Apulien deshalb auch ein großes Problem dar. Vor allem in der Murge und auf der Salentinischen Halbinsel fehlt es an Oberflächengewässern. Auch die sog. *Gravine*, die in Folge eiszeitlicher Gletscherbäche entstanden und heute noch ganz deutlich in Gravina in Puglia (Nr. 24) zu sehen sind, bilden hier keine Ausnahme. Auch diese Gravine führen, abgesehen von der Hauptregenzeit im November, kein Wasser, da es sich durch viel tiefer in dem Kreidekalk gelegene Rinnen seinen Weg sucht. Nur im Norden versorgen die Flüsse *Fortore, Cervaro, Carapelle, Candelaro* und *Ofanto* vor allem die Tavoliere mit Wasser. So entwickelte man in den Jahren zwischen 1914 und 1939 den *Aquedotto Pugliese*, ein Wasserversorgungssystem, das Apulien zwischen dem Capo di Santa Maria di Leuca im Süden (Nr. 45) und der Garganohalbinsel im Norden (Nr. 3–8) mit einer Hauptleitung von 244 km Länge und zahlreichen Nebenleitungen aus den großen Wasserreservoires des Apennins versorgt. In Vieste (Nr. 6) und Bari (Nr. 13) wurden vor einigen Jahren Anlagen zur Aufbereitung des Meerwassers eingerichtet.

Flora und Fauna

Apulien, das ursprünglich einmal von ausgedehnten Waldflächen überzogen war, ist heute in Folge von Rodungen zum Zweck der Gewinnung agrarwirtschaftlicher Anbauflächen und Schiffsbauhölzer vor allem seit dem Eindringen der Normannen im 11. Jh. nahezu kahl. Der römische Dichter Horaz berichtete noch Ende des 1. Jh. v. Chr. von der ›undurchdringlichen Wildnis‹ des Gargano; und selbst aus dem 18. Jh. sind noch Nachrichten überliefert, die an verschiedenen Stellen der Region eine dichte Bewaldung erwähnen. Heute sind nur noch wenige Hektar mit Eichen bewachsen *(Foresta Umbra).* Und auch die vor allem in den vergangenen 30 Jahren betriebene Wiederaufforstung mit Pinien und Strauchwerk kann nur mit Mühe und über Generationen den Schaden beheben, der als Konsequenz der ständigen Rodungen und fehlenden Neupflanzungen maßgeblich auch zur Verkarstung des Bodens beigetragen hat. Insgesamt beträgt der Anteil der Forstflächen in Apulien heute nur etwa 5 % der Gesamtfläche der Region. Dafür finden sich aber eine Reihe von Nutzpflanzen, die von den verschiedenen Herrschern des Gebietes im Laufe der Zeit importiert wurden: von den Griechen die Weinrebe, Mandel- und Olivenbäume, von den Byzantinern die Agrumen und von den Arabern die Baumwolle.

Ähnliches gilt auch für die Anzahl und Verbreitung der ursprünglichen Tierarten. Auch sie sind auf Grund der veränderten Lebensbedingungen entweder ganz verschwunden oder nur noch in sehr begrenzten Zonen Apuliens anzutreffen. Ansonsten haben die einstigen Wildtiere durch die Veränderungen des natürlichen Lebensraumes ihren Platz den Nutztieren wie Schaf, Ziege, Schwein, Rind, Esel, Maulesel und Pferd überlassen müssen. Dafür finden aber eine ganze Reihe von Singvögeln (Lerche, Drossel) und Feldhühner in dem niederen Buschwerk und den Pinienwäldern, den Olivenhainen und den Getreidefeldern ihre Heimat. Die Ufer entlang des Lago di Lésina (Nr. 3) und des Lago di Varano (Nr. 4) sind während der Wintermonate beliebter Aufenthaltsort der Vögel aus dem kühleren Mitteleuropa.

Bevölkerung, Wirtschaft, Industrie

Ähnlich wie in den übrigen Gebieten Süditaliens, also Sizilien, Campania, Kalabrien, Basilikata, Abruzzen und Molise, so stellt auch die Bevölkerung Apuliens einen Mischtyp verschiedener ethnischer Gruppen dar. Durch seine Geschichte, in der das Land im Laufe vieler Jahrhunderte immer wieder von z. T. völlig unterschiedlichen Volksgruppen besiedelt wurde (vgl. S. 5 ff.), konnte sich ein einheitlicher Volkstyp nicht bilden. Und so herrschen auch in der apulischen Bevölkerung Einflüsse griechischer, arabischer und germanischer Volksgruppen vor. In manchen Orten leben bis heute in den verschiedenen Dialekten noch arabische oder griechische Sprachformen fort. Die tiefe Frömmigkeit, die vor allem in einem stark ausgeprägten Marienkult zum Ausdruck kommt, läßt sich als ein charakteristisches Merkmal auf die lange spanische Herrschaft in Apulien zurückführen. Dies gilt auch für das ungebrochene Festhalten an althergebrachten Traditionen, wie, um nur zwei Beispiele zu nennen, die Bedeutung der Familie und der Gastfreundschaft.
So brechen gerade in jüngerer Zeit immer wieder Konflikte auf, die im weiteren Sinne durch das soziale und wirtschaftliche Gefälle zwischen dem Norden und dem Süden Italiens, im engeren Sinne aber auch schon durch dasjenige zwischen den großen Städten Apuliens und dem angrenzenden Umland hervorgerufen werden.
Eines der Hauptprobleme Süditaliens bildet die Armut der Landbevölkerung. Die ständig wachsende Bevölkerungszahl Apuliens spielt dabei eine ganz wichtige Rolle: Ende des 16. Jh. waren es etwa 730 000 (38 E./qkm), Ende des 18. Jh. rund 1,1 Mill. (57 E./qkm), bis 1861 rund 1,3 Mill. Einwohner (67 E./qkm), deren Zahl sich innerhalb von nur 100 Jahren bis 1961 mit etwa 3,4 Mill. Einwohner (175 E./qkm) mehr als verdoppelt und bis 1976 mit rund 3,8 Mill. (196 E./qkm) dann sogar

schon fast verdreifacht hatte. Paradoxerweise trat dieses Problem der zunehmenden Verarmung im 19. Jh. als eine Folge der Einigung Italiens auf, obwohl man sich doch gerade davon eine Verbesserung der sozialen Verhältnisse versprochen hatte (vgl. S. 13 ff.). Tatsächlich aber mußte sich der Süden damals damit abfinden, daß er den Interessen des Nordens untergeordnet wurde und – von den Küstenstädten abgesehen – als ein bis dahin nahezu rein landwirtschaftlich strukturiertes Gebiet in dieser Zeit beginnender Industriealisierung immer mehr den Anschluß an die soziale und wirtschaftliche Entwicklung des neuen Königreiches verlor. Die Folge dieser Entwicklung war eine Abwanderungsbewegung der Landarbeiter in die Industriebetriebe des Nordens, was, von dem jeweiligen Einzelschicksal einmal abgesehen, immer wieder die Auflösung lang bestehender Traditionen provozierte und so eine Fülle sozialer Konflikte mit sich brachte. Diese Emigrationswelle erreichte in Italien zeitweise, vor allem 1913, eine jährliche Abwanderungsquote von knapp 900 000 Einwohnern, so daß allein bis 1930 insgesamt 15 Mill. Italiener ihre Heimat verlassen hatten. Rund eine halbe Million davon waren Pugliesen. Neue Anreize boten zunächst die Länder Nord- und Südamerikas, später dann die Bergbaugebiete Belgiens und Frankreichs und die Industrien in Deutschland. Nach Gründung der Republik im Jahre 1946 vollzog sich diese Umsiedlung dann allerdings auch im eigenen Land. Zahlreiche Süditaliener ließen sich in den Industriestädten Norditaliens (Turin, Mailand) anwerben. So zogen 1962 neben den vielen anderen, die nach Übersee oder Mitteleuropa gingen, rund 27 000 Pugliesen in die Lombardei (Mailand), rund 17 000 in den Piemont (Turin). Aber auch diese Umsiedlung von Süd nach Nord im eigenen Staat kam für viele nicht selten einer Auswanderung gleich und konnte an der Tatsache einer Emigration nur wenig ändern. So entstand auch die Redensart von den sog. ›weißen Witwen‹, die mit den Kindern in den Dörfern des Südens zurückgeblieben waren, während ihre Ehemänner nach Norden zogen. Hauptgesprächsstoff dieser meist nur noch aus Greisen, Frauen, Kindern und Lehrern bestehenden Dorfgemeinschaften waren damals, so sagt man heute, die Toten in der Heimat und die Freunde in der Fremde.

Aber auch wenn das von landwirtschaftlicher Produktion abhängige Hinterland Apuliens oft mit Armut und Emigration der Landarbeiter konfrontiert war, so schnitt die Region im Vergleich zu anderen Gebieten Süditaliens insgesamt immer noch recht günstig ab. In anderen Regionen Süditaliens, wie etwa dem Apulien benachbarten Bergland der Basilikata, dem sicherlich ärmsten Landstreifen Italiens, hatte die Zahl der Auswanderer zeitweilig einen Anteil erreicht, der fast dem der Hälfte der Gesamtbevölkerung entsprach. Dasselbe gilt für die im Norden an Apulien grenzende Region

Molise. Einer der Gründe für die verhältnismäßig vorteilhafte Entwicklung Apuliens ist sicherlich in der für Handel und Industrie geographisch günstigen Lage der Städte entlang der Küste zu sehen, die es zumindest dort ermöglichte, eine weitgehend stabile Wirtschaftslage aufrechtzuerhalten. 1975 jedenfalls wurden in Apulien nur noch 50 000 Emigranten registriert, was einem Anteil von etwa 1,3 % an der Gesamtbevölkerung der 3,8 Mill. Einwohner der Region entspricht. Eine andere, freilich erst in den letzten Jahren realisierte Voraussetzung ist in dem Fortschritt der Bodenreformen, der Anwendung besserer Bewässerungstechniken und anderen landwirtschaftlicher Investitionshilfen sowie der Errichtung neuer Industrieanlagen zu sehen, die durch die enormen Anstrengungen als Folge der Süditalienpolitik der Regierung in Rom zustande kamen. Während der Anteil der Industrie an der Gesamtwirtschaft der Region 1951 nur 22 % ausmachte, konnte sich dieser bis 1971 einschließlich der Baugewerbe auf 32 % steigern. Den Schwerpunkt bilden dabei die petrochemischen und metallverarbeitenden Industrien im Dreieck Bari-Brindisi-Tarent, die in den letzten 25 Jahren durch direkte oder indirekte staatliche Investitionshilfen mittels einer gezielten Darlehens- und Steuerpolitik aufgebaut werden konnten. Im Bereich der Energiewirtschaft und -versorgung, die anfänglich noch ein großes Problem darstellte, hat sich Apulien in den letzten Jahren an die 9. Stelle innerhalb der Regionen Italiens hochgearbeitet. Die metallverarbeitende Industrie Apuliens kann mittlerweile sogar Platz 2 auf dieser Liste beanspruchen. Im Norden der Garganohalbinsel und im Süden der Salentinischen Halbinsel wird Bauxitabbau betrieben. Brindisi (Nr. 34) und Tarent (Nr. 50) wurden zu wichtigen Überseehäfen ausgebaut. Insgesamt betrachtet ist Apulien gegenwärtig damit eine der am weitesten industriealisierten Regionen Süditaliens. Aber trotz dieser zunehmenden Industriealisierung bleibt Apulien in erster Linie immer noch ein agrarwirtschaftlich strukturiertes Gebiet, dessen Produktionsfläche rund 1,8 Mill. Hektar beträgt, was einschließlich der forstwirtschaftlichen Nutzflächen einem Anteil von 93,2 % der Gesamtfläche der Region entspricht. Während 1951 noch insgesamt 58 % der Bevölkerung in der Landwirtschaft tätig waren, hat sich dieses Verhältnis 1971 durch die Abwanderung der Landarbeiter in die Industrie zwar auf 36 % verringert, lag damit aber immer noch um mehr als das Doppelte über dem nationalen Durchschnitt von 17,2 %. In den vergangenen Jahren konnte sogar nach weiteren Reformmaßnahmen im Bereich der Landverteilung und Anbautechnik wieder eine Steigerung dieses Anteils festgestellt werden. Die wichtigsten Anbauprodukte sind Getreide, Wein, Oliven und Mandeln. Vor allem die Gegend südlich der Garganohalbinsel gilt als die Kornkammer Italiens. Sehr fruchtbar ist auch die Ebene rund um Bari, wo vorwiegend Obst und Gemüse, vereinzelt auch Baumwolle angebaut werden. Aber auch in den anderen, wasserarmen Gebieten der Murge und der Salentinischen Halbinsel hat man durch neue Bewässerungstechniken diese Gegenden wieder in Weideland umwandeln und für die Schweine- und Schafzucht nutzbar machen können. Entlang der Küste bildet der Fischfang nach wie vor eine der Haupteinnahmequellen.

Auf die handwerklichen Betriebe entfallen 20,7 % der arbeitenden Bevölkerung, die gegenüber einem nationalen Durchschnitt von 32,7 % in diesem Bereich weniger stark vertreten ist. Handel und Banken sind mit 10,7 %, die öffentliche Verwaltung mit 6,2 % an der Gesamtwirtschaft der Region beteiligt.

Darüber hinaus hat Apulien in den vergangenen Jahren aber auch aus seiner geographisch reizvollen Lage und seiner kunsthistorischen Bedeutung Gewinn ziehen können. Auch hier konnte mit Hilfe staatlicher Unterstützung, d. h. durch das staatliche Fremdenverkehrsamt ENIT (Ente Nazionale per l'Industria del Turismo) eine große Anzahl von Hotels und Pensionen aufgebaut werden, die allein bis 1975 insgesamt 32 000 Fremdenbetten bereithielten und Apulien damit den Anschluß an den internationalen Tourismus ermöglichten.

Der Hafen von Tarent

J. INFORMATIONSTEIL

Allgemeine Reisehinweise

Apulien ist besonders an der Küste touristisch bestens erschlossen. Aber auch im Landesinnern bilden Reise, Unterkunft und Verpflegung keine Probleme. Die zentrale Informationsstelle, die der wechselnden Aktualität der Angebote und Preise gerecht wird, ist das *Staatliche Italienische Fremdenverkehrsamt (ENIT)*. In Deutschland: 4000 Düsseldorf, Berliner Allee 26. – 6000 Frankfurt a. M., Kaiserstr. 65. – 8000 München 2, Goethestr. 20. – In Österreich: 1010 Wien, Kärntnerring 4. – In der Schweiz: 8001 Zürich, Uranienstr. 32. – Im übrigen: alle Reisebüros.

Reisezeit: Die angenehmste Reisezeit ist in den Frühjahrs- und Herbstmonaten. Der Sommer ist vor allem im Juli und August an der Küste sehr heiß; da aber an den langen Stränden Apuliens fast immer ein erfrischendes Bad möglich ist, kann auch diese Jahreszeit für kunsthistorische Reisen empfohlen werden. Regenzeit ist im November. Der Winter ist an den Küsten zwar relativ warm, in den höheren Lagen kann es jedoch sehr kalt sein und nicht selten auch schneien. Freilich kann man in dieser Jahreszeit sicher sein, zu den ganz wenigen Besuchern dieses Landes zu zählen. Sucht man nicht nur den Kontakt zu den Kunstdenkmälern, sondern auch zu der Bevölkerung und ihren Lebensgewohnheiten, kann diese Jahreszeit von besonderem Reiz sein, ist aber nur erfahrenen Reisenden zu empfehlen.

Ferienorte: *An den Ausläufern des Apennin:* Bovino, Deliceto, Accadia, Roseto, Valfortore, Volturara Appula, San Marco la Catola, Castelnuovo della Daunia. – *Gargano-Halbinsel:* San Giovanni Rotonda, Monte Sant'Angelo, Foresta Umbra. – *Hochebene der Murge:* Martina Franca, Selva di Fasano, Alberobello.

Seebäder: *Gargano-Halbinsel:* Rodi Garganico, Peschici, Manacorra, Vieste, Pugnochiuso, Baia delle Zagare, Lido di Siponto. – *Umgebung von Bari:* Polignano a Mare, Monopoli, Torre Canne, Marina di Ostuni. – *Umgebung von Tarent:* Lido Azzuro, Castellaneta Marina, Riva dei Tessali, Marina di Ginosa. – *Salentinische Halbinsel:* Marina di Pulsano, Porto Cesareo, Santa Caterina, Santa Maria al Bagno, Gallipoli, Leuca, Castro Marina, Santa Cesarea Terme, Otranto-Alimini, San Cataldo.

Thermalbäder: Margherita di Savoia, Torre Canne, Santa Cesarea Terme.

Fest- und Feiertage: 1. Januar, 25. April, 1. Mai, 15. August, 1. November, 8. Dezember, 25. und 26. Dezember, Ostermontag. Nationalfeiertage am ersten Sonntag im Juni und November.

Reiserouten und Straßenzustände: *ADAC*, Sendlinger-Tor-Platz 9, 8000 München 2. In Italien: A.C.I. (Automobile Club d'Italia), Via Marsala 8, 00185 Roma (Filialen in allen anderen größeren Städten Italiens).

Anreise mit dem Flugzeug: Mehrmals täglich gibt es Linienflüge von Hamburg, Düsseldorf, Köln, Stuttgart, Frankfurt und München nach Rom. Von dort Anschlußflüge nach Süditalien (Bari, Brindisi, Neapel, Reggio Calabria, Catanzaro). Über die günstigste Flugroute und Nachlässe bei den Flugpreisen (Charterflüge) geben die Flugverkehrsgesellschaften und Reisebüros Auskunft.

Anreise mit der Bahn: Die Deutsche Bundesbahn bietet ebenso wie die Österreichischen oder Schweizer Bundesbahnen zahlreiche Zugverbindungen an. Neben Schlaf- und Liegewagen werden vor allem in der Hauptreisezeit auch Autoreisezüge eingesetzt. Verbindungen und Preise sind an jedem Bahnhof oder bei Reisebüros zu erfragen. Anreise von Deutschland durch die Schweiz über Chiasso, Mailand, Bologna, Rom, Neapel nach Bari, Brindisi, Tarent und Lecce; oder durch Österreich über Brenner, Verona, Bologna, Ancona, Pescara nach Foggia, Bari und Lecce. Von den größeren Städten Apuliens führen zahlreiche Nebenlinien zu den kleineren Orten.

Anreise mit dem Auto: Durch die Schweiz über die Autobahn Chiasso, Mailand, Bologna oder durch Österreich über die Autobahn Brenner, Verona, Modena nach Bologna. Je nach Wahl der Reiseroute von dort entweder nach Pescara und weiter nach Foggia, Bari, Brindisi und Tarent, oder aber nach Florenz, Rom, Neapel und weiter nach Bari. Die Schweizer Autobahnen, die Autobahn Innsbruck–Brenner sowie alle italienischen Autobahnen sind bis auf wenige Ausnahmen in Süditalien und Sizilien mautpflichtig.

Straßenkarten: Als Straßenkarte ist die *Carta Automobilistica d'Italia* (1:800 000) besonders empfehlenswert. Für Apulien sind darüber hinaus die detaillierteren Karten Nr. 18, 19, 20 und 21 (1:200 000) dieser Serie im Handel. Sie sind in allen italienischen Buchhandlungen, an den italienischen Autobahnraststätten und auch in guten Buchhandlungen in Deutschland, Österreich oder der Schweiz erhältlich.

Amtliche Bestimmungen und praktische Hinweise

Personaldokumente: Die italienischen Grenzbehörden verlangen einen *Personalausweis* oder einen *Reisepaß*. Bei Kindern unter 16 Jahren ist ein Kinderausweis vorzulegen oder die Eintragung im Reisepaß der Eltern nachzuweisen. Die Dokumente berechtigen bundesdeutsche Reisende zu einem Aufenthalt bis zu drei Monaten. Für einen längeren Aufenthalt ist bei dem Ausländerbüro (Ufficio Stranieri) der zuständigen örtlichen Polizei (Questura) eine Aufenthaltsgenehmigung (Permesso del Soggiorno) mit Darlegung der Gründe des Aufenthalts (Studienaufenthalt, Forschungsreise etc.) zu beantragen. Nähere Auskünfte erteilen die *Italienischen Botschaften*. In der Bundesrepublik Deutschland: Karl-Finkelnburg-Str. 51, 5300 Bonn–Bad Godesberg. In Österreich: Rennweg 27, 1030 Wien. In der Schweiz: Elfenstr. 14, 3000 Bern.

Krankenschein: Vor Reiseantritt sollte man bei der Krankenversicherung einen internationalen Krankenschein anfordern. Die Liste ›Deutschsprechender Ärzte in Italien‹ wird vom Staatlichen Italienischen Fremdenverkehrsamt (ENIT) auf Wunsch zugesandt.

Kraftfahrzeuge: Für die Einreise nach Italien werden der *Führerschein* und der *Fahrzeugschein*, ein *Nationalitätenkennzeichen* und ein *Warndreieck* verlangt. Anzuraten ist die Mitnahme der *Internationalen Grünen Versicherungskarte* bzw. ein *Auslandsschutzbrief des ADAC*. Benzingutscheine (Carta Carburante Turistica) sind bei den Automobilclubs und an der italienischen Grenze erhältlich. Sie berechtigen zum billigeren Kauf von Benzin und zur kostenlosen Pannenhilfe durch den Straßenhilfsdienst des A.C.I. Rufnummer der Pannenhilfe des A.C.I. in ganz Italien: 116.

Mitführen von Tieren: Bei Hunden und Katzen ist ein amtliches tierärztliches Gesundheitszeugnis erforderlich, das eine erfolgreiche Schutzimpfung der Haustiere gegen Tollwut bestätigt. Die Impfung muß mindestens 1 Monat alt sein und darf bei Hunden nicht länger als 12, bei Katzen nicht länger als 6 Monate zurückliegen.

Zollbestimmungen: Über die aktuellen Zollbestimmungen bei der Ein- und Ausreise geben die Automobilclubs und die Italienischen Botschaften Auskunft.

Währung: Währungseinheit ist die *Lira*. Im Umlauf sind Münzen zu 10, 20, 50, 100, 200 und 500 Lire; Banknoten zu 1000, 2000, 5000, 10 000, 50 000 und 100 000 Lire.

Devisen und Geldwechsel: Fremdwährungen unterliegen im allgemeinen keiner Beschränkung. Nähere Auskünfte erteilen Banken und Automobilclubs. Bargeld, Eurocheques und Travellercheques werden ohne größere Komplikationen bei jeder italienischen Bank, Sparkasse oder Wechselstube eingelöst. In Restaurants, kleineren Hotels oder Geschäften werden Eurocheques nicht immer als Zahlungsmittel akzeptiert.

Tabak: Zigaretten und andere Tabakwaren sind nur in Geschäften erhältlich, die mit einem T auf blauem oder schwarzem Grund gekennzeichnet sind (Staatsmonopol).

Telefonieren kann man in Postämtern, Telefonzellen oder in mit einer Wählscheibe gekennzeichneten Bars, Restaurants und Geschäften. Die öffentlichen Telefone funktionieren mit Telefonmünzen *(gettoni)* oder 100 bzw. 200-Lire-Münzen. Die gettoni sind mit 50 oder 100-Lire-Münzen in Automaten in den Telefonzellen oder in den mit einer Wählscheibe gekennzeichneten Bars, Restaurants und Geschäften sowie in Tabakgeschäften erhältlich. Vorwahl für die Bundesrepublik Deutschland 0049, Österreich 0043, Schweiz 0041.

Briefmarken: Außer in Postämtern sind Briefmarken *(francobolli)* auch in Tabakgeschäften erhältlich.

Trinkgelder: In Hotels, Restaurants oder Bars, beim Friseur oder im Taxi gibt man dem Personal im allgemeinen 10–15 % der Gesamtsumme an Trinkgeld.

Uhrzeit: Mitteleuropäische Zeit (MEZ). Sommerzeit von Ende Mai bis Ende September.

Elektrizität: Meist 220 Volt Wechselstrom, nur noch selten 110 Volt.

Wichtige Anschriften und Rufnummern

Diplomatische Vertretungen: *Botschaft der Bundesrepublik Deutschland:* Via Po, Roma, Tel. 06/86 03 41; *Honorarkonsulat der Bundesrepublik Deutschland:* Bari, Corso Cavour 40, Tel. 0 80/54 43 95. – *Österreichisches Wahlkonsulat:* Bari, Via Dalmazia 179, Tel. 0 80/33 19 95. – *Schweizerische Botschaft:* 00197 Roma, Via Barnaba Oriani 61, Tel. 06/8 36 41–54; *Schweizerisches Konsulat:* 80122 Napoli, Via Pergolesi 1, Tel. 0 81/66 71 07/66 75 32/20 94 40.

Notrufe: Polizei und Rettungsdienst (Pronto Socorso): Tel. 113.

Pannenhilfe: A.C.I. (Automobile Club Italiano). Einheitliche Rufnummer in ganz Italien: 1 16.

Staatliches Italienisches Fremdenverkehrsamt ENIT *(Ente Nazionale Industrie Turistiche):* D-8000 München 2, Goethestr. 20, Tel. 53 03 69. – D-6000 Frankfurt/M., Kaiserstr. 65, Tel. 23 12 13. – D-4000 Düsseldorf, Berliner Allee 26, Tel. 37 70 35/6. – A-1010 Wien, Kärntner Ring 4, Tel. 65 43 74 und 65 16 30. – CH-8001 Zürich, Uraniastr. 32, Tel. 27 36 33. – CH-1201 Genève, Rue du Marchè 3, Tel. 28 29 22. – In Apulien: *Foggia:* Ente Provinciale per il Turismo (ENIT), Via Senatore Emilio Perone 17, Tel. 2 31 41. – *Bari:* ENIT, Piazza Roma 33a,

Tel. 36 92 28 oder 25 86 76. – *Brindisi:* ENIT, Via Cristoforo Colombo 88, Tel. 2 21 26 oder Piazza Dionisi, Tel. 2 19 44. – *Lecce:* ENIT, Via Monte San Michele 20, Tel. 5 41 17, oder Via R. Visconti 14, Tel. 2 44 43; Azienda di Soggiorno e Turismo, Via Oberdan 63, Tel. 5 64 61. – *Tarent:* ENIT, Corso Umberto 121, Tel. 2 44 57, oder Corso Umberto 113, Tel. 2 12 33

Compagnia Italiana Turismo CIT: D-8000 München 2, Rindermarkt 2. – D-6000 Frankfurt/M., Stiftsstr. 2. – A-1010 Wien, Friedrichstr. 7. – CH-8001 Zürich, Talstr. 70.

Touring Club Italiano TCI: Zentrale: I-20122 Milano, Corso Italia 10, Tel. 02/80 98 71.

Automobile Club d'Italia ACI: Zentrale: I-00185 Roma, Via Marsala 8, Tel. 06/49 98. Einheitliche Rufnummer des Pannenhilfsdienstes in ganz Italien: 116.

Camping: I-50100 Fienze, Federcampeggio, Casella Postale 649.

Jugendherberge: Assoziazione Italiana Alberghi Gioventù, Roma, Via Guidobaldo del Monte 24.

Essen und Trinken

Entlang der Küste Apuliens genießt man *Zuppa di Pesce* (Fischsuppe), die meist mit Olivenöl, Knoblauch, Zwiebeln und Peperoni zubereitet wird. Fische und andere ›Frutti di mare‹ werden frittiert. Muscheln und Austern erhält man vor allem an den Küsten des Golfs von Tarent. – *La Pasta* (Teigwaren) wird in den verschiedensten Sorten und mit den vielfältigsten Saucen gereicht, deren Basis entweder Tomaten oder aber Sahne und Ricotta (milder Schafskäse) sind. – Unter den *Gemüsen* sind Broccoli oder Cavolfiore (Blumenkohl) zu nennen. Zucchini und Auberginen, mit Sardellen, Kapern und Oliven gefüllt, sind eine apulische Spezialität (Zucchini ripiene; Melanzane ripiene). Zu empfehlen sind auch Lammfleischrouladen (involtini di agnello).
Beim *Käse* hat man in den Regionen des Mezzogiorno, d. h. Apulien, Kalabrien und Basilicata, eine besonders aromatische Sorte kreiert: den *Burrata*. Er wird aus einer Mischung von Kuh- und Büffelmilch zubereitet, der Schafslab beigegeben wird. Die weiche, warme Käsemasse wird wie eine Vase geformt und dann mit einer Käsecreme gefüllt. Der Burrata wird mit schilfartigen Blättern umwickelt und sollte möglichst frisch verzehrt werden. Als weitere Sorten sind zu nennen: *Caciocavallo* (vollfetter Hartkäse aus Kuhmilch in Kugel- oder Birnenform), *Provolone* (vollfetter, halbfester Käse aus Kuhmilch, zuweilen geräuchert) der mit frischen Feigen oder Melonen zu empfehlen ist. *Mozzarella di Buffala* (ein vollfetter Frischkäse aus Büffelmilch), den man in Scheiben geschnitten mit Essig, Öl, frischem Basilikum und Tomaten verzehrt.
Die *Weine* Apuliens zeichnen sich durch hohe Qualität aus. Vielen dieser Weine wurde nach gründlicher Prüfung aufgrund gesetzlicher Auflagen die vom Staat kontrollierte Ursprungsbezeichnung ›Denominazione di origine controllata‹ zuerkannt. Ihr Alkoholgehalt liegt bei etwa 11–14 %, derjenige der Dessertweine reicht bis 17 %. – *Rotweine:* Alezio, Brindisi Rosso, Cacc'e Mmitte di Lucera, Castel del Monte Rosso, Copertino, Leverano Rosso, Matino, Rosso Barletta, Rosso Canosa, Rosso di Cerignola, Salice Salentino, San Severo Rosso. – *Weißweine:* Castel del Monte Bianco, Leverano Bianco, Locorotondo, Martina Franca, Bianco di Ostuni, San Severo Bianco. – *Roséweine:* Castel del Monte Rosato, Copertino Rosato, Leverano Rosato. – *Dessertweine:* Aleatico (rot), Moscato di Trani (weiß).

K. LITERATURAUSWAHL

Ausst. Kat. Die Zeit der Staufer, 4 Bde., Stuttgart 1977 – Ausst. Kat. Mostra
dell'arte in Puglia dal tardo antico al rococo, Bari 1964 – G. Bacile di Castigli-
one, Castelli Pugliesi, Roma 1927 – R. B. Bandinelli / A. Giuliano, Etrusker
und Italiker vor der römischen Herrschaft, München 1981 – E. Bertaux, L'art
dans l'Italie méridionale (1904), Reprint Paris / Rome 1968 – A. Boeckler, Die
Bronzetüren des Bonanus von Pisa und des Barisanus von Trani, Berlin 1953 –
M. S. Briggs, In the Heel of Italy, London 1910 – B. Brizzi, L'Italia nell'età della
pietra, Roma o. J. – M. Calvesi / M. Manieri-Elia, Architettura Barocca a
Lecce e in terra di Puglia, Roma / Milano 1974² – G. Catapano, Lucera nei
secoli, Lucera 1966 – C. Ceschi, La cattedrale di S. Marco di Bovino, Alassio
1937 – H. Decker, Italia Romanica. Die hohe Kunst der romanischen Epoche
in Italien, Wien / München 1958 – F. Delli Muti, Le Isole Tremiti, Torino 1961
– M. Di Gioia, Il Duomo di Foggia, Foggia 1975 – T. J. Dunbabin, The Western
Greeks, Oxford 1948 – O. Engels, Die Staufer, 3. erw. Aufl. Stuttgart 1984 –
Federico II e l'Arte del Duecento Italiano, 2 Bde., a cura di A. M. Romanini,
Roma 1980 – Guida d'Italia del Touring Club Italiano: Puglia, Milano 1978 –
A. Grabar, Trones épiscopeaux du XIe et XIIe siècle en Italie méridionale, in:
Walraff-Richartz-Jahrbuch, XVI, 1954, S. 7–52 – G. Gruben, Die Tempel der
Griechen, München 1984³ – H. Hahn / A. Renger-Patsch, Hohenstaufenbur-
gen in Süditalien, Ingelheim 1961 – A. Haseloff, Die Bauten der Hohenstaufen
in Unteritalien, Leipzig 1920 – K. J. Heinisch, Kaiser Friedrich II. in Briefen
und Berichten seiner Zeit, Darmstadt 1968 – P. Herde, Karl I. von Anjou, Stuttgart 1979 – E. Isernia, Storia della città di Benevento, 2 Bde., Benevent 1895 /
1896 – F. Jacobs, Die Kathedrale S. Maria Icona Vetere in Foggia. Studien zur
Architektur und Plastik des 11.–13. Jh. in Süditalien, 2 Teile, Hamburg (Diss.)
1968 – R. Krautheimer, San Nicola in Bari und die apulische Architektur des
12. Jh., in: Wiener Jahrbuch für Kunstwissenschaft, IX, 1934, S. 5–42 – W. Krö-
nig, Hallenkirchen in Mittelitalien, in: Kunstgeschichtliches Jahrbuch der
Bibliotheca Hertziana, II, 1938 – O. Lehmann-Brockhaus, Abruzzen und
Molise, München 1983 – A. Lippolis, Alberobello. Nella Murgia dei trulli e
delle grotte, Roma 1961 – M. Magno, Lotte sociali e politiche a Manfredonia,
Napoli 1973 – A. Manuppelli, Bovino, Napoli 1971 – H. E. Mayer, Geschichte
der Kreuzzüge, 6. Aufl. Stuttgart 1985 – M. Mayer, Apulien vor und während
der Hellenisierung, Leipzig 1914 – U. Mende, Die Bronzetüren des Mittel-
alters, München 1983 – G. Mongiollo, La Catedrale di Bitonto, Caserta 1952. –
R. Peroni, Archeologia della Puglia preistorica, Roma 1967 – G. Petroni,
La Storia di Bari, Bari 1912 – A. Petrucci, Cattedrali di Puglia, Roma 1961 –
A. Radmilli, Popoli e civiltà dell'Italia antica, Roma o. J. – F. Schettini, Nuovi
elementi per lo studio del romanico pugliese, in: Scritti di Storia dell'Arte in
Onore Mario Salmi II, 1961, S. 262–286 – F. Schettini, La Basilica di San Nicola,
Bari 1967 – P. Schubrig, Bischofsstühle und Ambonen in Apulien, in: Zeit-
schrift für Christliche Kunst, XIII, 1900 – B. Schumacher, Studien zur
Geschichte der Deutschordensballeien in Apulien und Sizilien, in: Alt-
preußische Forschungen XVIII, 1941, S. 187–230 und XIX, 1942, S. 1–25 –
S. Schwedhelm, Die Kathedrale S. Nicola Pellegrino in Trani und ihre Vor-
gängerbauten, Diss. Tübingen 1972. – C. Sericchio, Manfredi e la fondazione
di Manfredonia, Az. Aut. Sogg. e Tur. di Manfredonia 1972 – G. Simonici,
Chiese pugliesi a cupole in asse, in: Atti del IX. Congresso nazionale per la
storia dell'architettura (Bari 1955), Roma 1959, S. 67–80 – G. Tancredi, La porta
di bronzo della Reale Basilica di S. Michele, Torremaggiore 1938 – A. Venditti,
Architettura bizantina nell'Italia meridionale, 2 Bde. Napoli 1969 –
M. Wackernagel, Die Plastik des XI. und XII. Jh. in Apulien, Leipzig 1911 –

R. Wagner-Rieger, Die italienische Baukunst zu Beginn der Gotik, 2 Teile, Köln/Graz 1956–1957 – C. A. Willemsen, Castel del Monte, Wiesbaden 1955 – Ders., Die Bauten der Hohenstaufen in Unteritalien. Neue Grabungs- und Forschungsergebnisse, Köln/Opladen 1968 – Ders., Apulien. Kathedralen und Kastelle, Köln 1973³ – N. G. Wollin, Desprez en Italie, Malmö 1935 – Ders., Gravures originales de Desprez ou exécutées d'après ses dessins, Malmö 1933.

Aus der italienischen Literatur sind einige deutschsprachige Übersetzungen zu empfehlen, in denen die Situation im Mezzogiorno Mitte des 19. Jh. und Mitte des 20. Jh. verarbeitet ist: Luigi Pirandello, Una Giornata. Wie ein Tag. Erzählungen. München 1979. – Giovanni Verga, Cavalleria Rusticana. Sizilian. Dorfgeschichten. München 1976. – Giuseppe Tomasi di Lampedusa, Der Leopard, München 1984³ – Carlo Levi, Christus kam nur bis Eboli, München 1983⁴.

Abbildungsnachweis

Autor und Verlag danken folgenden Institutionen und Personen für die freundliche Bereitstellung von Aufnahmen, Plänen und Zeichnungen sowie für die Genehmigung zur Reproduktion: Anthony-Verlag, Starnberg: S. 28 Storck). – S. 20 (r.), 36, 69, 108, 114, 147, 162, 179. – Bavaria-Verlag/Bildagentur, Gauting b. München: S. 85 (r; Konrad Helbig). – A. F. Kersting, London: S. 15, 152. – Luftbild Klammet & Aberl, Germering b. München: S. 39, 44, 56, 66, 78. – Werner Neumeister, München: S. 4, 18, 20 (l.), 23, 24, 26 (l. u. r.), 32, 43, 49, 50, 53, 54, 60 (l.), 61, 62, 71, 74, 75, 85 (l.), 88, 92 (oben), 94, 99, 101, 104, 110, 112 (l. u. r.), 121, 123, 125, 131, 132, 133, 136, 140, 145, 149, 158, 161, 165 (r.), 170, 173, 180, 181 (l. u. r.), 186, 192. – I. Schenk, München: S. 201.

Zeichnungen

Calvesi/Manieri-Elia: S. 148, 153, 155. – Die Zeit der Staufer: S. 57, 111, 117. – Gianfreda: S. 165. – Guida d'Italia del Touring Club Italiano: S. 60, 68, 79, 86, 92, 96, 106, 122, 183, 191. – A. v. Keyserling (Vergessene Kulturen im Monte Sant'Angelo): S. 46, 48, 55. – Koepf (Bildwörterbuch der Architektur): S. 193. – Mongiollo: S. 98. – Schettini: S. 103. – Venditti: S. 138, 141, 187, 189. – Willemsen/Odenthal: S. 73. Alle übrigen: A. Norweg.

L. REGISTER

Wichtige Textstellen *kursiv*, Plan- und Objektnummern **Fettdruck**